BERNHARD VILLMOW

Schwereeinschätzung von Delikten

STRAFRECHT UND KRIMINOLOGIE

Untersuchungen und Forschungsberichte
aus dem Max-Planck-Institut für ausländisches und
internationales Strafrecht Freiburg im Breisgau

herausgegeben von den Direktoren
Prof. Dr. Dr. h. c. H.-H. Jescheck und Prof. Dr. G. Kaiser

Band 3

Schwereeinschätzung von Delikten

Schicht- und altersspezifische Einstellungen sowie Einstellungen von Tätern und Opfern bei 14- bis 25jährigen männlichen Probanden einer südbadischen Kleinstadt

Von

Bernhard Villmow

DUNCKER & HUMBLOT / BERLIN

Gedruckt 1977 bei Berliner Buchdruckerei Union GmbH., Berlin 61
Printed in Germany

ISBN 3 428 03962 9

Inhaltsverzeichnis

Vorbemerkung

Die Arbeit ist Teil einer umfangreichen Dunkelfelduntersuchung, die gegenwärtig am Max-Planck-Institut durchgeführt wird.

Dank schulde ich den Mitarbeitern der Forschungsgruppe Kriminologie, die mir in allen Phasen der Untersuchung mit zahlreichen Anregungen behilflich waren. Insbesondere Herr Professor Dr. phil. E. Stephan, der die Studie angeregt hat, unterstützte mich in vielen Bereichen. Zu danken habe ich auch Herrn Dr. phil. H. Kury. Er und seine Mitarbeiter, die Herren Grailich und Nietzsche, entwickelten die notwendigen Programme und führten die entsprechenden Arbeiten im Rechenzentrum durch.

Professor Dr. G. Kaiser betreute die Untersuchung. Ohne sein Verständnis und ohne den mir zugestandenen Freiraum hätte ich die Abhandlung in dieser Form nicht schreiben können. Seine Hinweise und Kritik haben die Arbeit wesentlich gefördert.

Die Herausgabe des Buches wurde durch eine Beihilfe des Kuratoriums der Wissenschaftlichen Gesellschaft in Freiburg i. Br. finanziell unterstützt. Hierfür möchte ich mich ebenfalls sehr herzlich bedanken.

Die Untersuchung wurde im Januar 1976 abgeschlossen. Das zwischenzeitlich bis Oktober 1976 erschienene Schrifttum ist — soweit bekannt und erreichbar — nachgetragen und zum Teil noch eingearbeitet worden.

Freiburg, im Juni 1977

Bernhard Villmow

ERSTER TEIL

Übersicht über die bisherige Forschung

I. Einführung in die Problematik

1. Die vorliegende Untersuchung befaßt sich mit der Schwereeinschätzung von Delikten von Angehörigen verschiedener sozialer Schichten und Altersgruppen und von Opfern und Tätern. Sie erörtert die Fragen, ob Jugendliche, Heranwachsende und Jungerwachsene sowie die Angehörigen der sozialen Unter-, Mittel- und Oberschicht in der Bewertung von Delikten übereinstimmen oder sich unterscheiden. Ferner wird überprüft, ob Täter die Schwere von Delikten einstufen wie Nichttäter oder ob sie „ihr" Delikt leichter einschätzen. Schließlich geht es um die Einstellungen von Opfern, d. h. um die Frage, ob sie das erlittene Delikt als besonders schwer beurteilen.

Es wird damit ein wissenschaftlicher Bereich untersucht, dessen Bedeutung heute in zunehmendem Maß auch international im Zusammenhang mit der Präzisierung der kriminalstatistischen Aussagen, mit der Anzeigebereitschaft der Bevölkerung, der Resozialisierung entlassener Straftäter und mit der generalpräventiven Wirkung des Strafrechts gesehen wird.

2. Das Problem der Schwere von Straftaten wird jedoch nicht erst von der modernen Kriminologie diskutiert. Erste Ansätze lassen sich schon bei von Santen im Jahre 1817 finden[1]. Sowohl von Santen als auch die ihm folgenden Forscher wie Georg von Mayr, Messedaglia, De Castro usw.[2] versuchten, in die vorhandenen Kriminalstatistiken ein qualitatives Element einzubringen — die unterschiedliche Schwere von Delikten — und somit zu inhaltsreicheren und genaueren Aussagen über die Kriminalitätsbewegung in einem bestimmten Zeitraum zu gelangen. In neuerer Zeit befaßten sich insbesondere Sellin und Wolfgang[3] mit dem Versuch, einen solchen gewichteten Kriminalitätsindex zu schaffen, bei dem die Schwereeinschätzung der Delikte durch die Bevölkerung berücksichtigt

[1] Zitiert nach *Kaiser* 1973, S. 103.

[2] Einen ausführlichen historischen Überblick geben *Sellin* und *Wolfgang* 1964, S. 45 - 54 und *Schindhelm* 1972, S. 31 - 45.

[3] *Sellin* und *Wolfgang* 1964.

wird. Diese Neukonstruktion soll die bekannten Mängel[4] der üblichen Kriminalstatistiken vermindern und außerdem bessere Voraussetzungen für interkulturelle Vergleiche ermöglichen. Die zahlreichen Replikationsstudien, die seit 1964 in vielen Ländern unternommen wurden, haben inzwischen zumindest bezüglich der Einschätzung der dabei vorgelegten Straftaten wichtige Vorarbeiten geleistet[5], doch ist die Forschung in diesem Bereich „noch nicht abgeschlossen“[6].

3. Zwar ist im Zusammenhang mit den erwähnten Studien über einen Kriminalitätsindex von Sellin und Wolfgang und deren Schülern die Schwereeinschätzung von Delikten im letzten Jahrzehnt am häufigsten erörtert worden. Doch ist damit die Bedeutung dieser Frage für die moderne kriminologische Forschung keineswegs ausgeschöpft. Es hat sich vielmehr die Erkenntnis durchgesetzt, daß das Wissen von der allgemeinen Einschätzung der Schwere verschiedener Tatbestände Rückschlüsse auf andere kriminologische und gesellschaftspolitische Probleme zuläßt[7] und zur Lösung von kriminalpolitischen Fragen relevante Beiträge leisten kann[8].

So ist wahrscheinlich, daß die *Anzeigebereitschaft* bezüglich einzelner Straftaten wächst, wenn diese Delikte von Opfern oder Zeugen der Handlung als besonders schwer und verwerflich eingestuft werden[9]. Umgekehrt wird deutlich, daß Bagatell- oder sogenannte Kavaliersdelikte seltener der Polizei gemeldet werden, es sei denn, dies sei aus Versicherungsgründen notwendig[10]. Dem widerspricht auch nicht die Tatsache, daß

---

[4] Vgl. hierzu den Überblick über die ‚kritischen Stimmen‘ bei *Schindhelm* 1972, S. 10, Anmerkung 55 und S. 26 - 31; vgl. außerdem *Kaiser* 1973, S. 95 ff.; *Kerner* 1973, S. 12 f., 170 f.; *ders.* 1974, S. 194; *Graff* 1975, S. 236 - 270; *Stein-Hilbers* 1975, S. 215 ff.

[5] Vgl. zum interkulturellen kriminalstatistischen Vergleich *Wilkins* 1965, S. 280. Empirische Befunde der Replikationsstudien faßt *Normandeau* 1970, S. 15 - 18 zusammen. Neueste Übersicht bei *Wellford* und *Wiatrowski* 1975, S. 175 ff.

[6] *Kaiser* 1973, S. 104; vgl. auch *Blumstein* 1974, S. 854 - 864, der nachzuweisen versucht, daß der Sellin-Wolfgang-Index im Vergleich zum FBI-Index nur wenig mehr Information bringt.

[7] *Winslow* 1970, S. 148 und 149.

[8] *Kutchinsky* 1970, S. 78; vgl. auch die Übersicht bei *Schindhelm* 1972, S. 103 ff. bezüglich der praktischen Anwendung von Schwereeinstufungen einzelner Delikte.

[9] Vgl. dazu *Mergen* 1961, S. 183; *Hood* und *Sparks* 1970, S. 34, 42, 178; *Kaiser* 1971, S. 9; *ders.* 1973, S. 92; *Eisenberg* 1972, S. 113; *Kerner* 1973, S. 177 ff.; *Dörmann* 1975, S. 353; zurückhaltend *Heinz* 1972, S. 86 und *Steffensmeier* 1972, S. 170. *Arzt* 1976, S. 35 weist darauf hin, daß zwischen der Einschätzung der Schwere verschiedener krimineller Verhaltensweisen und dem Gefühl der Bedrohung Zusammenhänge bestehen.

[10] Zum Zusammenhang zwischen den Zahlen der wegen Diebstahls Abgeurteilten und den Prämieneinnahmen der Versicherungsunternehmen für Einbruch-Diebstahl-Versicherungen *Kaiser* 1973, S. 101.

z. B. nach der polizeilichen Kriminalstatistik von 1975 allein 22,3 % der Diebstähle ohne erschwerende Umstände mit einem Schaden von unter DM 25,— registriert wurden[11], denn ca. 3/5 dieser Taten wurden in Warenhäusern und Selbstbedienungsläden verübt, was den Schluß zuläßt, daß hier hauptsächlich von berufsmäßigen Detektiven angezeigt wurde, aber wesentlich seltener von „einfachen" Opfern bzw. Zeugen[12]. Da der weitaus größte Teil aller registrierten Taten und Täter nicht von der Polizei sondern von der Bevölkerung zur Anzeige gebracht wird, „gestalten ihre Einstellung und ihr Verhalten entscheidend das allgemeine Bild von dem Verbrecher und der Kriminalität"[13]. Verändert sich im Laufe der Jahre die Einstellung zu bestimmten Delikten, werden „leichte" Taten „schwerer" eingestuft und steigt somit in diesem Bereich die „kriminelle Reizbarkeit", so können sich dadurch auch die Kriminalstatistiken ändern[14], das sogenannte Dunkelfeld wird bezüglich dieser Delikte durch die erhöhte Anzeigebereitschaft kleiner[15]. Eine Veränderung der Wertbegriffe und eine andere (Schwere-)Einschätzung von Verhaltensweisen kann also zu einem Anstieg oder Rückgang von bestimmter offiziell ausgewiesener Kriminalität führen, obwohl in Wirklichkeit nicht mehr oder weniger Taten verübt wurden.

4. Weiterhin beeinflußt die Schwereeinschätzung von Delikten die Möglichkeiten der *Resozialisierung* entlassener Straftäter. Je schwerer die Tat des Verurteilten von der Gesellschaft eingestuft wird, desto schwieriger wird auch eine Wiedereingliederung sein[16]. Natürlich ist dies nur ein Faktor neben anderen, sicherlich u. U. wichtigeren Punkten, doch unterstreichen diese Tatsache die Ergebnisse zweier Untersuchungen aus Hamburg[17]. So wollten von 18- bis 25jährigen männlichen Personen 87 % nichts mehr mit einem Bekannten zu tun haben, der ein Sittlichkeitsdelikt begangen hatte, wiederum 87 % hatten aber nichts gegen die Fortsetzung der gesellschaftlichen Beziehungen mit jemandem, der in betrun-

---

[11] *Polizeiliche Kriminalstatistik* 1975, S. 78.

[12] Vgl. auch die Ergebnisse einzelner Dunkelfelduntersuchungen, die zeigen, daß schwere Delikte eher angezeigt werden als leichte: *Biderman* u. a. 1967, S. 38; *Ennis* 1967, S. 41; *Wilson* und *Brown* 1973, S. 87, 88. Für den deutschen Bereich siehe *Steffen* 1976, S. 125 ff.; *Stephan* 1976; *Schwind* 1975, S. 208.

[13] *Kaiser* 1973, S. 70; *ders.* 1975, S. 47 f.

[14] Zu der Tatsache, daß die Zahlen in einem solchen Fall auch *unverändert* bleiben können *Heinz* 1972, S. 90: „Wird aber ein Rechtsgut höher eingeschätzt, dann ist zu erwarten, daß zwar die Zahl der Verletzungen zurückgeht, daß aber bei einer dennoch erfolgten Verletzung eher angezeigt wird."

[15] *Eisenberg* 1972, S. 107; *Kaiser* 1973, S. 111; *Wilson* und *Brown* 1973, S. 75; *Schwind* 1975, S. 231; *Dörmann* 1975, S. 353.

[16] Vgl. dazu *Yinon* und *Tennenbaum* 1974, S. 41 - 54. *Kruyt* und *Fris* (zitiert nach *Angenent* 1972, S. 532) fanden 1969, daß Sexualtäter im allgemeinen weniger Chancen haben als Täter von Eigentumsdelikten. Vgl. zur öffentlichen Meinung auch *Zipf* 1973, S. 82, 94 ff.

[17] *v. Oppeln-Bronikowski* 1970, S. 129 ff.; *Engler* 1973, S. 160 ff.

kenem Zustand einen anderen angefahren und dabei tödlich verletzt hatte. Die weiblichen Befragten reagierten sehr ähnlich. 96 % würden den persönlichen Kontakt mit dem Trunkenheitstäter fortsetzen, aber nur 8 % die Beziehungen mit dem Sittlichkeitstäter weiterführen[18]. Der Gefangene, der seine Tat verbüßt hat, muß sich oft noch sehr lange Zeit mit den (Vor-)Urteilen seiner Umgebung auseinandersetzen[19]. Kenntnisse über die zu erwartende allgemeine Reaktion seiner Umgebung nach der Entlassung könnten aber eine speziellere Vorbereitung auf beiden Seiten gewährleisten und, wo notwendig, zur Versachlichung und Aufklärung beitragen[20].

Relevant erscheint die Schwereeinschätzung von Delikten auch bei der Frage, ob eine Strafaussetzung zur Bewährung (§§ 56 ff. StGB) bzw. eine bedingte Entlassung (§ 57 StGB) widerrufen werden muß, ebenso bei den Entscheidungen, die nach §§ 153 ff. StPO getroffen werden. Hier wird es auch darauf ankommen, ob die begangene Straftat als leicht oder schwer angesehen wird. Die günstige Sozialprognose ist nur dann nicht widerlegt, wenn es sich um Taten von geringem Gewicht handelt[21].

5. Auch bei *Untersuchungen mit primär anderer Fragestellung* werden häufig Schwereeinschätzungen durchgeführt, um bestimmte Ergebnisse weiter abzusichern[22]. So können die Resultate einer Täter-, Opfer- und Informantenbefragung (Dunkelfelduntersuchung) beeinflußt werden durch die individuelle Einschätzung der Schwere der erfragten Delikte. Anzunehmen ist, daß mit großer Wahrscheinlichkeit schwere Delikte von Tätern weniger bereitwillig zugegeben werden als solche, die nur als mittelschwer bzw. leicht oder sehr leicht angesehen werden[23].

Bevor also Befragungsergebnisse in der Dunkelfeldforschung präzise interpretiert werden können, muß festgestellt worden sein, ob bzw. welche *schichten*- und *alters*spezifische Schwereeinschätzungen der Delikte vorliegen[24]. Erst mit Hilfe dieses Wissens über die verschiedenen individuellen Rangordnungen der Delikte können richtige Schlüsse aus den angegebenen schichten- und altersspezifischen Delinquenzbelastungen gezogen werden[25].

---

[18] Nach *Eidt* 1974, S. 142 und *Harbordt* 1972, S. 53 haben auch in der „Gefängnisgesellschaft" die Sittlichkeitsverbrecher den niedrigsten Status aller Deliktsgruppen inne. A. A. *Lehner* 1973, S. 153 f.

[19] *Phillipson* 1971, S. 114.

[20] *Hohmeier* 1971, S. 98 ff.; *Sechrest* 1969, S. 42.

[21] *Dreher* 1975, S. 349; vgl. dazu auch die Untersuchung von *Foster* 1972.

[22] Vgl. *Brusten* und *Hurrelmann* 1973, S. 109 ff.; *Peters* 1973, S. 79 ff.; *Krautkrämer* 1976, S. 251 ff.; *Schöch* 1975, S. 110 und *ders.* 1976, S. 214.

[23] *Opp* 1969, S. 853; *Hood* und *Sparks* 1970, S. 70; *Brusten* und *Hurrelmann* 1973, S. 180 ff.; *Kaiser* 1973, S. 111; *Schwind* und *Eger* 1973, S. 155; *Dörmann* 1974, S. 434; vgl. dazu auch *Schöch* 1975, S. 117.

[24] *Quensel* und *Quensel* 1970, S. 87; *Hood* und *Sparks* 1970, S. 67, 68.

6. Schließlich erscheint es möglich, durch Untersuchungen zur Schwereeinschätzung von Delikten ein relativ treffsicheres Bild über Unterschiede bzw. Übereinstimmung in den Wertorientierungen von verschiedenen Gruppen der Bevölkerung zu geben[26]. Die Resultate können dem Gesetzgeber Hinweise liefern für allgemeine Veränderungen rechtlicher Überzeugungen und Grundlage sein für künftige Gesetzesvorhaben, z. B. bei der Neukriminalisierung oder Entkriminalisierung bestimmter Handlungen[27]. Sie können außerdem zeigen, in welchem Maße die *generalpräventive Wirkung* bestimmter Strafgesetze vorhanden bzw. gemindert ist. Nach Cramer[28] gibt es Tatbestände, „die kaum oder überhaupt nicht als beachtenswert empfunden werden, weil ihnen der Bezug zu der als unabdingbar akzeptierten sozialen Friedensordnung von vornherein fehlt, durch eine Änderung des Wertbewußtseins verloren ging oder weil sich dieses Bewußtsein noch nicht oder nicht in ausreichender Weise herausgebildet hat". Beispiele einer Bewußtseinsumschichtung seien die Verlobtenkuppelei, die Bewertung der Pornographie etc., was insbesondere zu zahlreichen Reformvorschlägen und Gesetzesänderungen auf dem Gebiet des Sexualstrafrechts geführt habe. Cramer führt aus[29], daß die Generalprävention u. a. das Bewußtsein voraussetzt, „daß das geplante Vorhaben strafwürdig ist". Die jeweiligen Einstellungen der Bevölkerung zur Strafwürdigkeit von Delikten lassen sich mit Untersuchungen zur Schwereeinschätzung von bestimmten Tatbeständen feststellen. Eine verminderte generalpräventive Wirkung wäre sicherlich bei solchen Delikten anzunehmen, die von vornherein als sehr leicht eingestuft werden, im übrigen aber auch bei denjenigen Tatbeständen, die zunächst als sehr schwer, nach einem bestimmten Zeitablauf aber als immer leichter beurteilt werden.

7. Dieser Zusammenhang wird nicht nur von Strafrechtlern und Kriminologen gesehen, auch die Rechtssoziologie beschäftigt sich zunehmend mit der „Effektivität des Rechts"[30]. Nach Rehbinder ist es „Aufgabe der Rechtssoziologie zu erkunden, was im Recht und mit den Mitteln des Rechts praktisch möglich ist"[31]. Erst bei voller Kenntnis der Rechtstatsachen könne der Gesetzgeber entscheiden, welche Anforderungen an den Rechtsstab und an den Bürger gestellt werden können und in welchen

---

[25] *Kirchhoff* 1975, S. 270 ff. Die Resultate der hier vorgelegten Arbeit sollen ebenfalls für die Interpretation von Dunkelfeldergebnissen herangezogen werden (vgl. *Stephan* 1973).

[26] *Haag* 1970, S. 455.

[27] *Schur* 1968, S. 177; *Winslow* 1970, S. 148 ff.; *Jongman* und *Oving* 1971, S. 307, 308.

[28] *Cramer* 1974, S. 14.

[29] *Ders.* 1974, S. 21.

[30] *Rehbinder* 1972, S. 25 - 46; *Ryffel* 1974, S. 245 ff.; *Ziegert* 1975, S. 184 ff.

[31] *Rehbinder* 1973, S. 275.

Bereichen er sich um der eigenen Wirksamkeit willen dem sozialen Sachverhalt anpassen müsse. Mit Limbach[32] weist Rehbinder weiter darauf hin, daß bei Überforderung der Rechtsunterworfenen Boykott und Umgehung der Anordnung zu erwarten sei[33]. Insbesondere Einstellungsuntersuchungen[34] — und damit auch Studien zur Schwereeinschätzung von Delikten — haben hier die Aufgabe, zu klären, inwieweit die sogenannte „öffentliche Meinung" mit den Wertorientierungen und Zielen der Gesetze und Rechtsinstitutionen übereinstimmt[35]. Nach Ansicht von Rehbinder hätte eine größere Diskrepanz Auswirkungen auf die Effektivität des Rechts. „Weicht die dekretierte Verhaltenserwartung allzuweit vom faktisch Möglichen ab — sei es, daß die faktischen Gegebenheiten ihr entgegenstehen, sei es, daß die Wertvorstellungen der Adressaten ihr zu stark widersprechen — dann verliert der Rechtsstab die erforderliche Autorität. Diese Autorität ist aber notwendig, damit das Recht normativ verbindlich ist[36]."

Allerdings ist man sich insgesamt nicht sehr einig darüber, was geschehen soll, wenn eine solche Diskrepanz zum Beispiel zwischen dem geltenden Strafrecht, den strafrechtlichen Entscheidungen und den tatsächlich vorherrschenden allgemeinen Wertorientierungen festgestellt wird. Hirsch[37] stellt dar, daß „ausgeprägte öffentliche Rechtsmeinungen den Steuerungsmöglichkeiten der Legislative, Exekutive und Jurisdiktion Grenzen setzen, deren Überschreitung zu schweren politischen Krisen führen kann." Der Generalstaatsanwalt von Brüssel, Léon Cornil[38], ist 1949 sogar der Ansicht, „jedes Strafrecht müsse dem Volksempfinden, dieser gemeinsamen Seele" entsprechen. Nass[39] fordert hingegen, daß bei der Beurteilung von Delikten gerade nicht das sogenannte Volksempfinden maßgebend sein könne. Auch Müller-Meiningen[40] weist darauf hin,

---

[32] *Limbach* 1966, S. 122; *Rehbinder* 1973, S. 275.

[33] *Maihofer* 1970, S. 18/19 nennt den „Widerspruch zwischen gesellschaftlichen Verhältnissen und dem hierauf bezogenen geltenden Recht eine soziologische Differenz". Diese sah er im Bereich der Gesetzgebung und Rechtsprechung gegen Abtreibung oder gegen Verlobtenkuppelei (zur juristischen Diskussion schon in den 50er Jahren siehe *Maurach* 1969, § 50 VI A c); vgl. außerdem *Heinz* 1972, S. 79.

[34] Zur Einstellungsforschung allgemein *Shaw* und *Wright* 1967; *Oerter* 1970; *Summers* 1971; *Warren* und *Jahouda* 1973; *Triandis* 1975; zu Untersuchungen über Einstellungen von Bevölkerungsgruppen gegenüber Abweichlern *Abele* u. a. 1975, S. 231 ff.

[35] Vgl. zur Problematik *Schur* 1968, S. 179; *Quinney* 1971, S. 29; *Newman* 1972, S. 3; *Kaupen* 1973, S. 27; *Boydell* und *Grindstaff* 1974, S. 113.

[36] *Rehbinder* 1973, S. 275; vgl. dazu auch *Ryffel* 1974, S. 265 f.

[37] *Hirsch* 1973, S. 207; vgl. dazu auch *Ryffel* 1974, S. 266.

[38] Zitiert nach *Mergen* 1961, S. 197.

[39] *Nass* 1966, S. 156.

[40] *Müller-Meiningen* 1962, S. 116.

daß es Sache der parlamentarischen Gesetzgebung sei, in manchen Fragen erzieherisch zu wirken und auch einmal bewußt gegen den mutmaßlichen Willen der Masse zu entscheiden. Bezüglich der Rechtsprechung erklärt Wassermann[41]: „Für die Justiz ist es auch nicht gut, wenn sie von dem öffentlichen Echo auf Entscheidungen überrascht wird. Selbstverständlich darf sich der Richter nicht der Tagesmeinung unterwerfen. Maßgebend kann stets nur das eigene Urteil sein. Aber der Richter sollte wissen, was man in der Öffentlichkeit für Erwartungen hegt, schon um verständlich zu argumentieren, d. h. die von ihm zu verantwortende Entscheidung so begründen zu können, daß sie nicht mißverstanden wird." Middendorff plädiert für eine flexible Haltung. Es wäre für das Ansehen der Justiz und des Strafrechts gefährlich, wenn ein Beharren z. B. auf alten, oft rigorosen Moralvorstellungen eine zu große Kluft zwischen den Vertretern des alten Rechts und den Rechtsunterworfenen aufreißen würde, die diese Grundsätze und Auffassungen einfach nicht mehr verstehen[42].

Man muß hier wohl insgesamt eher von einer Wechselwirkung zwischen allgemeiner und rechtlicher Wertorientierung ausgehen[43]. Und obwohl Geiger die Frage, „inwieweit die staatliche Rechtsgestaltung sich öffentlichen Meinungen zu fügen oder im Gegenteil sie zu steuern habe", allein der praktischen Rechtspolitik zur Entscheidung zuweist[44], finden sich doch zunehmend theoretische wie empirische Untersuchungen, die sich mit diesem Problemkreis beschäftigen[45].

8. *Zusammenfassung.* Schwereeinschätzungen von Delikten sind also für die moderne kriminologische Forschung und für die Rechtspolitik bedeutsam. Solche Untersuchungen sind nicht nur wichtig für die Entwicklung von Kriminalitätsindizes, sondern sie geben auch Hinweise auf die Anzeigebereitschaft der Bevölkerung hinsichtlich einzelner Straftaten. Diese Erkenntnisse sind wiederum relevant für Studien im Bereich der Dunkelfeldforschung.

Schwereeinschätzungen von Delikten durch die Bevölkerung geben aber auch Auskunft über die Möglichkeiten der Resozialisierung entlassener Straftäter. Die Einstellung zur Tat des Verurteilten beeinflußt die Bereitschaft, seine Wiedereingliederung zu unterstützen. Die Einstufungen bieten außerdem Hinweise für allgemeine Veränderungen rechtlicher Überzeugungen und sind ein Indiz für die Verhaltens- und Sanktionsgel-

---

[41] *Wassermann* 1970, S. 139; zum Verhältnis zwischen Öffentlichkeit und Kriminalpolitik siehe auch *Jescheck* 1959, S. 1 - 14.

[42] *Middendorff* 1959, S. 330.

[43] *Ryffel* 1974, S. 172.

[44] *Geiger* 1970, S. 388.

[45] Vgl. dazu *Raiser* 1973, S. 106.

tung bestimmter Normen. So sind verminderte generalpräventive Wirkungen bei solchen Delikten anzunehmen, die als sehr leicht eingestuft werden.

Schließlich wurde auf den Meinungsstreit zu der Frage eingegangen, ob bei Diskrepanzen zwischen geltendem Strafrecht, den strafrechtlichen Entscheidungen und den Wertorientierungen der Bevölkerung der Staat sich der öffentlichen Meinung zu beugen oder er sie zu steuern habe.

Da die einzelnen Aspekte und die Bedeutung der Schwereeinschätzung von Delikten so vielfältig erscheinen, die Problematik auch schon wiederholt Untersuchungsgegenstand war, soll im folgenden Kapitel die diesbezügliche Forschungsentwicklung der jüngeren Zeit nachgezeichnet und kritisch gewürdigt werden. Der Ertrag wird dann für die eigene Untersuchung genutzt. Ferner kann auf diese Weise der Ort der eigenen Forschung genauer bestimmt werden.

II. Entwicklung und Stand der empirischen Forschung — Eine Sekundäranalyse

Im folgenden sollen einige Untersuchungen beschrieben werden, die im Laufe der letzten 25 Jahre im europäischen und außereuropäischen Bereich entstanden sind, und die sich nicht nur die Verbesserung der Kriminalstatistik zum Ziel gesetzt hatten, sondern auch Fragen zur allgemeinen Einstellung zum Recht, zu Rechtsinstitutionen und zu aktuellen Rechtsproblemen stellten.

Sie werden hier dargestellt, um zu zeigen, mit welchen Methoden, speziellen Fragestellungen und Problemen die gegenwärtige Forschung sich im Bereich der Schwereeinschätzung von Delikten beschäftigt und welche Ergebnisse durch diese Arbeiten bisher erzielt wurden.

Zwar hat auch Schindhelm[1] in seiner Studie einige Untersuchungen zur Schwere von Delikten vorgestellt. Doch beschränkt sich seine (historische) Übersicht auf Arbeiten zwischen 1868 (Georg von Mayr) und 1964 (Sellin und Wolfgang etc.). Ihm ging es auch mehr um „Lösungsversuche gewichteter Kriminalitätsindizes“[2].

1. Deutsche Studien zur Schwereeinschätzung

1.1. Die Forschungsstelle für empirische Sozialökonomik führte 1963 unter Leitung von Schmölders mit Hilfe der EMNID Institute eine Umfrage bei den Gewerbetreibenden (ohne Handelsvertreter) und freiberuflich Tätigen durch. Es wurden 1009 Personen über Steuermoral und Steuerwiderstand befragt. Um festzustellen, welche Arten der Steuerhinterziehung schwer bzw. leicht

[1] *Schindhelm* 1972, S. 31 - 53.

[2] *Ders.* 1972, S. 31 - 44.

eingestuft werden, wurden sieben Fälle den Probanden mit der Bitte vorgelegt, ihre Billigung oder Mißbilligung an Hand einer Skala auszudrücken. Diese reichte von —3 („dafür habe ich absolut kein Verständnis“) bis +3 („dafür habe ich volles Verständnis“). Strümpel[3] berichtet folgende Ergebnisse[4]:

Arten der Steuerhinterziehung	mit eindeutiger Billigung	mit Nachsicht	mit leichter Mißbilligung	mit eindeutiger Mißbilligung	keine Angabe	%
1. H. fälscht Buchhaltung	2	10	19	65	4	100
2. O. benutzt Telefon privat	13	35	23	24	5	100
3. A. verbucht Privatausgaben als Betriebsausgaben	6	35	23	31	5	100
4. F. deklariert Privatausgaben als Spesen	9	32	23	31	5	100
5. A. verbucht Nebeneinkünfte nicht	13	33	23	26	5	100
6. V. läßt Einnahmen für Reparaturen nicht in den Büchern erscheinen	5	21	29	40	5	100
7. Dr. O. behandelt Privatpatienten schwarz	3	18	23	51	5	100

Nach Strümpel[5] bekennen sich die meisten Selbständigen zwar zu großzügigeren, laxeren moralischen Maßstäben als denjenigen, die das Steuerstrafrecht vorschreibt. Sie mißbilligen aber offenbar den illegalen Steuerwiderstand, wenn er ein gewisses Maß überschreitet. Es falle auf, „daß Handlungen und Vorkehrungen mit dem Ziel der Steuerhinterziehung schärfer verurteilt werden als ein Unterlassen, und sei es auch vorsätzlich“[6]. Im übrigen hänge die Einstellung auch von den Erfolgsaussichten ab. Je geringer das Risiko sei, desto eher werde die Tat gebilligt[7].

[3] *Strümpel* 1966, S. 85 ff. und 178.

[4] *Ders.* 1966, S. 178.

[5] *Ders.* 1966, S. 86.

[6] *Ders.* 1966, S. 87.

[7] *Ders.* 1966, S. 89.

1.2. Das Institut für angewandte Sozialwissenschaften in Bad Godesberg (Infas)[8] unternahm 1970 eine Repräsentativbefragung der westdeutschen Bevölkerung bezüglich strafwürdiger Verhaltensweisen. 1092 Personen antworteten auf die Frage: „Hier sind eine Reihe von Verhaltensweisen. Welche davon sollten bestraft werden, welche nicht?“ Den Probanden wurden 12 Karten vorgelegt, auf denen in Schlagworten die Handlungen beschrieben waren. Nach Infas entstanden folgende Rangordnungen der Verhaltensweisen (die nach dem StGB nur z. T. bestraft werden):

Strafwürdige Verhaltensweisen	Bundesgebiet insgesamt %	Volksschule *ohne* Lehre %	Volksschule *mit* Lehre %	Mittel-, Fachschule %	Abitur, Hochschule %
1. Tiere quälen	77	72 (1)[9]	79 (1)	81 (1)	80 (1)
2. Fahren ohne Führerschein	72	67 (3)	75 (3)	74 (2)	70 (3)
3. Rauschgiftgenuß ...	72	70 (2)	76 (2)	72 (3)	56 (5)
4. Ehefrau verprügeln	61	60 (4)	58 (5)	66 (4)	59 (4)
5. Kinder verprügeln ..	60	52 (5)	60 (4)	66 (4)	74 (2)
6. Nächtl. Ruhestörung	42	40 (6)	45 (6)	42 (6)	35 (6)
7. Freie Liebe, Gruppensex	26	30 (7)	27 (7)	19 (8)	14 (9)
8. Prostitution	25	30 (7)	25 (8)	23 (7)	17 (8)
9. Falsch Parken	20	17 (10)	24 (9)	17 (9)	21 (7)
10. Demonstrieren	17	21 (9)	18 (10)	11 (10)	5 (11)
11. Kriegsdienst verweigern	13	12 (11)	16 (11)	11 (10)	6 (10)
12. Lange Haare oder Bart tragen	6	8 (12)	7 (12)	4 (12)	1 (12)

Bildungsspezifische Unterschiede erscheinen bei einzelnen „Delikten“. Befragte mit höherer Schulbildung tolerieren bestimmte Verhaltensweisen wie „lange Haare oder Bart tragen“, „demonstrieren“, „freie Liebe und Gruppensex“ eher und erachten körperliche Aggressivität besonders häufig als strafwürdig. Die Gruppen mit Volksschulbildung dagegen verurteilen zahlreicher die von der Norm abweichenden sexuellen Verhaltensweisen sowie Handlungen, die als Protest gegen die etablierten Gesellschaftsstrukturen angesehen werden können.

Die Untersuchungsergebnisse zeigen, daß die Einstellungen zur Strafwürdigkeit *einzelner* Handlungen zwar mit dem Bildungsniveau differieren. Bezüglich der *Gesamtrangordnungen* ergibt sich aber eine gute Übereinstimmung.

---

[8] Infas-report vom 5. 10. 1970 (Nr. 203/3289).

[9] In Klammern der Rangplatz des Delikts.

Berechnet man nämlich den Spearmanschen Rangkorrelationskoeffizienten[10] zwischen der Rangordnung der Probanden mit Volksschule ohne Lehre und der Rangordnung der Befragten mit Abitur und Hochschulbesuch, so erhält man $r_s = 0.8742$. Es besteht ein signifikanter Zusammenhang auf dem 0,1 ‰-Niveau.

1.3. In einer Arbeit von Friedrichs und Pongratz[11], in der für eine Nachuntersuchung des Projekts „Lebensbewährung nach öffentlicher Erziehung"[12] neues Material zur Interpretation von Daten gewonnen und „schichtenspezifische Erwartungen von Akteuren in Situationen"[13] überprüft werden sollten, wurden auch Fälle konstruiert, die den Bereich „Recht und Gesetz" betrafen. Die Probanden waren männliche Arbeiter und Angestellte (letztere hatten einen Anteil von 33 %) im Alter von 30 - 40 Jahren, wohnten in typischen Arbeitergebieten Hamburgs und waren verheiratet.

Neben anderen Aufgaben sollten die Befragten 12 Delikte auf einer siebenstufigen Skala (Bereich 0 - 6) nach der Strafwürdigkeit einstufen. 0 bedeutet, der Proband würde keine, 6 der Proband würde eine sehr schwere Strafe verhängen.

Es ergab sich folgende Rangordnung[14]:

Rang	Delikt	Punkte
1.	Mord Banküberfall mit Todesfolge Mißbrauch von Kindern	je 6
4.	Verkehrsunfall *mit* Alkohol mit Personenschaden	5
5.	Banküberfall ohne Todesfolge Rückfalldiebstahl	je 4
7.	Schlägerei mit Körperverletzung Verkehrsunfall *ohne* Alkohol mit Personenschaden	je 3
9.	Ruhestörender Lärm wegen Trunkenheit Verbotene Demonstration	je 1
11.	Ehebruch Schwarzarbeit	je 0

Schichtenspezifische Unterschiede (zwischen Unterschicht und unterer Mittelschicht) konnten aufgrund der Ergebnisse nicht festgestellt werden. Nach Friedrichs und Pongratz[15] gab es aber „Hinweise auf Differenzen zwischen Arbei-

[10] Vgl. dazu *Sachs* 1972, S. 309 ff. (die folgenden Koeffizienten wurden vom Verfasser berechnet).

[11] *Friedrichs* und *Pongratz* 1970, S. 233 - 258.

[12] *Pongratz* und *Hübner* 1959.

[13] *Friedrichs* und *Pongratz* 1970, S. 234.

[14] *Dies.* 1970, S. 250.

[15] *Dies.* 1970, S. 251.

tern und Angestellten bei bestimmten Erwartungen". Weiterhin sei festzuhalten eine recht rigide Ablehnung von Verstößen gegen Sexualnormen (mit Ausnahme des vorehelichen Geschlechtsverkehrs). Toleriert wurden Ehebruch, kleine Delikte und Betriebsdiebstähle[16] sowie kleine Delikte im Zustand der Trunkenheit. Die schwere Kriminalität wurde scharf verurteilt.

1.4. Im Sommer 1970 untersuchten Kaupen, Volks und Werle[17] „das Verhältnis der Bevölkerung zum Recht und Gerichtswesen". Dabei wurden 1098 Personen befragt, die mindestens 18 Jahre alt waren. Zu den erhaltenen Rohdaten liegen bis jetzt nur wenige Interpretationsversuche vor[18], die vollständige Auswertung scheint noch nicht abgeschlossen zu sein. Ein Teil der Studie bestand darin, den Probanden 15 Fälle vorzulegen und sie zu bitten, das beschriebene Verhalten entweder als „sehr schlimm", „ziemlich schlimm" oder „nicht so schlimm" einzustufen. Danach wurden die Situationen nochmals geschildert und die Befragten gebeten zu sagen, „welche Strafe sie persönlich in den einzelnen Fällen verhängen würden, wenn sie Richter wären". Die Probanden konnten unter mehreren vorgegebenen Strafen wählen.

Nach einer Umrechnung[19] der Ergebnisse ergaben sich folgende Rangordnungen der Verhaltensweisen (= 1. Platz: am schwersten eingestufte Handlung; s. Tab. S. 21).

Nach der Berechnung des Spearmanschen Rang-Korrelationskoeffizienten aufgrund der u. a. Tabelle ergibt sich ein relativ starker Zusammenhang zwischen Strafforderung und moralischer Bewertung[20] ($r_s = 0{,}739$; auf dem 0,5 %-Niveau signifikant). Bei einzelnen „Delikten" wurden jedoch weit härtere Strafen gefordert als nach dem moralischen Urteil zu erwarten war: Dies gilt für das Verbringen des Vermögens ins Ausland, um Steuern zu sparen, für das Blockieren des Berufsverkehrs durch Demonstration und für die Schwarzarbeit. Umgekehrt wurden relativ milde Sanktionen für die Nichtanzeige eines Verbrechens und die nicht strafbaren Handlungen wie Ehebruch und Selbstmord vorgeschlagen.

---

[16] Vgl. dazu auch die Untersuchungen von *Kutchinsky* 1968, S. 132 ff. und von *Krautkrämer* 1976, S. 251 ff.

[17] *Kaupen, Volks* und *Werle* 1970.

[18] *Kaupen* und *Rasehorn* 1971, S. 497 - 499; *Kaupen* und *Rasehorn* 1971, S. 1550; *Kaupen* 1972, S. 555 - 564 und *Kaupen* 1973, S. 27 - 50; *Rasehorn* 1974, S. 73 - 95.

[19] Die Umrechnung und Gewichtung wurde vom Verfasser vorgenommen. Dabei wurde wie folgt vorgegangen: Beispiel: „Unterlassene Hilfeleistung." Dieses Verhalten wurde eingeschätzt von 83 % als „sehr schlimm", von 15 % als „ziemlich schlimm" und von 1 % als „nicht so schlimm". Nunmehr wurden die 83 % der 1. Gruppe mit der Gewichtung 3 multipliziert, die 15 % der 2. Gruppe mit 2 und die restlichen 1 % mit 1. Addiert ergab sich die Summe 280. Mit dieser Methode wurden alle Fälle mit einer (zugegeben willkürlichen und relativ groben) Gewichtung versehen und je nach Größe in die Rangreihe eingeordnet.

Ähnlich wurde die Gewichtung bei den verschiedenen Strafforderungen vorgenommen: Freispruch erhielt eine Gewichtung von 1, Verwarnung und Ermahnung 2, 50 DM Buße an das Rote Kreuz 3, Geldstrafe bis 100 DM 4, Geldstrafe mehr als 100 DM 5, Gefängnis mit Bewährung 6, Gefängnis ohne Bewährung 7. Beim Betriebsdiebstahl ergab sich somit die Summe 420.

[20] Ebenso *Steinert* 1973, S. 50.

geschilderte Verhaltensweise	Rangplatz nach den moralischen Beurteilungen	Rangplatz nach den Strafmaßforderungen
Autofahrer sieht Verkehrsunfall u. fährt weiter, ohne sich um den Verletzten zu kümmern	1	2
Nichtanzeige eines drohenden Banküberfalls	2	6
Arbeiter entwendet im Betrieb Material im Wert von DM 500,—	3	4
Studenten feiern Party, bei der gehascht wird	4	5
Mann verführt 15jähriges Mädchen, das nichts dagegen hat	5	3
Mann prügelt Ehefrau, weil Haushalt nicht in Ordnung ist	6	8
Geschäftsmann bringt DM 100 000,— ins Ausland, um Steuern zu sparen	7	1
Frau hat Verhältnis mit Freund des Ehemanns	8	11
Selbstmordversuch	9	15
Mann hat homosexuelle Beziehungen zu anderem Mann	10	9
Demonstranten blockieren Berufsverkehr	11	7
Mutter erlaubt 25jährigem Sohn mit 21jähriger Freundin in ihrer Wohnung zu schlafen	12	12
Apotheker verkauft 15jährigem Mädchen auf Rezept die Antibabypille	13	14
Arbeiter macht Schwarzarbeit. Versteuert pro Monat DM 200,— nicht	14	10
Jemand ist umgezogen und hat sich nicht angemeldet	15	13

Kaupen konnte altersspezifische Einstellungen bei einzelnen Handlungsweisen aufzeigen[21]. Ebenso lassen sich schichtspezifische Einstellungen[22] erkennen: Das Haschrauchen verurteilen die Angehörigen der Unterschicht stärker im Vergleich zur Oberschicht — ein Ergebnis, das mit dem Resultat der Infas-Untersuchung übereinstimmt. Selbstmord, Vermögensverlagerung ins Ausland und bestimmte sexuelle Verhaltensweisen tolerieren die sozialen Oberschichten ebenfalls eher.

Übereinstimmung herrscht dagegen bei unterlassener Hilfeleistung, Nichtanzeige eines drohenden Verbrechens, Steuerhinterziehung des Arbeiters und

[21] *Kaupen* 1973, S. 33.

[22] Vgl. *Kaupen* 1972, S. 563 zur Körperverletzung. Die dort angegebenen Zahlen stimmen jedoch nicht mit den Basiswerten in *Kaupen* u. a. 1970, S. 27/28 überein.

beim Betriebsdiebstahl. Die hohe Plazierung des letzteren Delikts (auch durch die Unterschichtsgruppen) überrascht, da ja nach Feststellung von Friedrichs und Pongratz[23] eine solche Handlung an sich toleriert und nicht verurteilt wird. Die Einstufung hier an 3. oder 4. Stelle bedeutet, daß die Probanden diesen beschriebenen Sachverhalt gleichwohl relativ schwer einschätzen. Wahrscheinlich hängt die hohe Bewertung damit zusammen, daß der Schaden mit DM 500,— beziffert wurde und dies die Toleranzgrenze doch übersteigt[24].

1.5. Die Arbeiten von v. Oppeln-Bronikowski[25] und von Engler[26] werden gemeinsam dargestellt, da in diesen Studien jeweils derselbe Fragebogen vorgelegt wurde, die Probanden bei beiden Untersuchungen aus Hamburg kamen und zur selben Zeit (Dezember 1964 bis August 1965) befragt wurden. Das Sample bestand aus Personen, die im Zeitpunkt der Auswahl 18 - 25 Jahre alt waren. Engler befaßte sich mit den 100 weiblichen Probanden, v. Oppeln-Bronikowski befragte 100 Männer. Bei beiden Studien ging es um das „Bild des Strafrechts in der öffentlichen Meinung", der umfangreichste Teil jedoch „diente dem Ziel, festzustellen, ob die Rangfolge, die der Gesetzgeber einzelnen Rechtsgütern zugewiesen hat, auch tatsächlich den Wertvorstellungen der Allgemeinheit entspricht"[27].

Die zehn Delikte, die einzustufen waren, wurden jeweils auf eine Karte übertragen, die der Befragte entsprechend seinen Wertmaßstäben zu sortieren hatte. Die Tabelle auf der nächsten Seite zeigt die Ergebnisse (in Klammern die Resultate der männlichen Probanden).

v. Oppeln-Bronikowski fand bei den männlichen Probanden, daß außer Mord, Sittlichkeitsvergehen an Kindern und Gotteslästerung kein Delikt eine auch nur einigermaßen einheitliche Bewertung erfahren hat[28]. Das Bildungsniveau habe sich bei der Einstufung kaum bemerkbar gemacht, jedoch stehe die obere Bildungsschicht der Abtreibung und männlichen Homosexualität etwas liberaler gegenüber[29]. Differenzen in den Antworten der einzelnen Jahrgänge seien kaum aufzuzeigen. Immerhin bewerteten die jüngeren Probanden (18- bis 21jährige) solche Delikte als schwerer, deren Begehung mehr gefühlsbetonte Reaktionen erzeugen als ein reflektiertes Urteil (z. B. Abtreibung, Fahrerflucht, Gotteslästerung und Sittlichkeitsvergehen mit Kindern)[30].

Die Rangordnung der weiblichen Befragten stimmt mit der der männlichen Probanden überein[31]. Nach der Punktewertung läßt sich aber erkennen, daß die weiblichen Testpersonen den Hoch- und Landesverrat nicht für so schwerwiegend halten wie die männlichen Altersgenossen[32]. Engler fand, daß Alter

---

[23] *Friedrichs* und *Pongratz* 1970, S. 251 (vgl. S. 19 oben).

[24] Dies Beispiel zeigt schon, wie schwer die Ergebnisse von Einstellungsuntersuchungen vergleichbar sind. Die Rangordnungen werden u. U. beeinflußt durch die Auswahl der zu vergleichenden Delikte sowie durch bestimmte Einzelheiten wie Schadenshöhe etc., die gleiche Delikte in der Schwere ungleich werden lassen.

[25] *v. Oppeln-Bronikowski* 1970.

[26] *Engler* 1973.

[27] *v. Oppeln-Bronikowski* 1970, S. 22.

[28] *Ders.* 1970, S. 95.

[29] *Ders.* 1970, S. 101.

[30] *Ders.* 1970, S. 137.

[31] *Engler* 1973, S. 104.

[32] *Ders.* 1973, S. 104.

Testdelikt	Eingeordnet an Platz										Punktwertung zur absoluten Rangbestimmung	Mittlerer Rangwert
	1	2	3	4	5	6	7	8	9	10		
Mord	50 (61)	40 (27)	8 (7)	2 (4)	0 (1)						938 (943)	1,6 (1,6)
Sittlichkeitsvergehen an Kindern	39 (31)	40 (44)	13 (11)	4 (6)	2 (6)		2 (2)				894 (880)	2,0 (2,1)
Hoch- und Landesverrat	8 (15)	8 (8)	25 (34)	24 (17)	15 (12)	7 (5)	8 (8)	4 (1)	1 (1)	0 (1)	691 (828)	4,1 (3,7)
Fahrlässige Tötung		7 (5)	23 (25)	26 (26)	17 (17)	11 (11)	11 (8)	2 (4)	3 (3)	0 (1)	642 (635)	4,1 (4,7)
Meineid	5 (0)	1 (5)	8 (8)	15 (22)	22 (20)	15 (20)	13 (17)	18 (3)	2 (4)	1 (1)	546 (569)	5,5 (5,2)
Fahrerflucht	0 (1)	2 (1)	8 (4)	17 (8)	14 (22)	18 (27)	21 (10)	7 (10)	8 (16)	5 (1)	501 (477)	6,0 (6,2)
Abtreibung		0 (3)	6 (6)	6 (8)	12 (13)	20 (11)	9 (19)	18 (15)	22 (10)	7 (15)	403 (420)	7,0 (6,8)
Homosexualität zwischen Männern	0 (1)	1 (0)	2 (2)	5 (4)	10 (8)	13 (11)	13 (9)	28 (27)	14 (26)	14 (12)	363 (338)	7,4 (7,6)
Widerstand gegen Polizeibeamte			3 (2)	1 (5)	6 (2)	11 (13)	19 (21)	11 (20)	33 (24)	16 (13)	313 (333)	7,9 (7,7)
Gotteslästerung	1 (0)		2 (0)	1 (1)	4 (0)	3 (4)	5 (3)	11 (18)	16 (12)	57 (62)	214 (179)	8,9 (9,2)

und Schulbildung der Probanden die jeweiligen Rangordnungen beeinflußten. So hielten z. B. 54,5 % der befragten Volksschüler den Mord für das schwerstwiegende Delikt, jedoch nur 35 % der Oberschüler waren derselben Ansicht[33]. Es zeigte sich außerdem, daß mit zunehmendem Alter statt Mord meist Sittlichkeitsvergehen oder Hoch- und Landesverrat an die 1. Stelle gesetzt wurden[34]. Ähnliche alters- bzw. bildungsspezifische Unterschiede konnten auch bei den anderen Delikten festgestellt werden.

1.6. Schindhelm[35] führte 1972 eine Replikationsstudie der Untersuchung von Sellin und Wolfgang[36] durch. Es wurden Studenten, Polizeibeamte und Richter befragt und insgesamt eine relativ gute Übereinstimmung in der Bewertung der Delikte festgestellt. Danach wurde aufgrund dieser Ergebnisse ein gewichteter Kriminalitätsindex für deutsche Verhältnisse konstruiert. Eine ausführliche Darstellung und ein Vergleich mit internationalen Resultaten findet sich im nächsten Kapitel unter 2.3.

1.7. In einer von Peters[37] durchgeführten Befragung von 98 Strafrichtern in Nordrhein-Westfalen hatten die Probanden u. a. nach einer Schwer-leicht-Einschätzung zehn Delikte in eine Rangordnung zu bringen. Den 30- bis über 60jährigen Richtern wurden Karten mit Schlagworten (z. B. Diebstahl, Untreue etc.) vorgelegt, nur das Verkehrsdelikt wurde an einem spezifischen Fall konkretisiert („bei roter Ampel eine verkehrsreiche Kreuzung überfahren"). Die Befragten sollten von allen möglichen Tatumständen absehen und nach dem ersten Eindruck urteilen. Die mittlere Rangordnung der Delikte sah wie folgt aus:

Delikt	Median der Rangordnungsverteilungen je Delikt auf der Basis der Rangordnung aller Befragten
1. Freiheitsberaubung	1,5
2. Einbruchsdiebstahl	2,1
3. Untreue	3,5
4. Scheckbetrug	5,1
5. Einfache Körperverletzung	5,8
6. Unterschlagung	6,3
7. Verkehrsgefährdung	6,4
8. Schwere Sachbeschädigung	6,6
9. Zechbetrug	8,2
10. Ladendiebstahl	8,6

[33] *Engler* 1973, S. 106.
[34] *Ders.* 1973, S. 106.
[35] *Schindhelm* 1972.
[36] *Sellin* und *Wolfgang* 1964.
[37] *Peters* 1973, S. 79 ff.

Die durch die Strafrichter beschriebene Rangordnung der Delikte entspricht nahezu vollständig derjenigen des Gesetzes, wenn man letztere nach den jeweiligen maximalen Strafdrohungen bei den einzelnen Tatbeständen erstellt. Dies ist nicht überraschend und deutet darauf hin, daß die Wertorientierung der befragten Richter mit derjenigen des Gesetzes weitgehend übereinstimmt. Interessant ist die Definition eines leichten Delikts durch die Befragten. Nach ihrer Ansicht ist der Tätertyp eines solchen Delikts der „Situations-" oder „Gelegenheitstäter". Die Tat lasse sich sozial nicht einordnen, sie komme in allen Schichten vor. Die Handlung sei unmotiviert und ungeplant[38].

1.8. Brusten und Hurrelmann[39] überprüften auf der Basis einer empirischen Erhebung, welche Faktoren die Außenseiterrolle von Schülern bedingen und wie Lehrer und Schüler die verschiedenen Formen abweichenden Verhaltens einschätzen. Um die Einschätzung oder „Schwere-Bewertung" bestimmter „Delikte" zu erfassen, wurden Lehrer und Schüler gebeten, 23 einzelne, nicht immer strafbare, Verhaltensweisen auf einer Skala einzuordnen. Als Antwortmöglichkeiten wurden vorgegeben: „ganz normal" = 0 Punkte; „schon leicht kriminell" = 1 Punkt; „ziemlich kriminell" = 2 Punkte; „schwer kriminell" = 3 Punkte[40]. Bei den Lehrern wurden 67 Interviews verwertet, bei den Schülern nur jedes fünfte, d. h. insgesamt 163 Interviews. Die Tabelle[41] gibt einen Überblick über die Einstufungen der beiden Gruppen (1. Platz = leichteste Handlung):

Die Ergebnisse zeigen, daß die Ansichten über die Schwere der „Delikte" nur unwesentlich voneinander abweichen. Wie Brusten und Hurrelmann zu Recht darlegen, müssen die Unterschiede in der Bewertung einzelner „Delikte" zumindest teilweise darauf zurückgeführt werden, daß die Probanden unter den angegebenen Begriffen Verschiedenes verstanden, also „unterschiedliche Vorstellungsinhalte" hatten[42]. Insgesamt sind die Unterschiede nicht signifikant, die Korrelation der für Lehrer und Schüler getrennt ermittelten Rangwerte der Delikte ergibt außerdem, daß die beiden Rangordnungen in hohem Maße übereinstimmen[43]. Überraschend ist allerdings die Differenz der Ansichten hinsichtlich des „Haschischrauchens". Hier hätte man eher erwarten können, daß die (wohl praxisnäheren) Schüler eine tolerantere Haltung als die Lehrer einnehmen würden.

Aufgrund der Resultate, die ergaben, daß zwischen den ca. 30- bis 60jährigen Lehrern und den 13- bis 17jährigen Schülern keine relevanten Differenzen in der Einschätzung der Delikte bestehen, meinen Brusten und Hurrelmann, daß die befragten Jugendlichen „die gesellschaftlich vorherrschenden Einstellungen gegenüber bestimmten, in der Regel als delinquent betrachteten Handlungen und Verhaltensweisen, weitgehend internalisiert haben"[44].

---

[38] *Dies.* 1973, S. 81.

[39] *Brusten* und *Hurrelmann* 1973.

[40] *Dies.* 1973, S. 106, 183.

[41] *Dies.* 1973, S. 111 (Tabelle siehe S. 26).

[42] *Dies.* 1973, S. 110.

[43] *Dies.* 1973, S. 110, Anm. 5 ($r_s = 0.96$).

[44] *Dies.* 1973, S. 110.

Kurzbezeichnung der Handlungen	Rangplatz		Schwere-Wert	
	Schüler	Lehrer	Schüler	Lehrer
Knutschen, Petting	1	1	0,06	0,08
Unterricht gestört	2	6	0,10	0,39
unerlaubt Film besucht	3	3	0,11	0,15
Hausaufgaben vorgetäuscht ..	4	4	0,12	0,28
in der Öffentlichkeit geraucht	5	2	0,17	0,11
bei Klassenarbeiten gemogelt	6	9	0,19	0,50
Geschlechtsverkehr gehabt ...	7	5	0,23	0,32
nach 22 Uhr Diskothek besucht	8	7	0,39	0,39
Lehrer belogen	9	8	0,51	0,42
ohne Fahrausweis gefahren ..	10	10	0,67	0,62
Schule geschwänzt	11	11	0,67	0,77
von zu Hause weggelaufen ...	12	12	0,76	1,06
unter DM 5,— entwendet	13	14	1,19	1,31
Unterschrift gefälscht	14	13	1,21	1,14
fremdes Eigentum zerstört ...	15	18	1,67	1,96
über DM 5,— entwendet	16	17	1,69	1,94
einer Bande angehört	17	16	1,84	1,84
Schlägerei mitgemacht	18	19	1,84	2,07
Haschisch geraucht	19	15	1,94	1,43
Automaten aufgebrochen	20	21	1,96	2,25
mit Waffe bedroht	21	20	2,08	2,22
Kfz entwendet	22	22	2,18	2,31
Einbruch begangen	23	23	2,43	2,61

1.9. Kirchhoff schließlich befaßte sich bei seiner Studie[45] mit dem erfragten Delinquenzverhalten (self-report-Instrumenten). Problematisch war, ob die verschiedenen untersuchten Gruppen (das Sample bestand aus 460 männlichen Dauer- und Freizeitarrestanten und männlichen und weiblichen Gymnasiasten) deswegen unterschiedliche Antworten zur Delinquenzbelastung gegeben hatten, weil sie die Fragen möglicherweise gruppenspezifisch interpretierten. Nach Ansicht von Kirchhoff war über die Einheitlichkeit des Verständnisses durch einen „Schwere-Rang-Fragebogen" Aufschluß zu erlangen. Angeregt durch die Methode von Sellin und Wolfgang[46] sollten die Probanden 24 Verhaltensweisen auf einer Rangskala von 1 - 24 einstufen.

[45] *Kirchhoff* 1975.

[46] *Sellin* und *Wolfgang* 1964.

Tabelliert wurde von Kirchhoff die Rangreihenfolge für die Dauerarrestanten[47]:

1. Eltern schlagen 2. Rauschgift nehmen 3. Automaten aufbrechen 4. mit Gewalt wegnehmen	gravierend 1 - 4
5. Kaufhausdiebstahl 6. Waffen führen 7. Autos wegnehmen 8. Betrug 9. männliche Homosexualität	schwerwiegend 5 - 9
10. Diebstahl 11. Einbruchsdiebstahl 12. Bandenmitgliedschaft 13. bei Schlägerei verletzen 14. weibliche Homosexualität	mittelschwer 10 - 14
15. Sachbeschädigung 16. Fahren ohne Führerschein 17. in Gebäuden unerlaubt aufgehalten 18. über Nacht wegbleiben 19. Unfall verursachen	bedenklich 15 - 19
20. Veranstaltung besuchen ohne zu bezahlen 21. Alkoholgenuß 22. weibliche Heterosexualität 23. männliche Heterosexualität 24. Schwänzen	harmlos 20 - 24

Nach Kirchhoff stimmen die Schwereindizes von Nichtkriminellen und offiziellen „Kriminellen" in großem Maß überein[48]. Auffallend war jedoch, daß z. B. Sachbeschädigung bei den Freizeitarrestanten auf dem 3. Platz liegt, Betrug auf dem 5. und auch das Aufbrechen von Automaten sehr hoch eingestuft wird[49]. Diese Delikte finden Gymnasiasten viel leichter. Weiblicher und männlicher Sexualität stehen die Arrestanten dagegen großzügiger gegenüber als die restlichen Gruppen.

Im Vergleich mit der Untersuchung von „Infas" wird von den von Kirchhoff befragten Jugendlichen (Durchschnittsalter der Arrestanten 18,7 Jahre, der Gymnasiasten 16,3 Jahre und der Gymnasiastinnen 15,3 Jahre) das Fahren ohne Führerschein als viel harmloser angesehen. Die erwachsenen Probanden der Infas-Studie hatten das Delikt an die zweite Stelle gesetzt. Offensichtlich hatten sie potentielle Unfallfolgen vor Augen, an die die Jugendlichen meist nicht denken.

---

[47] *Kirchhoff* 1975, S. 287.

[48] *Ders.* 1975, S. 286.

[49] *Ders.* 1975, S. 288.

Männliche Homosexualität wird in den Studien von Kaupen, von v. Oppeln-Bronikowski und Engler als relativ leicht angesehen, insbesondere von der sozialen Oberschicht. Überraschend ist, daß hier die Probanden Kirchhoffs, vor allem die Gymnasiasten, die in ihrer Mehrzahl ja auch den oberen Schichten angehören, diese Handlungsweisen als gravierend einschätzen[50]. Möglicherweise wird diese Einstellung vom Alter beeinflußt, denn die toleranten Befragten waren über 18 Jahre alt.

2. *Ausländische Untersuchungen*

Die zahlreichen europäischen und außereuropäischen Arbeiten zur Schwereeinschätzung zeigen ebenfalls, daß dieser Bereich mit zunehmendem Interesse untersucht wird. Insbesondere interkulturelle Vergleiche werden angestrebt, allerdings bereitet gerade dieses Feld noch erhebliche methodische Schwierigkeiten[51]. Aus der Vielzahl der Studien können nur einige wenige dargestellt werden; sehr häufig handelt es sich hier auch um Vorstudien, sogenannte pilot studies, so daß manche Ergebnisse nur als vorläufig betrachtet werden können.

2.1. Im Jahre 1947 - 48 führten Segerstedt und Mitarbeiter die erste skandinavische Untersuchung bezüglich des „allgemeinen Rechtsbewußtseins" in Schweden durch[52]. Es wurden 424 Personen, über 20 Jahre alt, in einer mittelgroßen Stadt und 149 Probanden aus der ländlichen Umgebung von Uppsala befragt. Segerstedt wollte die Einstellungen messen, die das allgemeine Rechtsbewußtsein (general sense of justice) formen und diese Attitüden auf bestimmte soziale Schichten zurückführen. Neben Fragen zur Rechtskenntnis sollten die Probanden auch einige Handlungen nach der Schwere einstufen.

Um eine Rangfolge zu erhalten, wurde die Methode des Paarvergleichs angewandt. Segerstedt weist daraufhin, daß die Antworten nichts darüber aussagen könnten, wie eine Person sich wirklich verhält, wenn sie mit Notzucht, Meineid etc. konfrontiert wird. Aber sie würden zeigen, wie diese Begriffe als Symbole eingeschätzt werden[53].

Notzucht und Verletzung der Unterhaltspflicht wurden einhellig als die schlimmsten Handlungen angesehen; es folgte der Meineid. Streikbrechen und das Fälschen von Steuererklärungen hielt man für die leichtesten Taten.

Betrachtete man die Einstellungen der verschiedenen sozialen Schichten, so ergab sich[54], daß Notzucht von Männern der MS[55] und OS schwerer eingeschätzt wurde als von der US. Meineid dagegen wird von der US als weniger strafwürdig erachtet im Gegensatz zu den anderen Schichten. Homosexualität tolerieren die Oberschichten eher. Bezüglich schweren Einbruchs, Fälschen von Steuererklärungen, Verletzung der Unterhaltspflicht und Fah-

[50] *Kirchhoff* 1975, S. 288.

[51] Vgl. dazu *Kutchinsky* 1972, S. 75 ff.; *Lenke* 1974, S. 80; *Pease, Ireson* und *Thorpe* 1975, S. 209 - 214. Zum Problem der internationalen Kriminalstatistik vgl. *Collmann* 1973.

[52] *Segerstedt* 1949, S. 323 - 338.

[53] *Ders.* 1949, S. 326.

[54] *Ders.* 1949, S. 337.

[55] US = Unterschicht, MS = Mittelschicht, OS = Oberschicht.

ren unter Alkoholeinfluß ergaben sich keine unterschiedlichen Meinungen. Beim Streikbrechen jedoch zeigte sich, daß diese Handlung erwartungsgemäß von der US schwerer eingeschätzt wurde.

2.2. Rose und Prell[56] gingen in ihrer Untersuchung davon aus, daß die Strafdrohungen für bestimmte Straftaten z. T. schon vor Jahrhunderten („many centuries ago") festgelegt worden waren und die Ansichten der heutigen Rechtsunterworfenen sich im Vergleich dazu wesentlich geändert hatten. Sie überprüften deshalb folgende These:

Es gibt signifikante Unterschiede zwischen 1. den im Gesetz für bestimmte Delikte vorgesehenen Strafen, 2. den Strafen, die tatsächlich bei diesen Delikten verhängt werden und 3. den Strafen, die nach Meinung der Bevölkerung für diese Delikte verhängt werden sollten.

Rose und Prell ließen drei Studentengruppen, insgesamt 367 Probanden, die Schwere von 13 Delikten, die durch kurze Beschreibungen verdeutlicht wurden, nach der Paarvergleichsmethode einschätzen.

Es zeigte sich, daß kein Zusammenhang bestand zwischen der erhaltenen Rangordnung und den durch das Gesetz angedrohten Strafen für diese Delikte[57]. Bezüglich der Tat „Kinder verprügeln" stellten sie sogar eine Art „cultural lag" fest, denn dieses Delikt wurde nach dem Gesetz als das leichteste, von den Befragten jedoch als schwerstes Delikt angesehen[58].

Ebenfalls kein Zusammenhang ergab sich zwischen der Rangordnung der Befragten und der Rangordnung, die nach den tatsächlich verhängten Strafen gebildet wurde[59], sowie zwischen der Rangordnung der vom Gesetz angedrohten Strafen und derjenigen nach den tatsächlich verhängten Sanktionen. Diese etwas überraschende Tatsache wird von den Autoren folgendermaßen zu erklären versucht[60]: "This may be simply an artifact of the limited list of crimes we chose to study, but it offers the hypotheses for future study that the trend of judicial decisions concerning punishment has moved away from the older common law or from the intent of the original legislators but not in quite the same direction that public opinion has moved."

2.3. Die bisher aufwendigste Studie und „für die gegenwärtige Forschung einflußreichste Arbeit"[61] wurde 1964 von Sellin und Wolfgang[62] vorgelegt. Ihr Ziel war es, ein genaueres Instrument für die Messung der Kriminalität zu schaffen, als es die gegenwärtig vorhandenen Kriminalstatistiken boten[63]. Zu diesem Zweck wurden in den vergangenen zehn Jahren zahlreiche Replikationsstudien dieser Arbeit durchgeführt[64], von denen einige zum Vergleich

---

[56] *Rose* und *Prell* 1955, S. 247 - 259.

[57] *Dies.* 1955, S. 250.

[58] *Dies.* 1955, S. 251.

[59] *Dies.* 1955, S. 252.

[60] *Dies.* 1955, S. 253.

[61] *Heinz* 1972, S. 84; vgl. auch *Wolfgang* 1970; *Rose* 1970.

[62] *Sellin* und *Wolfgang* 1964.

[63] *Dies.* 1963, S. 9; kritisch bezüglich der tatsächlichen Verbesserung im Vergleich zum FBI-Index *Blumstein* 1974, S. 854 - 864.

[64] Vgl. dazu die Übersichten bei: *Normandeau* 1970, S. 15 - 18; *Wolfgang* 1970, S. 72; *Kutchinsky* 1972, S. 73 ff.; *Schindhelm* 1972, S. 124 ff.; *Wellford* und *Wiatrowski* 1975, S. 175 - 188.

dargestellt werden sollen. Hierunter fällt auch die Untersuchung von Schindhelm[65], die an sich zu den unter II 1 (siehe oben) vorgestellten *deutschen* Arbeiten gehört, aber als reine Replikationsstudie im Zusammenhang mit den Ergebnissen von Sellin und Wolfgang dargestellt wird.

Sellin und Wolfgang ließen 286 Polizeibeamte, 245 Studenten und 38 Jugendrichter die relative Schwere von 141 Delikten bestimmen (im Endstadium der Untersuchung wurden allerdings nur noch 18 Delikte verwandt). Mit Hilfe der sog. Größenverhältnisschätzungsmethode („method of magnitude estimation"), die der Methode der gleicherscheinenden Intervalle vorgezogen wurde, wurde eine Rangreihe erarbeitet, aus der dann später das Gewichtungssystem für den Kriminalitätsindex entwickelt werden konnte.

Bei der Replikationsstudie von Akman und Normandeau[66] in Kanada bestand das Sample aus 2 384 Studenten, 158 Richtern, 151 Polizeioffizieren und 52 leitenden Angestellten. Schindhelm befragte in Deutschland 216 Studenten, 337 Richter und 274 Polizeibeamte. Normandeau[67] faßte die Ergebnisse der Untersuchungen in den USA, in Kanada, England, Zaire, Taiwan, Brasilien und Mexiko zusammen. Der Vergleich beruht auf Antworten der jeweiligen befragten Studentengruppen. In der folgenden Übersicht (S. 31) wird das Resultat der Arbeiten aus den acht Ländern zusammen mit den deutschen Ergebnissen Schindhelms[68] dargestellt.

Danach ergibt sich, daß die Gesamtrangordnungen der Delikte in den einzelnen Ländern gut übereinstimmen. Die Gewichtungen jedoch sind teilweise recht unterschiedlich. Nach dieser Übersicht scheinen z. B. die Probanden aus Zaire (Belgisch-Congo) die Straftat gegen das Leben wesentlich schwerer als alle anderen Befragten einzuschätzen. Deutlich wird aber auch eine Tendenz dahingehend, daß die Studenten aus den Entwicklungsländern (außer Zaire) den Wert des Lebens weniger hoch einstufen als diejenigen aus den Industrienationen[69].

Ob man diese Daten ohne eine gewisse Umrechnung überhaupt vergleichen kann, wird von Pease, Ireson und Thorpe neuerdings angezweifelt[71]. Sie meinen, daß Normandeau zu Unrecht annimmt, daß alle nationalen Gruppen hinsichtlich der Schwere des Grunddelikts (Diebstahl, Schaden im Wert von $ 1) übereinstimmen. Außerdem sind sie der Ansicht, daß die Bandbreiten der Gewichtungen innerhalb der verschiedenen Befragtengruppen zu unterschiedlich sind, um die Gewichtungen bei einzelnen Delikten vergleichen zu können[72]. So bedeute ein Wert 6 innerhalb einer Bandbreite von 1 - 8 etwas ganz anderes als ein Wert 6 bei einer Bandbreite von 1 - 117[73].

---

65 *Schindhelm* 1972.

66 *Akman* und *Normandeau* 1968, S. 135 - 260.

67 *Normandeau* 1970, S. 16 (zitiert und dargestellt nach *Kutchinsky* 1972, S. 75). Kritisch dazu *Pease, Ireson* und *Thorpe* 1975, S. 209 - 214.

68 *Schindhelm* 1972, S. 96.

69 *Kutchinsky* 1972, S. 74.

70 Übersetzung nach *Schindhelm* 1972, S. 96.

71 *Pease, Ireson* und *Thorpe* 1975, S. 209 ff.

72 *Dies.* 1975, S. 210.

73 *Dies.* 1975, S. 210.

Fallmerkmal[70]	Gewichtung der Studenten in:								
	Freiburg	USA	Kanada	England	Zaire (Belg. Congo)	China (Taiwan)	Indonesien	Brasilien	Mexiko
1. Körperverletzung (Tod)	47	26	28	58	117	8	9	15	17
2. Körperverletzung (Krankenhaus)	18	7	7	9	5	3	4	6	7
3. Notzucht	17	11	12	15	7	5	6	8	9
4. Bewaffneter Raub	12	5	4	6	4	4	4	4	5
5. Körperverletzung (ärztl. Behandlung)	12	4	5	7	2	2	2	4	4
6. Nötigung (Waffengewalt)	11	4	3	5	3	3	3	8	4
7. Raub ohne Waffen	8	3	3	4	1	2	3	3	4
8. Diebstahl DM 10 000 ($ 5 000)	8	4	5	4	23	2	2	4	5
9. Nötigung (Drohung)	7	2	2	3	1	1	2	2	3
10. Körperverletzung (geringe Folgen)	6	1	2	3	1	1	1	2	1
11. Diebstahl DM 2 500 ($ 1 000)	6	3	3	2	7	2	2	3	3
12. Einbruch DM 10 ($ 5)	4	2	2	2	3	2	2	2	2
13. Autodiebstahl	3	2	2	1	1	1	1	1	1
14. Diebstahl DM 100 ($ 50)	3	2	2	1	3	1	1	2	2
15. Hausfriedensbruch	3	1	1	1	2	1	1	1	1
16. Diebstahl DM 50 ($ 20)	2	2	1	1	1	1	1	1	1
17. Diebstahl DM 10 ($ 5)	1	1	1	1	1	1	1	1	1
18. Diebstahl DM 2,50 ($ 1)	1	1	1	1	1	1	1	1	1

Die Untersuchung von Sellin und Wolfgang, aber auch die Replikationsstudien wurden bezüglich der angewandten Methoden und im Hinblick auf die Sampleauswahl kritisiert[74]. So wurde eingewandt[75], es seien nur Gruppen aus den sozialen Mittelschichten befragt worden. Nicht geklärt sei deshalb, ob deren Ansichten die Einstellungen der Gesamtheit repräsentieren.

Insbesondere die Behauptung: „A pervasive social agreement about what is serious and what is not appears to emerge, and this agreement transcends simple qualitative concordance. It extends to the estimated numerical degree of seriousness of these offenses“[76] fand starken Zweifel und Widerspruch. Rose[77] weist auf eine Untersuchung der BBC hin, die 1960 in England und Wales durchgeführt wurde und bei der 907 Personen (repräsentatives Sample) gebeten wurden, aus einer Liste von 15 das für sie schwerste Delikt (the worst crime) zu benennen.

Es zeigte sich folgendes Bild:

Offences named as most serious	Middle Class	Working Class	Total Class
1. Indecent assault	25 %	26 %	25 %
2. Cruelty to children	18 %	23 %	21 %
3. Planned murder for money	27 %	15 %	20 %
4. Killing a policeman to escape arrest ..	10 %	9 %	9 %
5. Robbery with violence	5 %	7 %	6 %
6. Causing death by dangerous driving ..	3 %	7 %	6 %
7. Rape	4 %	7 %	6 %
8. Being drunk in charge of a car	4 %	7 %	6 %
9. Causing grieveous bodily harm	4 %	2 %	3 %

Aus dieser Aufstellung sei ersichtlich, daß es relevante Unterschiede in den Einstellungen zwischen den beiden sozialen Schichten gebe. Akman und Normandeau[78] dagegen sind mit Recht der Ansicht, daß der Grund für diese Unterschiede in England und Wales auch allein in der Untersuchungsmethode gefunden werden könnte. In England seien kurze, knappe Beschreibungen verwandt worden, bei denen sich jeder Proband etwas anderes vorstellen könne. Gerade diese Fehlerquelle sei durch Sellin und Wolfgang überwunden worden,

[74] Siehe dazu ausführlich *Schindhelm* 1972, S. 110 ff.; außerdem *Christiansen* 1970, S. 12; *Rose* 1970, S. 34; *Wolfgang* 1970, S. 56; *Kelly* und *Winslow* 1970, S. 125.

[75] *Kelly* und *Winslow* 1970, S. 126; *Winslow* 1970, S. 152; *Walker* 1971, S. 72; *Heinz* 1972, S. 85.

[76] *Sellin und Wolfgang* 1964, S. 278; *Akman* und *Normandeau* 1967, S. 144.

[77] *Rose* 1966, S. 415.

[78] *Akman* und *Normandeau* 1967, S. 443.

indem sie kurze Sätze vorlegten, die die Tat genau beschrieben und der Phantasie wenig Raum ließen. Außerdem könnten die erhaltenen Unterschiede der englischen Studie auf Zufall beruhen, da sie durch Signifikanztests nicht überprüft worden seien.

Bezüglich der Deliktsbeschreibungen ist für die deutsche Replikationsstudie von Schindhelm[79] jedoch anzumerken, daß z. B. bei dem Fall „Ein Täter fügt einem Opfer Verletzungen zu. Das Opfer stirbt an den Verletzungen", durchaus verschiedene Vorstellungen möglich sind. Nach dem deutschen StGB konnten die befragten Richter, Polizisten und (Jura-)Studenten an Mord, Totschlag, fahrlässige Tötung und Körperverletzung mit Todesfolge denken. Es ist also leicht möglich, daß die Probanden auch bei dieser Formulierung verschiedene Delikte vor Augen hatten und deshalb zu unterschiedlichen Bewertungen kamen.

2.4. Eine interessante Replikationsstudie führte Coombs[80] 1967 durch, indem er, wie Thurstone[81] im Jahre 1927, 19 Delikte von 369 männlichen und weiblichen Studenten der Universität von Michigan nach der Schwere einschätzen ließ. Coombs kam es darauf an, zu sehen, wie bei der Verwendung von gleichen Stimuli (Delikten), gleichen Instruktionen und der Befragung einer ähnlichen Stichprobe (Studenten) die Rangordnungen aussahen, d. h. ob nach 40 Jahren eine Veränderung der Wertorientierungen festzustellen war. In beiden Untersuchungen wurde als Methode der Paarvergleich verwandt.

Im Ergebnis ergab sich folgendes: Vor 40 Jahren war die Homogenität der Einstellungen im Hinblick auf die Deliktschwere größer als heute[82]. Personendelikte wurden 1967 relativ schwerer, Sexualdelikte relativ leichter eingeschätzt. Eigentumsdelikte, mit der Brandstiftung als Ausnahme, erschienen 1967 relativ leichter im Vergleich zu den anderen Tatbeständen[83].

1927 wurde Notzucht an die erste Stelle gesetzt; 1967 schätzten die Probanden Totschlag als schwerstes Delikt ein[84]. Der hauptsächliche Unterschied zwischen den Geschlechtern bestand darin, daß Frauen die Abtreibung für schwerer hielten als die Männer. Letztere fanden die Notzucht auch etwas schwerer als die Frauen, ebenso insgesamt die Eigentumsdelikte mit Ausnahme von Einbruchsdiebstahl[85].

2.5. Mäkelä[86] setzte sich in seiner Arbeit u. a. folgende zwei Ziele: a) Vergleich zwischen verschiedenen Teilen der Bevölkerung bezüglich ihrer Strafmaßforderungen für 11 Delikte und b) Vergleich zwischen den Strafmaßforderungen der Öffentlichkeit und der herrschenden Praxis in der Justiz[87]. Vorgelegt wurden 11 Fallbeispiele, für die die individuell gerecht erscheinende Strafe angegeben werden sollte. Möglich waren 1. Freispruch, 2. geringe Geldstrafe, 3. größere Geldstrafe, 4. bis zu einem Jahr Gefängnis auf Bewährung,

---

79 *Schindhelm* 1972, S. 58.

80 *Coombs* 1967, S. 85 ff.

81 *Thurstone* 1927, S. 273 ff.

82 *Coombs* 1967, S. 90.

83 *Ders.* 1967, S. 90.

84 *Ders.* 1967, S. 88.

85 *Ders.* 1967, S. 91.

86 *Mäkelä* 1967, S. 42 ff.

87 Vgl. dazu auch *Rose* und *Prell* 1955, siehe oben S. 29.

5. bis zu einem Jahr Gefängnis ohne Bewährung, 6. Gefängnis über 1 Jahr. Der Täter in den Fallbeschreibungen war ein nicht vorbestrafter Erwachsener.

1965 wurde derselbe Fragebogen den Richtern an Finnlands Gerichten 1. Instanz vorgelegt. Sie sollten angeben, welches Urteil sie in diesen Fällen sprechen würden. Es antworteten 48 Richter der „district courts" (= 67 % der Befragten) und 95 der „magistrate's courts" (= 63 %).

Die Antworten von Öffentlichkeit und Richtern bezüglich der Strafen wurden vom Verfasser geordnet und gewichtet[88], so daß folgende Rangordnungen der Delikte entstanden:

Bevölkerung	Gewichtung	Richter	Gewichtung
1. Raub	506	1. Raub	519
2. Abtreibung	485	2. Fahren unter Alkoholeinfluß	495
3. Unterschlagung	466	3. Abtreibung	467
4. Fahren unter Alkoholeinfluß	441	4. Unterschlagung	457
5. unerlaubte Herstellung von Alkohol	434	5. unerlaubte Herstellung von Alkohol	361
6. Mundraub	327	6. unerlaubter Verkauf von Alkohol	289
7. unerlaubter Verkauf von Alkohol	289	7. Mundraub	271
8. leichte Körperverletzung	285	8. leichte Körperverletzung	207
9. unerlaubter Besitz von Alkohol	242	9. unerlaubter Besitz von Alkohol	198
10. Trunkenheit	209	10. Trunkenheit	189

Bei näherer Aufschlüsselung ergab sich, daß insgesamt gesehen die Unterschiede in den Strafmaßforderungen (und damit die Unterschiede in der Schwereeinschätzung) zwischen Richtern und Bevölkerung nur gering waren. Weit härter als die Bevölkerung verurteilten die Richter allerdings das Fahren unter Alkoholeinfluß, während die Öffentlichkeit das unerlaubte Herstellen von Alkohol, leichte Körperverletzung und Mundraub schwerer gewichtete.

Auch zwischen verschiedenen Teilen der Bevölkerung (Personen mit hohem bzw. niedrigem Einkommen) war die Übereinstimmung recht groß. Die höheren sozialen Schichten zeigten im übrigen ziemlich ähnliche Einstellungen

[88] Die einzelnen vorgeschlagenen Strafen wurden als Indikator für die individuelle Einschätzung der Schwere des Delikts angesehen. Beispiel: Wenn bei der Unterschlagung Strafe Nr. 1 (s. o. S. 33) von 1 %, Strafe Nr. 2 von 4 %, Nr. 3 von 14 %, Nr. 4 von 24 %, Nr. 5 von 23 %, Nr. 6 von 34 % der Befragten verlangt wurden, erhielt das Delikt folgende Gewichtung:

1 x 1 + 4 x 2 + 14 x 3 + 24 x 4 + 23 x 5 + 34 x 6 = 466.

wie die Richter[89] und verlangten für Eigentumsdelikte schwerere Strafen als die Angehörigen der unteren Schichten[90].

2.6. Ob es zwischen Gefängnisinsassen und Gefängnisbeamten Unterschiede in der Schwereeinschätzung von Delikten gibt, überprüfte Sechrest[91] 1969 in Kalifornien. Ebenso interessierte ihn, inwieweit die Einstellungen von der Dauer des Gefängnisaufenthalts beeinflußt werden und ob Täter ihr eigenes Delikt anders bewerten als die übrigen Insassen bzw. der Gefängnisstab.

Die Probanden hatten 39 Delikte auf einer 0 - 10 Punkte-Skala einzustufen. Sechrest unterschied sechs Gruppen von Versuchspersonen. Die 142 Insassen wurden folgendermaßen getrennt[92]:

Probanden, die weniger als 6 Monate verbüßt und noch einige Zeit vor sich hatten; Probanden, die nur noch kurze Zeit im Gefängnis bleiben mußten (unter 6 Monaten) und solche, die mehr als 6 Monate verbüßt hatten, aber auch noch mehr als 6 Monate weiter absitzen mußten[93].

Bei den 79 Gefängnisbeamten unterschied man zwischen dem Verwaltungs-, dem klinischen und dem Aufsichtspersonal.

Die Ergebnisse zeigten, daß es keine signifikanten Unterschiede zwischen den Insassen und den Beamten hinsichtlich der Schwereeinschätzung von Delikten gab[94]. Immerhin hatten aber Angehörige des Aufsichtspersonals und Bewährungshelfer höhere Mittelwerte als alle Insassen und die anderen Personalgruppen[95].

Gefangene, die sich entweder in der Früh- oder Spätphase ihres Gefängnisaufenthaltes befanden, neigten dazu, alle Delikte etwas schwerer einzuschätzen; dies hing jedoch vom Deliktstypus ab[96]. Ihr eigenes Delikt bewerteten Täter dann leichter als die anderen Befragten, wenn es sich um Rauschgift- oder Fälschungsdelikte (z. B. Scheckfälschung) handelte. Die Rauschgiftdelikte wurden von den Tätern 2,66 Skalenpunkte leichter eingestuft als von den Beamten. Bei den Fälschungsdelikten gab es folgende Ergebnisse: Die Täter hielten sie für 1,55 Skalenpunkte leichter als die übrigen Gefangenen, und für 3,50 Punkte leichter als der Stab[97].

2.7. Jongman und Oving[98] führten 1971 eine Studie in Holland durch und untersuchten den Einfluß von Alter, sozialer Schicht und Religion auf die Einschätzung der Schwere von Delikten[99]. Sie befragten 506 Probanden, Jungen der Jahrgänge 1947 - 1949 und deren Väter. Die relative Schwere der Delikte wurde mit Hilfe des Paarvergleichs bestimmt.

---

[89] *Mäkelä* 1967, S. 63.

[90] *Ders.* 1967, S. 50.

[91] *Sechrest* 1969, S. 41 ff.

[92] *Ders.* 1969, S. 43.

[93] Einteilung nach *Wheeler* 1961, S. 697 ff.

[94] *Sechrest* 1969, S. 48.

[95] *Ders.* 1969, S. 49.

[96] *Ders.* 1969, S. 49 f.

[97] *Ders.* 1969, S. 50 f.

[98] *Jongman* und *Oving* 1971, S. 296 ff.

[99] Vgl. auch die Arbeiten von *Kamstra* und *van Weringh* 1973, 1974, 1974a, die teilweise die Untersuchung von *Jongman* und *Oving* ergänzen.

Die generelle Rangordnung aller Befragten bezüglich der 13 Delikte ist folgende[100]:

1. Unfallflucht
2. Versuchte Notzucht
3. Fahren unter Alkoholeinfluß
4. Homosexualität
5. Körperverletzung
6. Verführung Minderjähriger
7. Einbruchsdiebstahl
8. Sachbeschädigung
9. Kaufhausdiebstahl
10. Betrug
11. Marihuanagebrauch
12. Steuerhinterziehung
13. Unbefugter Gebrauch eines Fahrrads

Jongman und Oving stellten fest, daß über alle sozialen Schichten und Altersgruppen hinweg die Übereinstimmung bezüglich der relativen Schwere der Delikte groß ist[101]. Spezifische Delikte, über die trotzdem unterschiedlich gedacht wird, sind vor allem Marihuanagebrauch und Sexualdelikte.

Die Delikte in der Vermögenssphäre werden als relativ leicht angesehen. Schwerer werden die Gewaltdelikte eingestuft bzw. solche Taten, bei denen jemand körperlich geschädigt wird[102].

Schichtspezifische Einschätzungen gab es beim Marihuanagebrauch. Die Angehörigen der höheren Schicht tolerieren dies eher, in der Mittel- oder Unterschicht gilt das Delikt als relativ schwer. Jungen aus der höchsten Schicht fanden Homosexualität weniger schwer als Jungen aus den unteren Schichten[103].

Unterschiedliche Einstufungen der beiden Altersgruppen (Väter und Söhne) gab es bei Verführung Minderjähriger und Marihuanagebrauch. Diese Taten erscheinen den Söhnen leichter als den Vätern[104].

Die Probanden, denen die Religion viel bedeutet, hatten Verführung Minderjähriger und Homosexualität schwerer eingeschätzt als diejenigen, bei denen die Religion keine Rolle spielt[105].

2.8. Das Verhältnis der Bevölkerung zu Recht und Justiz in Tunesien darzustellen, war das Ziel der Untersuchung von Bouhdiba (1971). Dabei legte er

---

[100] *Jongman* und *Oving* 1971, S. 303.

[101] *Dies.* 1971, S. 302. *Kamstra* und *van Weringh* 1973, S. 83 - 90 fanden, daß auch die Übereinstimmung zwischen den von ihnen befragten Polizisten und der von *Jongman* und *Oving* untersuchten Bevölkerungsgruppe sehr groß ist (Rangkorrelationskoeffizienten zwischen 0.91 und 0.93).

[102] *Dies.* 1971, S. 302.

[103] *Dies.* 1971, S. 305.

[104] *Dies.* 1971, S. 305.

[105] *Dies.* 1971, S. 305. Bezüglich des Einflusses von Religiosität vgl. auch *Newman, Articolo* und *Trilling* 1974. S. 249 - 259.

285 Probanden (repräsentatives Sample) auch zehn Fallbeschreibungen vor und ließ diese Delikte nach der individuell empfundenen Schwere einstufen[106]. Bouhdiba überprüfte die Ergebnisse auf schicht- und geschlechtsspezifische Unterschiede und kam zu folgenden Resultaten:

Das gesamte Sample schätzte Brudermord, Prostitution und Devisenschmuggel als sehr schwer, Unterschlagung, Brandstiftung, Einbruch und fahrlässige Tötung als mittel, Homosexualität, Hehlerei und nächtliche Ruhestörung durch einen Trinker als sehr leicht ein[107]. Den befragten Frauen erschien Devisenschmuggel, fahrlässige Tötung und nächtliche Ruhestörung leichter, die Prostitution stuften sie jedoch schwerer ein im Vergleich zu den Männern. Die Unterschiede waren aber nicht signifikant[108]. Bei den einzelnen sozialen Schichten („sozio-professionelle Kategorien") zeigten sich ebenfalls keine signifikant unterschiedlichen Einstellungen[109].

2.9. Ebenso wie Sechrest (1969) beschäftigten sich Velez-Diaz und Megargee[110] mit der Frage, ob Täter mit Nichttätern in der Schwereeinschätzung von Delikten übereinstimmen. Außerdem wollten sie klären, ob es zwischen den sozialen Schichten Unterschiede in den Einstellungen gibt. Mit dem von Sellin und Wolfgang[111] entwickelten Instrumentarium überprüften sie 83 offiziell delinquente und 92 offiziell nicht-delinquente Probanden in Puerto-Rico. Die Versuchspersonen waren im Alter zwischen 17 und 24 Jahren und hatten 141 Delikte mit Hilfe einer Intervallskala einzustufen. Beide Gruppen — Delinquente und Nichtdelinquente — stammten aus der sozialen Unterschicht im Wohngebiet von San Juan. Es zeigte sich, daß nur bei 10 von 141 Delikten signifikante Unterschiede in der Einstufung vorlagen[112]. Notzucht und schweren Diebstahl schätzten die Delinquenten schwerer ein, während Nichtdelinquente Heroinverkauf, Pornographieverkauf, unerlaubten Waffenbesitz, Fahrraddiebstahl und andere Beispiele von Notzucht und Einbruch höher plazierten[113]. Die 10 Delikte, bei denen hier Unterschiede zu finden sind, zeigen jedoch keine besonderen, einheitlichen Merkmale, mit deren Hilfe die Diskrepanzen erklärt werden könnten. Insgesamt konnte also eine hohe Übereinstimmung festgestellt werden[114].

Auch bezüglich der Varianzen bei einzelnen Delikten gab es kaum signifikante Unterschiede. Nur bei 8 von 141 Tatbeständen zeigte sich keine Homogenität; dabei ergab sich, daß bei jeweils vier Delikten die beiden Gruppen die größere Varianz hatten[115].

Die Unterschiede in den Einstellungen von sozialen Schichten prüften Velez-Diaz und Megargee, indem sie die Rangordnungen des Unterschichtsamples von Puerto-Rico mit den Rangordnungen des von Sellin und Wolfgang[116]

---

[106] *Bouhdiba* 1971, S. 105 ff.

[107] *Ders.* 1971, S. 151, 159.

[108] *Ders.* 1971, S. 154.

[109] *Ders.* 1971, S. 158 f.

[110] *Velez-Diaz* und *Megargee* 1971, S. 549 - 553.

[111] *Sellin* und *Wolfgang* 1964.

[112] *Velez-Diaz* und *Megargee* 1971, S. 551.

[113] *Dies.* 1971, S. 552.

[114] Der Korrelationskoeffizient betrug 0.84 und höher.

[115] *Velez-Diaz* und *Megargee* 1971, S. 553.

[116] *Sellin* und *Wolfgang* 1964.

getesteten pennsylvanischen Mittelschichtsamples verglichen. Auch hier ergab sich eine weitgehende Übereinstimmung (positive Korrelation von .70 und höher)[117].

2.10. Hood[118] überprüfte durch eine Befragung von mehr als 500 englischen Polizeirichtern (magistrates), wie Verkehrsdelikte im Vergleich zu anderen Straftaten hinsichtlich der Schwere eingestuft werden. Geklärt werden sollte insbesondere, ob Verkehrsdelikte nur als sogenannte Kavaliersdelikte und damit als sehr leicht bewertet werden, oder ob die Richter diese Taten eher als „real crime" betrachten.

Die Rangordnung der 19 Delikte ergab folgendes Bild:

Delikt	Rang-platz	mittlerer Rangplatz
Raub unter Gewaltanwendung	1	1,74
Schwere Körperverletzung	2	3,95
Verführung Minderjähriger	3	4,04
Fahren unter Alkoholeinfluß	4	4,62
Gefährliches Fahren	5	6,00
Einbruch	6	7,23
Fahren trotz Führerscheinentzug	7	7,46
Fahren ohne Haftpflichtversicherung	8	9,69
Besitz von Angriffswaffen	9	9,74
Haus- und Familiendiebstahl	10	10,88
Betrug	11	11,12
Unvorsichtiges Fahren	12	12,15
Gebrauchsanmaßung	13	12,29
Unfallflucht	14	13,07
Leichte Körperverletzung	14	13,07
Ladendiebstahl	16	14,06
Gefährdung eines Fußgängers	17	14,87
Überhöhte Geschwindigkeit	18	16,16
Betrunkensein	19	17,72

Nach Ansicht von Hood zeigt die Tabelle deutlich, daß die befragten Richter die Verkehrsdelikte ziemlich ernst nehmen[119], wenn sie zwei dieser Tatbestände höher als den Einbruch und sechs schwerer als Ladendiebstahl einstufen. Ihre Übereinstimmung bei der Einschätzung der Delikte war relativ hoch, vor allem bei den schwersten Taten.

[117] *Velez-Diaz* und *Megargee* 1971, S. 553.

[118] *Hood* 1972, S. 97 - 101.

[119] *Ders.* 1972, S. 100.

2.11. Aus Österreich liegt eine Untersuchung von John[120] vor, die die Einstellungen von Juristen und Nichtjuristen verglich. 100 „Laien“ und 100 Juristen hatten 16 Delikte mit Hilfe der Paarvergleichsmethode einzustufen.

John fand zunächst[121], daß Juristen konsistenter als Nichtjuristen und Männer konsistenter als Frauen urteilen. Die Delikte wurden von diesen Subgruppen wie folgt plaziert[122]:

Delikt	Gesamt	Juristen	Nicht-Juristen	Männl.	Weibl.
Mord	1	1	1	1	1
Körperverletzung	2	3	2	2	3
Notzucht	3	2	3	3	2
Kindesweglegung	4	4	6	6	4
Raub	5	5	7	4	5
Erpressung	6	7	4	5	6
Tötung auf Verlangen	7	6	8	7	7
Brandstiftung	8	8	5	8	8
Betrug	9	10	10	9	9
Abtreibung	10	9	13	10	11
Einbruch	11	12	9	11	10
Banknotenfälschung	12	11	11	12	12
Bigamie	13	13	12	13	13
Kirchendiebstahl	14	14	14	14	15
Pornohandel	15	16	16	16	16
Religionsstörung	16	15	15	15	14

Eigentumsdelikte wurden von Nichtjuristen signifikant schwerer beurteilt als von Juristen, von nichtreligiösen Probanden strenger als von religiösen[123]. Sexualdelikte schätzten Juristen, Frauen und Religiöse schwerer ein als Nichtjuristen, Männer und Nichtreligiöse[124]. Körperverletzungen wurden von Juristen weniger toleriert als von „Laien“[125].

John verglich auch die Rangordnungen der Juristen und der Gesamtstichprobe mit einer Deliktskala, die aus den Strafen für die im Jahre 1967 in Österreich abgeurteilten Delikte erstellt wurde. Nach Ansicht der Autorin zeigte sich, „daß die subjektiven Einstellungen der Juristen keineswegs so konform mit der gehandhabten Praxis sind wie erwartet“[126].

[120] *John* 1973.

[121] *Dies.* 1973, S. 62 ff.

[122] *Dies.* 1973, S. 80, 83.

[123] *Dies.* 1973, S. 113.

[124] *Dies.* 1973, S. 115.

[125] *Dies.* 1973, S. 114.

[126] *Dies.* 1973, S. 129; vgl. dazu aber in der hier vorliegenden Arbeit S. 152. unten.

2.12. Durch eine Befragung von 200 Erwachsenen in Baltimore versuchten Rossi, Waite, Bose und Berk[127] zu überprüfen, ob die von Sellin und Wolfgang[128] festgestellte große Übereinstimmung in der Schwereeinschätzung von Delikten auch bei verschiedenen Subgruppen zu beobachten ist. Die Versuchspersonen, schwarze und weiße Männer und Frauen, hatten 140 Delikte auf einer Skala von 1 - 9 einzustufen.

Allgemein wurden Personendelikte und auch der Verkauf von Rauschgiften schwerer bewertet als Eigentumsdelikte. Die sogenannten „White-collar-crimes" und Straftaten ohne Opfer wie z. B. Homosexualität wurden als relativ leicht angesehen[129]. Die Übereinstimmung hinsichtlich der *Rangordnung* von Delikten zwischen den Subgruppen war beträchtlich[130]; dies gilt auch für die relative Distanz zwischen den einzelnen Delikten auf der Skala.

Wenig gebildete, schwarze männliche Probanden zeigten den größten Kontrast zur Rangordnung der Gesamtgruppe, insbesondere bei Straftaten gegen die Person, bei denen sich Täter und Opfer kannten[131].

Bei der Überprüfung der mittleren Gewichtung von Delikten ergab sich, daß schwarze, weibliche und jüngere Versuchspersonen generell die Straftaten höher gewichteten als die übrigen Probanden[132]. Ebenso taten dies Personen aus den unteren sozialen Schichten.

Die Ergebnisse hinsichtlich der Einschätzung von Opfern von Delikten waren widersprüchlich und nicht konsistent[133]. Bei Einzelpersonen zeigte sich, daß, je gebildeter und jünger die Probanden waren, sie um so mehr mit der Rangordnung der Gesamtgruppe übereinstimmten.

3. *Kritische Zusammenfassung*

3.1. Ein Vergleich der Ergebnisse und eine diesbezügliche Zusammenfassung erscheinen aus methodischen Gründen problematisch. Die einzelnen Untersuchungen stammen nicht nur aus verschiedenen Ländern, in denen zahlreiche Tatbestände unterschiedliche Bedeutung haben bzw. verschiedene Handlungsbereiche erfassen. Es wurden vielmehr — außer bei den Replikationsstudien der Arbeit von Sellin und Wolfgang — auch meist verschiedenartige Delikte eingestuft, nicht identische Stichproben befragt und häufig nicht vergleichbare Methoden verwandt. Unter Berücksichtigung all dieser Punkte kann der zusammenfassende Überblick deshalb nur die „große Linie" aufzeigen, ein allzu detailliertes Eingehen auf die einzelnen Studien erscheint weniger sinnvoll.

3.1.1. Betrachtet man zunächst die *Einstufung verschiedener Deliktsgruppen*, so ergibt sich, daß erwartungsgemäß Mord und Totschlag am schwersten eingeschätzt werden. Es folgen die Sittlichkeitsdelikte (mit

[127] *Rossi, Waite, Bose* und *Berk* 1974, S. 224 - 237.
[128] *Sellin* und *Wolfgang* 1964.
[129] *Rossi, Waite, Bose* und *Berk* 1974, S. 227.
[130] Korrelationskoeffizienten von 0.89 und höher.
[131] *Rossi, Waite, Bose* und *Berk* 1974, S. 231.
[132] *Dies.* 1974, S. 233.
[133] *Dies.* 1974, S. 235.

Ausnahme von Homosexualität) und die schweren Körperverletzungen. Tatbestände wie Raub und Fahren unter Alkoholeinfluß wurden ebenfalls häufig unter die schwersten Delikte eingereiht.

In den mittleren Bereich fallen Handlungen wie leichte Körperverletzung, Betrug, schwerer Diebstahl und — soweit gefragt — auch Abtreibung.

Als leicht oder sehr leicht werden im allgemeinen angesehen die z. T. gar nicht mehr strafbaren Verhaltensweisen wie z. B. Ehebruch, Kuppelei, Homosexualität, aber auch einzelne Verkehrsdelikte, Zechbetrug, Ladendiebstahl etc.

3.1.2. Sowohl die verschiedenen Altersgruppen als auch die verschiedenen Schichtgruppen stimmen in den *Gesamtrangordnungen* weitgehend überein. Allein bei *einzelnen* Delikten gibt es spezifische Einstellungsunterschiede.

Altersspezifische Unterschiede konnten teilweise festgestellt werden. Allerdings sind auch hier die Ergebnisse schlecht vergleichbar, da einmal *verschiedene Generationen*, zum andern aber auch nur *18- bis 25jährige* untersucht wurden. Jongman und Oving[134] fanden, daß Verführung Minderjähriger und Marihuanagebrauch von den Söhnen leichter eingestuft wurden als von den Vätern. Brusten und Hurrelmann[135] dagegen stellten fest, daß bei der Befragung von Lehrern und Schülern Haschischrauchen von den Schülern wesentlich schwerer bewertet wurde, während die Lehrer Sachbeschädigung, Diebstahl über DM 5,— und Automatenaufbrechen höher plazierten und gewichteten als die Schüler. Bei der Untersuchung von Kaupen, Volks und Werle[136] fanden sich ebenfalls altersspezifische Einstellungen. Insbesondere die Kuppelei wurde bei den über 50jährigen von einem Viertel als „sehr schlimm" angesehen, während dieser Anteil bei den unter 35jährigen nur noch 8 % betrug[137]. Nach v. Oppeln-Bronikowski[138] ergab sich in seiner Studie folgendes Bild: Fahrlässige Tötung, Mord und Widerstand gegen die Staatsgewalt werden von den Älteren im Vergleich zu den Jüngeren als schwerer bewertet. Letztere hingegen stuften Abtreibung, Fahrerflucht, Gotteslästerung und Sittlichkeitsvergehen mit Kindern höher ein. Allerdings liegen hierzu — wie auch bei den meisten anderen Untersuchungen — keine Signifikanzberechnungen vor, so daß der Wert der Resultate eingeschränkt bleibt.

---

[134] *Jongman* und *Oving* 1971, S. 300.

[135] *Brusten* und *Hurrelmann* 1973, S. 110, 111.

[136] *Kaupen, Volks* und *Werle* 1970.

[137] *Kaupen* 1973, S. 33.

[138] *v. Oppeln-Bronikowski* 1970, S. 135 ff. Er befragte 18- bis 25jährige männliche Probanden.

3.1.3. Bezüglich der *schichtspezifischen Unterschiede* geben die hier dargestellten Untersuchungen ein etwas einheitlicheres Bild. Die Angehörigen der unteren sozialen Schichten schätzen fast durchgehend Rauschgift- und Sittlichkeitsdelikte schwerer ein als die Versuchspersonen aus den oberen Schichten[139]. Mäkelä[140] weist im übrigen darauf hin, daß die Probanden aus den höheren Schichten in seiner Studie für Eigentumsdelikte schwerere Strafen verlangten als diejenigen aus den unteren Schichten.

3.1.4. Nur eine Arbeit befaßte sich mit den Schwereeinschätzungen von *Opfern* bestimmter Delikte. Rossi, Waite, Bose und Berk[141] fanden hier Ergebnisse, die widersprüchlich und nicht konsistent erschienen. Ihrer Ansicht nach könnte man möglicherweise aus den Resultaten ableiten, daß die Erfahrung als Opfer zu einer geringfügig niedrigeren kollektiven Schwereeinschätzung der Delikte führt.

3.1.5. Einstellungen von offiziell registrierten *Straftätern* wurden bei drei der hier ausgewählten Studien überprüft. Alle kamen zu dem Ergebnis, daß es zwischen Tätern und (offiziellen) Nichttätern *keine* signifikanten Unterschiede gibt, wenn man die *Gesamtrangordnungen* der Delikte betrachtet. Die Schwereeinschätzung *einzelner* Tatbestände differierte jedoch. Bei Kirchhoff[142] fanden die Täter (Arrestanten) z. B. Sachbeschädigung, Betrug und Aufbrechen von Automaten schwerer als die Gymnasiasten. Sechrest[143] berichtet, daß die von ihm befragten Strafgefangenen ihr eigenes Delikt dann leichter als die anderen Probanden einstuften, wenn es sich um Rauschgift- oder Fälschungsdelikte handelte. Bei Velez-Diaz und Megargee[144] gab es zwar bei 10 von 141 Delikten signifikante Unterschiede. Diese zeigen jedoch keine besonderen einheitlichen Merkmale, mit deren Hilfe die unterschiedlichen Einstellungen erklärt werden konnten.

3.2. Betrachtet man die oben kurz dargestellten mehr als 20 Studien, sind verschiedene Punkte kritisch festzuhalten:

a) In der Mehrzahl der Arbeiten ist die Schwere von Delikten nur als Randproblem überprüft worden[145]. Das Ergebnis der Schwereein-

[139] Vgl. dazu *Segerstedt* 1949, S. 337; *Infas* 1970; *Kaupen, Volks* und *Werle* 1970, S. 25 ff.; *v. Oppeln-Bronikowski* 1970, S. 101; *Jongman* und *Oving* 1971, S. 305; *Engler* 1973, S. 106 ff.

[140] *Mäkelä* 1967, S. 50.

[141] *Rossi, Waite, Bose* und *Berk* 1974, S. 234, 235.

[142] *Kirchhoff* 1975, S. 288.

[143] *Sechrest* 1969, S. 50 f.

[144] *Velez-Diaz* und *Megargee* 1971, S. 551 - 552.

[145] Dies gilt insbesondere für die deutschen Studien: *Friedrichs* und *Pongratz* 1970; *Peters* 1973; *Brusten* und *Hurrelmann* 1973; *Kirchhoff* 1975; aber auch für die ausländischen Arbeiten von z. B. *Segerstedt* 1949 und *Hood* 1972.

schätzung sollte das Bild abrunden, stand aber nicht im Mittelpunkt der Arbeiten und wurde somit mehr oder weniger oberflächlich behandelt. Systematische und auf höherem wissenschaftlichen Niveau stehende Untersuchungen, die sich allein mit der Schwere von Straftatbeständen befassen, gab es erst, nachdem Sellin und Wolfgang ihr „Measurement of Delinquency" 1964 veröffentlichten und zahlreiche Replikationsstudien anregten. Die dabei erkannten Probleme und Fragestellungen sind bisher ausführlich diskutiert und weiter untersucht worden[146]. Das sich hier zeigende gesteigerte Interesse ist zurückzuführen auf die Notwendigkeit, die Aussagen der Kriminalstatistik zu verbessern. Der Kriminalitätsindex von Sellin und Wolfgang erscheint vielen als Möglichkeit, zusätzliche Informationsquellen zu schaffen, und regt somit zur Weiterentwicklung und Überprüfung an[147].

b) Da aber Sellin und Wolfgang nur Probanden aus der sozialen Mittelschicht befragten und die Replikationsstudien dies natürlich auch wiederholten, gibt es nur wenige Arbeiten, die sich mit den Einstellungen aus verschiedenen sozialen Schichten befaßten und mögliche Unterschiede zu analysieren versuchten[148].

c) Die Methoden, die man bei der Schwereeinschätzung von Delikten verwandte, sind zahlreich und entsprechend unterschiedlich[149]. Systematische Vergleiche und empirische Ergebnisse bezüglich der Vor- und Nachteile einzelner Verfahrensweisen fehlen jedoch fast völlig[150].

d) Andere methodische Probleme werden meist vernachlässigt. So wird z. B. nur selten gesehen[151], daß bei bestimmten Delikten und Deliktsbeschreibungen unterschiedliche Vorstellungen möglich sind und damit auch unterschiedliche Schwereeinschätzungen ausgelöst werden. Diesbezügliche Verzerrungen der Resultate blieben unkontrolliert.

---

[146] Vgl. dazu den Bericht über das „Symposium on the Measurement of Delinquency" im Journal of Criminal Law and Criminology 1975, S. 173 ff.

[147] Auch das Bundeskriminalamt in Wiesbaden unterstützt eine Arbeit in diesem Bereich.

[148] z. B. *Segerstedt* 1949; *Kaupen* u. a. 1970; *Jongman* und *Oving* 1971; *Bouhdiba* 1971; *Velez-Diaz* und *Megargee* 1971; *Rossi* u. a. 1974.

[149] z. B. Paarvergleich, Intervallskala, Größenverhältnisschätzungsmethode, Strafmaßforderung etc. Vgl. dazu den kritischen Überblick hinsichtlich der Vor- und Nachteile S. 86 ff. unten.

[150] *Sellin* und *Wolfgang* (1964) verglichen die Methode der gleicherscheinenden Intervalle und die Größenverhältnisschätzungsmethode. Zu diesem Problem außerdem *Martin* und *Klein* 1965 und neuerdings *Kamstra* und *van Weringh* 1974, S. 23 f.

[151] *Brusten* und *Hurrelmann* 1973, S. 110; vgl. auch *Akman* und *Normandeau* 1967, S. 440.

e) Jugendliche unter 18 Jahren werden — im Gegensatz zur sonstigen kriminologischen Forschung — in die Analyse kaum einbezogen[152]. Die Frage, ob bzw. in welchem Maße ihre Wertorientierungen mit denjenigen der Erwachsenen übereinstimmen, ist nicht geklärt.

f) Wie Täter und Opfer die begangenen bzw. erlittenen Delikte im Vergleich zu Nichttätern und Nichtopfern einstufen, ist bisher nur ganz selten geprüft worden[153]. Wenn überhaupt, so handelt es sich dann meistens um „offizielle" Täter. Probanden, die sich in einer Dunkelfelduntersuchung als delinquenzbelastet erwiesen, wurden bisher kaum untersucht.

g) Überblickt man diese einzelnen Mängel und nicht gelösten Probleme, erscheint es schließlich nicht überraschend, wenn weiter festgestellt wird, daß nur wenige Arbeiten versuchten, auf einer gewissen theoretischen Basis zu argumentieren und die Ergebnisse in einen größeren Zusammenhang zu stellen[154].

Analysiert man den Ertrag der bisherigen *deutschen* Studien, so hellt sich das Bild keinesfalls auf. Im Vergleich zu ausländischen Arbeiten sind die deutschen Untersuchungen bis auf einige Ausnahmen wesentlich weniger problemorientiert und eher deskriptiv gehalten. Bestimmte Fragestellungen werden überhaupt nicht gesehen. So beschreiben z. B. v. Oppeln-Bronikowski[155] und Engler[156] die von ihnen durchgeführten Schwereeinschätzungen ohne jeglichen Bezug auf andere entsprechende Untersuchungen. Eine Problematisierung der Methoden und Ergebnisse bleibt bei der eigenen Arbeit stehen und führt nicht sehr viel weiter. Auf die Schwäche der Deliktsbeschreibungen (Schlagworte) wird bei ihnen ebensowenig eingegangen wie z. B. bei Peters[157]. Die Fragen, wie Schwereeinschätzungen entstehen und welche Faktoren sie hauptsächlich beeinflussen, werden entweder gar nicht oder nur oberflächlich behandelt. Ein gewisses Methodenbewußtsein in diesem Bereich zeigen jedoch Brusten und Hurrelmann[158]. Sie weisen darauf hin, daß z. B. Unterschiede in der Bewertung einzelner „Delikte"[159] dadurch zustande kommen können, daß die Probanden unter den angegebenen Begriffen Verschiedenes ver-

---

[152] Nur bei *Brusten* und *Hurrelmann* 1973 und bei *Kirchhoff* 1975.

[153] Opfer wurden befragt von *Rossi* u. a. 1974. Mit Tätern befaßten sich z. B. *Sechrest* 1969; *Velez-Diaz* und *Megargee* 1971; *Kirchhoff* 1975. Vgl. dazu die Darstellung weiterer Täteruntersuchungen S. 67 ff. unten.

[154] Dies taten z. B. *Sechrest* 1969, S. 52; *Velez-Diaz* und *Megargee* 1971, S. 553 und neuerdings *Riedel* 1972 in seiner Dissertation.

[155] *v. Oppeln-Bronikowski* 1970, S. 22 ff. und 95 ff.

[156] *Engler* 1973, S. 100 ff.

[157] *Peters* 1973, S. 79 ff.

[158] *Brusten* und *Hurrelmann* 1973, S. 106 ff., 183 ff.

[159] Bei ihnen waren nicht alle Handlungsweisen Delikte im strafrechtlichen Sinn.

stehen[160]. Bei Kirchhoff[161] hat die Schwereeinschätzung die Funktion, die Ergebnisse der Dunkelfelduntersuchung richtig interpretieren zu können. Nachteilig wirkt sich aber aus, daß die Probanden 24 Verhaltensweisen in eine Rangreihenfolge zu bringen hatten. Zwar läßt sich leicht sagen, welches die leichtesten und schwersten Delikte sind, das Mittelfeld jedoch bleibt bei dieser hohen Zahl von Handlungen unscharf.

Selbst die hier herausragende Arbeit von Schindhelm[162] vermag die Lücken insofern nicht zu schließen, als es bei ihr hauptsächlich um einen zu entwickelnden Kriminalitätsindex ging und andere Fragen wie z. B. schicht- und altersspezifische Einstellungen nicht geprüft wurden. Inwieweit hier die Untersuchung von Baratta, Sack und Tack zur „Sozialen Reaktion auf abweichendes Verhalten"[163] Lücken auszufüllen vermag, kann derzeit noch nicht beurteilt werden, da Ergebnisse bisher noch ausstehen.

3.3. Ausgehend von dieser gegenwärtig unbefriedigenden Situation, erschien es notwendig, in einer neuen Untersuchung einigen dieser Fragestellungen in Deutschland nachzugehen und zu versuchen, sie soweit wie möglich zu beantworten. Insbesondere folgende Problembereiche sind im deutschen Sprachraum bisher kaum bzw. gar nicht systematisch analysiert worden:

a) Die Schwereeinschätzung von Delikten durch Angehörige verschiedener sozialer Schichten.
b) Die Schwereeinschätzung von Delikten durch Angehörige verschiedener Altersklassen, insbesondere der 14- bis 18jährigen.
c) Die Schwereeinschätzung von Tätern im Vergleich zu Nichttätern.
d) Die Schwereeinschätzung von Opfern im Vergleich zu Tätern und Nichtopfern.
e) Der Vergleich verschiedener Methoden der Schwereeinschätzung.

Aus der Darstellung der Lücken ergeben sich für die eigene Arbeit folgende wesentliche Aufgaben:

a) Im Mittelpunkt steht die Schwereeinschätzung von Delikten durch verschiedene soziale Schichten und mehrere Altersklassen. Es werden unterschiedliche Einstellungen in den Unter-, Mittel- und Oberschichten überprüft. Im Gegensatz zu anderen Untersuchungen sollen auch unter 18jährige, nämlich 14- bis 17jährige Probanden befragt werden, so daß bei einer Überprüfung von 14- bis 25jährigen die

---

[160] *Brusten* und *Hurrelmann* 1973, S. 110.
[161] *Kirchhoff* 1975, S. 284 ff.
[162] *Schindhelm* 1972.
[163] Vgl. dazu *Baratta* 1975, S. 132 - 139.

Wertorientierungen von Jugendlichen, Heranwachsenden und Jungerwachsenen verglichen werden können. Dies erscheint deswegen bedeutsam, weil die Daten der Polizeilichen Kriminalstatistik und der Verurteiltenstatistik anzeigen, daß die höchste Kriminalitätsbelastung gerade bei den Angehörigen dieser Altersgruppen festzustellen ist. Möglicherweise ergeben sich aus den Schwereeinschätzungen Hinweise und Erklärungsmöglichkeiten für das häufige Begehen von bestimmten Delikten. So weist z. B. Brunner[164] darauf hin, daß bei der Prüfung der strafrechtlichen Verantwortlichkeit des Jugendlichen nach § 3 JGG sorgfältig zu untersuchen sei, ob die ihm vorgeworfenen Delikte in seiner Umgebung als „Kavaliersdelikte", d. h. als sehr leicht angesehen werden. Die Analyse darf hier aber nicht nur beim Vergleich von *Gesamtrangordnungen* stehenbleiben, da in diesem Bereich der Spielraum mit der Zahl der Delikte steigt. Vielmehr ist es notwendig, auf die Einschätzung *einzelner* strafbarer Verhaltensweisen zu achten, wodurch die Aussage möglicherweise wesentlich präziser ausfallen kann.

b) Durch die Dunkelfelduntersuchung der Forschungsgruppe Kriminologie (Max-Planck-Institut), betreut von Stephan[165], ergab sich die Möglichkeit, die Arbeiten weitgehend aufeinander abzustimmen und Probleme einzubeziehen, die bisherige Studien in Deutschland nicht und ausländische Untersuchungen nur selten erforschen konnten. Deshalb soll auch überprüft werden, inwieweit Opfer und Täter eines Delikts unterschiedliche Einstellungen zu „ihrer" Tat haben und inwieweit sie sich von Nichtopfern und Nichttätern unterscheiden. Dafür können die Ergebnisse der Dunkelfelduntersuchung der Forschungsgruppe Kriminologie[166] zum Vergleich herangezogen werden. Da jeweils das gleiche Sample befragt wird, schätzen dieselben Probanden zunächst die Schwere der Delikte ein und beantworten später die Frage, wie oft sie Täter dieser Delikte waren. Somit können als Täter nicht nur „offizielle Delinquente", sondern auch solche Probanden untersucht werden, die zwar delinquenzbelastet sind, aber nicht mit offiziellen Institutionen in Berührung kamen.

Zum besseren Vergleich werden aber außerdem auch Insassen von Strafvollzugsanstalten — also offiziell Registrierte — befragt, so daß die Möglichkeit besteht, Wertorientierungen der Dunkelfeldtäter denjenigen der Strafgefangenen gegenüberzustellen.

c) Da bisher nicht geklärt ist, welche Methode der Schwereeinschätzung für welche Stichprobe am geeignetsten ist, sollen hier zwei (relativ

---

[164] *Brunner* 1975, S. 45.

[165] *Stephan* 1972, S. 115 - 120.

[166] *Ders.* 1972, S. 115 - 120.

einfache) Methoden — nämlich Paarvergleich und Rangordnungsverfahren — verglichen werden, um Vor- und Nachteile dieser Verfahrensweisen feststellen zu können. Es interessiert hier die Frage, ob der etwas aufwendige Paarvergleich wesentlich präzisere Ergebnisse bringt, oder ob das Rangordnungsverfahren für bestimmte Fragestellungen ausreicht[167].

3.4. Grenzen von Analyse, Durchführung und Aussage: Erwähnt werden muß aber schon an dieser Stelle, daß bei der Durchführung der Studie nur über begrenzte zeitliche und ökonomische Mittel verfügt werden konnte. Dies schränkt die Anzahl der Fragestellungen, die technischen Untersuchungsmöglichkeiten und auch die Größe des zu befragenden Samples naturgemäß ein. Nachteilig wirkte sich auch aus, daß diese Arbeit, in gewisser Hinsicht als Ergänzungsstudie für die Dunkelfeldforschung konzipiert, bestimmte vorab entschiedene Punkte im Forschungsdesign der Vergleichbarkeit wegen zu akzeptieren hatte und dadurch einige, für eine Schwereeinschätzung von Delikten ungünstige Gegebenheiten in Kauf nehmen mußte. Dies gilt z. B. für die Frage der Stichprobe: Da die Studie in einer nahen Kleinstadt durchzuführen war, entstand das Problem, daß dort Angehörige der extremen sozialen Schichten, wie z. B. der unteren Unterschicht, wesentlich seltener vertreten sind als in einer Großstadt. Ebenso konnte kein Einfluß mehr auf die Auswahl der Delikte genommen werden. Die nunmehr zu überprüfenden 15 Delikte sind von ihrer Art her für eine Dunkelfelduntersuchung, die ihre Ergebnisse mit den Daten der offiziellen Kriminalstatistik vergleichen will, praktikabler als für die Schwereeinschätzung[168]. Schließlich sei in diesem Zusammenhang noch kurz die Frage der Deliktsdefinitionen berührt. Auch diese konnten aus Gründen der Vergleichbarkeit nur übernommen werden. Sie eigneten sich ebenfalls mehr für die Dunkelfeldstudie als für die Schwereeinschätzung. Auf die daraus entstehende Problematik und die jeweiligen Lösungsversuche wird noch im einzelnen in den folgenden Kapiteln eingegangen werden müssen.

Daß die Forschung auf dem Gebiet der Schwereeinschätzung von Delikten noch allgemein in der Anfangsphase steht und eine Reihe von Fragen nicht befriedigend beantworten kann, wird ebenfalls deutlich werden[169]. Die Ergiebigkeit solcher Untersuchungen ist nicht nur eingeschränkt durch die Tatsache, daß die Studien sich z. B. des Interviews

---

[167] Vgl. dazu auch *Kamstra* und *van Weringh* 1974, S. 23 ff.

[168] Günstig für die Schwereeinschätzung ist, wenn die einzelnen Straftatbestände ihrem Charakter nach sehr unterschiedlich sind. Es sollten möglichst alle geschützten Rechtsgüter verglichen werden können. Bei einer Dunkelfelduntersuchung kommt es hauptsächlich darauf an, daß alle diejenigen Delikte einbezogen sind, die nach der Kriminalstatistik die wichtigsten sind.

[169] Vgl. die Kritik am Sellin-Wolfgang-Index und die entsprechenden Repliken bei *Schindhelm* 1972, S. 110 - 116.

bedienen müssen und damit allen Fehlereinflüssen dieser sozialwissenschaftlichen Methode ausgesetzt sind[170]. Weitgehend ungeklärt ist auch, ob die festgestellten Rangordnungen etwas über das effektive soziale Verhalten aussagen[171]. Die Frage der Ein- oder Mehrdimensionalität der Schwere scheint ebenfalls noch nicht adäquat gelöst[172], desgleichen die Problematik, inwieweit Schwereeinschätzungen nur durch Probanden mit einem gewissen intellektuellen Niveau durchgeführt werden können[173].

Im Bewußtsein der Grenzen solcher Analysen wurde die eigene Arbeit konzipiert. Deren Hypothesen sollen nun im folgenden dargelegt werden.

---

[170] Vgl. dazu *Atteslander* 1974, S. 106 ff.; *Noelle* 1971, S. 165 ff.; *Scheuch* 1973, S. 66 - 190.

[171] *Kaiser* 1970, S. 318 f. Zur Beziehung zwischen Einstellung und Verhalten vgl. auch *Abele* und *Nowack* 1975, S. 146 f.

[172] *Oerter* 1970, S. 133; *Pawlik* 1970 (zitiert nach *Schindhelm* 1972, S. 124).

[173] *Eisenberg* 1972, S. 135.

ZWEITER TEIL

Eigene empirische Untersuchung

I. Entwicklung und Darstellung der Hypothesen

Aus der Zusammenfassung der o. a. Arbeiten, ihrer Fragestellungen und Ergebnisse ergibt sich, daß — insbesondere im deutschen Sprachgebiet — vier Problembereiche einer eingehenderen Untersuchung bedürfen:

1. Gibt es *altersspezifische* Schwereeinschätzungen von Delikten bei 14- bis 25jährigen? Welche Unterschiede sind zwischen Jugendlichen, Heranwachsenden und Jungerwachsenen festzustellen?
2. Gibt es *schichtspezifische* Einstellungen oder läßt sich tatsächlich eine große Übereinstimmung im Sinne von Sellin und Wolfgang feststellen?
3. Reagieren *Täter* wie Nichttäter oder stufen Täter, die von ihnen begangenen Delikte z. B. leichter ein als Nichttäter?
4. Wie reagieren *Opfer*? Schätzen sie die Delikte, bei denen sie in eine Opfersituation gerieten, schwerer ein als Täter und Nichtopfer? Werden ihre Einstellungen von der Größe des Schadens und von der Anzahl der Opfersituationen beeinflußt?

Im folgenden werden nun diese Problembereiche näher analysiert. Dabei wird zunächst jeweils ein kurzer theoretischer Überblick gegeben, der zeigen soll, daß Untersuchungen mit dieser Thematik durchaus in größerem Zusammenhang gesehen werden können: Sie erscheinen relevant für die empirische Überprüfung so wichtiger Konzepte wie der Sozialisationstheorie oder von Theorien, die die Werthomogenität verschiedener sozialer Schichten behaupten bzw. ablehnen. Im Anschluß daran werden die Resultate der bisherigen empirischen Untersuchungen erörtert. Aufgrund dieser Darstellungen können schließlich die einzelnen Thesen, die überprüft werden sollen, formuliert werden.

1. Altersspezifische Einstellungen

1.1 Wenn man die Probleme betrachtet, die die Jugendlichen im Alter von 14 bis 25 Jahren adäquat zu lösen haben, kann man annehmen, daß sich diese besondere Situation auch auf die Einstellungen der entsprechenden Altersgruppen auswirkt.

Nach Ansicht von Corey[1] muß der junge Mensch folgende Aufgaben bewältigen:

a) lernen, den eigenen Körper zu akzeptieren und mit ihm fertigzuwerden,

b) eine angemessene Geschlechtsrolle erlernen,

c) sich von der Beherrschung durch Erwachsene (besonders durch die Eltern) unabhängig zu machen,

d) den wirtschaftlichen Status Erwachsener erreichen und

e) ein Wertsystem entwickeln.

Die plötzlich einsetzenden körperlichen Veränderungen, verursacht durch Veränderungen im Hormonhaushalt[2], sind ebenfalls in der Pubertätsphase zu verarbeiten, so daß mit Recht insgesamt von einer „Zeit des Übergangs, begleitet von Verhaltensunsicherheit und erhöhter Konfliktsträchtigkeit“[3] gesprochen werden kann.

Während sich der biologisch-medizinische Ansatz hauptsächlich mit dem Körperwachstum, der Bedeutung innersekretorischer Vorgänge für die körperliche Reifung, der Akzeleration und der Entwicklung der Körpermuskulatur und Motorik beschäftigt[4], definiert die Entwicklungspsychologie das Jugendalter als eine Zeit der Persönlichkeitsentwicklung, die durch signifikante Veränderungen in der bio-sozialen Situation des Kindes hervorgebracht wird und mit einer tiefgreifenden Reorganisation der Persönlichkeitsstruktur verbunden ist[5].

Zwar handelt es sich hier um eine Periode, die mit Begriffen wie „schwierige Anpassungsphase“, „turbulente Entwicklungsperiode“ und ähnlichem beschrieben wird. Doch verneint Bergius die Behauptung, daß „Sturm und Drang“ ein Kennzeichen des Jugendalters ist[6]. Der Ausdruck meine vielmehr „leichte Erregbarkeit, erhöhte und spezifische Aktivität und emotionale Beunruhigung im Sinne von Selbstunsicherheit, die aber infolge von Überkompensation häufig verdeckt sein kann“[7].

Für die Soziologie handelt es sich bei der Jugend um „die Verhaltensphase des Menschen, in der er nicht mehr die Rolle des Kindes spielt ... und in der er noch nicht die Rolle des Erwachsenen als vollgültigen Trägers der sozialen Institutionen, also z. B. der Familie, der Öffentlichkeit

---

[1] *Corey* 1946, zitiert nach *Ausubel* 1968, S. 64. Eine ziemlich ähnliche Darstellung findet sich auch bei *Schenk-Danzinger* 1971, S. 208.

[2] Vgl. zu den Einzelheiten *Schenk-Danzinger* 1971, S. 208.

[3] *Kaiser* 1973a, S. 44.

[4] Vgl. dazu *Nickel* 1968, S. 100 - 106.

[5] Vgl. dazu *Ausubel* 1968, S. 62 ff.

[6] *Bergius* 1970, S. 102.

[7] *Ders.* 1970, S. 103.

und politischen Ordnung, der Rechts- und Wirtschaftsordnung usw. ... übernommen hat"[8]. Der Übergang ist gekennzeichnet durch den Wechsel von Rechten und Pflichten. Die dem einzelnen zugewiesene Rolle wird neu formuliert, wobei die Gesellschaft durch Sozialisation und Plazierung einen wesentlichen Einfluß ausübt[9]. Dieser Prozeß bringt Statusunsicherheiten, Identitäts- und Solidaritätsprobleme mit sich, Schwierigkeiten, die nicht wenige Jugendliche versuchen, durch spezifische Aktivitäten in Gleichaltrigengruppen zu überwinden. Dort können sie neue Rollen üben, werden anerkannt und entwickeln ein altersspezifisches Selbstbewußtsein, welches ihnen sonst nur in geringem Maße zugestanden wird[10].

Gegensätzliche Positionen werden in diesem Zusammenhang allerdings bei der Frage vertreten, ob die moderne Jugend eine Teilkultur bildet, die ihre eigenen Werte, Haltungen, Sitten und Normen entwickelt[11]. Hier führten die empirischen Beobachtungen noch keineswegs zu einem gesicherten Ergebnis. Die sich widersprechenden Resultate und Ansichten beruhen offensichtlich teilweise auch auf der Tatsache, daß z. B. Schelsky[12] die Jugendlichen der ersten Nachkriegszeit untersuchte und dabei deren Anpassungs- und Konformitätsbereitschaft hervorhob, während andere Soziologen sich hauptsächlich mit den „zur Auflehnung und zum Rückzug neigenden Verhaltensstrategien Jugendlicher" befaßten[13].

Insgesamt läßt sich mit Bergius[14] feststellen, daß die Schwierigkeiten des Jugendalters auf mehreren zusammentreffenden und zusammenwirkenden Faktoren beruhen: „Die in einem kurzen Zeitraum zusammengedrängten, plötzlich einsetzenden körperlichen Veränderungen, die Diskrepanzen in der Entwicklungsgeschwindigkeit verschiedener Funktionskomponenten, die Gesamtlänge dieses Übergangs." Nach Bergius sind dabei der soziale Druck, der auf den Jugendlichen ausgeübt wird, und die Änderungen des eigenen Körpers die beiden bedeutsamen Bedingungen für den Übergang und für die Änderungen in der Persönlichkeit[15].

Überblickt man die bislang dargestellten jugendlichen Sozialisierungs- und Plazierungsschwierigkeiten, die Statusunsicherheiten, die Identitäts- und Solidaritätsprobleme, aber auch die Existenz relativ unabhängiger

[8] *Schelsky* 1957, S. 16 in Anlehnung an *Hollingshead* 1949.

[9] *Neidhardt* 1970, S. 94.

[10] *Ders.* 1970a, S. 22.

[11] So *Tenbruck* 1965, S. 9, 94; *Bell* 1968, S. 83 ff.; *Elkin* und *Westley* 1968, S. 99.

[12] *Schelsky* 1957.

[13] *Kaiser* 1973a, S. 41.

[14] *Bergius* 1970, S. 104, 105.

[15] *Ders.* 1970, S. 104.

Altersgruppen mit jugendspezifischen Spiel- und Experimentierräumen[16], ist es wahrscheinlich, daß sich diese Situation auch in verstärkter Normunsicherheit und in häufigen Normverletzungen im Bereich des Strafrechts widerspiegelt. Die verfügbaren Daten der Kriminalstatistik zeigen für das Jahr 1975 folgendes Bild[17]: Insgesamt sind 2 919 390 Straftaten (ohne Verkehrsstraftaten und Staatsschutzdelikte) bekannt geworden. Die Polizei ermittelte 1,113 Millionen Täter. Davon entfielen auf Jugendliche 150 015 (= 13,5 %), auf Heranwachsende 142 195 (= 12,8 %) und auf Kinder 69 156 (= 6,2 %) Tatverdächtige. Ein Viertel aller als Täter ermittelten Personen stellen also die 14- bis 20jährigen. Die Verurteiltenziffern bestätigen weiter, daß Angehörige dieser Altersbereiche verhältnismäßig hoch delinquenzbelastet sind[18].

Altersgruppe	Verurteiltenziffer		
	1970	1972	1974
14 - 16	1 338	1 353	1 211
16 - 18	2 151	2 221	2 166
18 - 21	3 303	3 740	3 426
21 - 25	3 470	3 555	3 375
25 - 30	2 506	2 835	2 727
30 - 40	1 737	1 829	1 874
40 - 50	968	1 047	1 109
50 - 60	581	599	617
60 und mehr	191	197	200
insgesamt	1 346	1 431	1 419

Nach Kaiser[19] „ist am Ende des 24. Lebensjahres schon ein Drittel der gesamten männlichen Bevölkerung mindestens einmal wegen Verbrechen und Vergehen gerichtlich verurteilt worden“. Ähnliche Zahlen werden auch aus England und Amerika berichtet[20].

Aus den Verurteiltenziffern läßt sich der Anstieg der Kriminalitätsbelastung bis zum Höhepunkt bei den Heranwachsenden und Jungerwachsenen erkennen, dem ein steiler und dann flacher werdender Abfall folgt. Bemerkenswert ist nach diesen Zahlen, „daß die Gipfelzeit krimi-

[16] *Neidhardt* 1970, S. 74.

[17] Die folgenden Zahlen stammen aus der *Rechtspflegestatistik* 1974 (Bevölkerung und Kultur, Reihe 9. Rechtspflege) und aus der *Polizeilichen Kriminalstatistik* 1975.

[18] *Rechtspflegestatistik* 1974, S. 13.

[19] *Kaiser* 1973, S. 133.

[20] Vgl. dazu die Übersicht bei *Kaiser* 1973, S. 133.

nellen Verhaltens um etliches über die Zeit der Jugend im engeren Sinn hinausgeht"[21], d. h. daß die meisten registrierten Normabweicher aus Altersgruppen stammen, bei denen man an sich von einer größeren inneren Stabilität als bei den Jugendlichen (14- bis 18jährigen) ausgehen können sollte.

Stellt man in diesem Zusammenhang die Frage nach spezifischen Jugenddelikten[22], so geht es um die Taten, bei denen die Jugendlichen und Heranwachsenden anteilsmäßig besonders stark vertreten sind[23]. Es handelt sich hier um Landfriedensbruch, Gewaltunzucht und Notzucht, Diebstahl, Raub und Erpressung, Sachbeschädigung, Brandstiftung und vorsätzliche Körperverletzung[24], um Taten also, die eine „beachtliche Komponente an Aggressivität in Form von Gewaltäußerung und Schädigungswillen gemein haben"[25].

Diese Tatsache und auch die oben dargestellte relativ hohe Kriminalitätsbelastung der 14- bis 25jährigen machen durchaus die vermutete Normdistanz und Normunsicherheit in diesem Altersbereich wahrscheinlich[26]. Denkbar ist deshalb auch, daß bei den Angehörigen dieser Jahrgänge die Ansichten über einzelne Strafdelikte sehr schwanken und z. B. die Meinung über die Strafwürdigkeit einzelner Taten von Altersstufe zu Altersstufe anders aussieht. Busemann weist auf die Ambivalenz der Einstellungen junger Menschen hin, die insbesondere während der „Jugendkrise" festzustellen ist. Bisherige Anschauungen werden in Frage gestellt und zerfallen. „An die Stelle der nunmehr verworfenen früheren Anschauungen tritt nicht ein neues Orientierungssystem von einiger Dauer, sondern eine Folge sich schnell ablösender, neuer Meinungen[27]."

1.2. Ohne Zweifel wird die Einstellung zu bestimmten Delikten vom Grad der Sozialisation beeinflußt. Dieser Begriff, von verschiedenen Forschern in unterschiedlicher Bedeutung verwandt, bezeichnet allgemein „den Prozeß, in dem der Mensch die Normen und Werte der Gruppen, denen er angehört, lernt"[28]. Wurzbacher differenziert und unterscheidet Sozialisation, Enkulturation und Personalisation, wobei er unter Sozialisation Eingliederung des Menschen in die soziale Gruppe versteht, während Enkulturation „eine gruppen- wie personenspezifische Aneignung und Verinnerlichung von Erfahrungen,

---

[21] *Göppinger* 1973, S. 331.

[22] Zur *Kinderkriminalität* vgl. *Leferenz* 1957; *Spittler* 1968; *Nass* 1969; *Amelunxen* 1973; *Feest* 1974, S. 152 - 156; *Pongratz* u. a. 1974, S. 7 - 22; *Traulsen* 1974, S. 597 ff.

[23] Vgl. dazu *Göppinger* 1973, S. 344 ff.; *Kaiser* 1973, S. 137 ff.; *Hellmer* 1975, S. 10 ff.

[24] *Kaiser* 1973, S. 139.

[25] *Ders.* 1973, S. 139.

[26] Vgl. dazu auch *Kaiser* 1972, S. 10.

[27] *Busemann* 1965, S. 127.

[28] *Fend* 1972, S. 11; vgl. zu Sozialisation allgemein *Goslin* 1971; *Claessens* 1972; *Clausen* 1973; *Oerter* 1973.

‚Gütern', Maßstäben und Symbolen der Kultur bedeutet"[29]. Personalisation ist schließlich die „Ausbildung und Anwendung der menschlichen Fähigkeit zur kritischen Analyse und Integration des sozialen und kulturellen Pluralismus"[30].

Fend grenzt zwischen Sozialisierung und Enkulturation ab und bezeichnet mit dem Begriff Enkulturation „das Lernen aller kulturellen Inhalte", während Sozialisierung „das Lernen einer besonderen Klasse kultureller Inhalte" bezeichnen soll, nämlich, das „Lernen der moralischen Ordnung einer Gesellschaft"[31].

Da es in der hier vorliegenden Arbeit primär um die Schwereeinstufung von Delikten geht, d. h. um die Bewertung von Rechtsnormen, soll im folgenden allein der engere Bereich — nämlich die Sozialisierung (i. S. von Fend) — etwas genauer betrachtet werden.

1.3. Die Einschätzung der Delikte ist davon abhängig, daß der einzelne Proband weiß, was unter den Begriffen wie „Diebstahl, Notzucht, Körperverletzung etc." allgemein verstanden wird[32]. Es ist ihm im Laufe der Jahre „beigebracht" worden, daß es z. B. verboten ist, eine Sache, die einem anderen gehört, diesem ohne seine Einwilligung wegzunehmen. Wie im einzelnen dieses Lernen von Normen und die Übernahme der den Normen zugrunde liegenden Wertentscheidungen vor sich geht, ist noch ziemlich streitig[33]. Die wohl bekannteste Untersuchung über die kognitiven Aspekte der moralischen Entwicklung des Kindes wurde von dem Psychologen Piaget[34] durchgeführt. Piaget fand typische Phasen der Entwicklung des moralischen Urteils: die „heteronome Moral" im Alter von 6 - 8 Jahren, danach ein Zwischenstadium, das hinüberführt zur „autonomen Moral", die etwa im 11. bis 12. Lebensjahr entsteht[35]. Studien im Anschluß an Piaget haben dessen Ansatz überprüft und fortgeführt. Kohlberg[36] zeigte, daß die Entwicklung des Gewissens in sechs mehr oder weniger scharf abgrenzbaren Stufen erfolgt, wobei im letzten Stadium die Internalisierung der moralischen Normen erreicht ist („Orientation to conscience as a directing agent and to mutual respect and trust").

Einen anderen Ansatz vertreten Lerntheoretiker wie Bandura und Walters oder Sears[37]. Für sie verläuft das Lernen von moralischen Normen und Werten auf dieselbe Art und Weise wie das Lernen von sonstigen Verhaltensweisen. Das Kind internalisiert die Normen durch Imitation und Identifikation mit Modellen, d. h. mit Personen, deren Aktivitäten es beobachtet und die ihm Belohnungen bzw. Anreize bieten und somit seinen Wunsch verstärken, in ähnlicher Weise zu handeln[38].

---

[29] *Wurzbacher* 1974, S. 14.

[30] *Ders.* 1974, S. 15.

[31] *Fend* 1972, S. 48.

[32] s. dazu auch S. 100 ff. die Analyse der Deliktsbeispiele.

[33] *Rehbinder* 1972, S. 44; *Fend* 1972, S. 235; vgl. dazu allgemein *Kay* 1970; *Scott* 1971; *Graham* 1972.

[34] *Piaget* 1973.

[35] Die Merkmale der einzelnen Phasen sind bei *Fend* 1972, S. 165 f. zusammengefaßt.

[36] *Kohlberg* 1969, S. 376.

[37] Vgl. dazu insgesamt *Maccoby* 1973, S. 240 ff.; *Koeppen* 1970, S. 547 f.; zur Theorie von Freud (Über-Ich) vgl. *Graham* 1972, S. 17 f.; *Herren* 1973, S. 196 - 228; *Oerter* 1973, S. 263 ff.

Nach allen Theorien ist etwa im 12. Lebensjahr die Internalisierung moralischer Haltungen erfolgt. Allerdings bedeutet das nicht, daß die hauptsächlich während der primären Sozialisation[39] erworbene Norm- und Werthierarchie nunmehr für immer konstant bleibt. Denkbar ist vielmehr, daß während der nun folgenden sekundären Sozialisationsphase, in der neue Rollen erlebt werden und unterschiedliche Wert- und Normvorstellungen verarbeitet werden müssen, das Normpotential ergänzt und auch differenziert wird. Hierbei ist es möglich, daß die Rangordnung bestimmter Werte durch weitere Erfahrungen verändert wird. In welcher Richtung dies geschieht, hängt u. a. davon ab, wie stark die emotionellen Beziehungen zu den neuen Sozialisationsinstanzen sind[40], ebenso aber auch von der Dauer der Beeinflussung und deren Regelmäßigkeit[41]. Daß die „peer-group" in bestimmten Bereichen einen relativ großen Einfluß haben kann, zeigten bisher mehrere empirische Studien[42]. Nach Oerter[43] „geht es für die Jugendlichen darum, die Diskrepanz zwischen gelehrten und wirklich gelebten Normen zu verarbeiten, die Konflikte zwischen konkurrierenden Wertkonzepten zu meistern und die vor allem auf moralischem Gebiet bestehenden Spannungen zwischen älterer und jüngerer Generation im Sinne einer zunehmenden persönlichen Autonomie zu überwinden".

Da man davon ausgehen kann, daß der Grad der Sozialisierung bzw. Enkulturation beim durchschnittlichen Menschen mit dem Alter zunimmt, ist anzunehmen, daß der Sinn der strafrechtlichen Normen, ihr Stellenwert im Kultursystem, die sozialen und politischen Hintergründe und Bedingungen des ganzen Gesetzes mit höherem Alter besser verstanden und im Sinne der Allgemeinheit verinnerlicht sind. Mit Recht weist aber Geerds[44] darauf hin, daß die Aneignung der Gemeinschaftsurteile aus individuellen und sozialen Gründen zeitlich und in der Intensität sehr verschieden erfolgt. Selbst der für den Diebstahlstatbestand wesentliche Unterschied von Mein und Dein stelle sich bei den Kindern erst mit der Zeit — und das bei gewissen Objekten — verschieden ein.

Nach Ausubel[45] nähern sich die Wertvorstellungen der Kinder meistens mit zunehmendem Alter den Normen der Erwachsenen. Das könnte für den engen Bereich der Rangordnungen von Delikten bedeuten, daß anfängliche Unterschiede mit dem Älterwerden allmählich abgebaut werden, die Rangordnungen dann z. B. zu Beginn des Erwachsenenalters weitgehend übereinstimmen. Nach allem was aber bisher über den Sozialisierungsprozeß bekannt ist, muß jedoch davon ausgegangen werden, daß die vermutete Annäherung der Rangordnungen nicht linear verläuft. Fend[46] weist deutlich daraufhin, daß der Sozialisierungsprozeß vielmehr konfliktreich ist und das Ausmaß der Konformität nicht graduell zunimmt. „Es kann Rückfälle und plötzliche Sprünge (Diskontinuitäten) geben, jemand kann mit 10 Jahren besser sozialisiert sein als

[38] *Koeppen* 1970, S. 547.

[39] Vgl. dazu *Lüdtke* 1971, S. 134.

[40] *Hupperschwiller* 1970, S. 57.

[41] Hierzu und zu weiteren Faktoren *Rosenmayr* und *Kreutz* 1968, S. 212.

[42] *Dies.* 1968, S. 234 f.

[43] *Oerter* 1973, S. 245.

[44] *Geerds* 1965, S. 16 f.

[45] *Ausubel* 1968, S. 246; vgl. auch *Oerter* 1966, S. 78.

[46] *Fend* 1972, S. 153.

mit 18[47]." Dies würde dann dafür sprechen, daß die Rangordnungen der Delikte nicht mit zunehmendem Alter immer mehr übereinstimmen, sondern u. U. die Schwereeinstufung von z. B. 15jährigen der allgemeinen Einstellung eher ähnelt als diejenige von 19jährigen[48].

1.4. Die bisherigen empirischen Ergebnisse zu dieser Frage sind uneinheitlich[49]. Hurlock[50], die zunächst darlegt, daß das Kind die Schwere eines Verstoßes nach der Schwere der Strafe einzuschätzen gelernt hat, beschreibt diesbezügliche Untersuchungen von Davis und Havighurst und von Bronson[51]. Danach wird Diebstahl auf verschiedenen Altersstufen unterschiedlich bewertet. In einer Erhebung wurden Jungen vom ersten bis zum zwölften Schuljahr gebeten, zwanzig Verstöße gegen die Ehrlichkeit in eine Rangordnung nach ihrer Schwere zu bringen. Diejenigen Verstöße, die mit zunehmendem Alter als schwerer eingestuft wurden, bezogen sich in der einen oder anderen Form auf Diebstahl. Diejenigen, die weniger schwer bewertet wurden, hatten mit dem Täuschen einer Autoritätsperson zu tun, mit dem Behalten von gefundenem fremden Eigentum und dem Gebrauch von Eigentum der Geschwister für eigene Zwecke.

Kutchinsky[52] untersuchte 1962 die Einstellungen von 349 Probanden aus Kopenhagen im Hinblick auf Betriebsdiebstahl und Körperverletzung. Es zeigte sich, daß die unter 18jährigen Körperverletzung wesentlich leichter einschätzten als die älteren Befragten. Bei dem Betriebsdiebstahl waren die unterschiedlichen Bewertungen nicht so groß.

Bei den 100 männlichen Befragten im Alter von 18 bis 25 Jahren, deren Schwereeinschätzung von Delikten v. Oppeln-Bronikowski[53] überprüfte, ergab sich folgendes Bild: Fahrlässige Tötung, Mord und Widerstand gegen die Staatsgewalt wurden von den Älteren im Vergleich zu den Jüngeren als schwerer angesehen. Letztere hingegen stuften Abtreibung, Fahrerflucht, Gotteslästerung und Sittlichkeitsvergehen mit Kindern höher ein. v. Oppeln-Bronikowski hält es für möglich[54], daß „die jüngeren Probanden solche Delikte schwerer werten, deren Begehung mehr gefühlsmäßige Reaktionen erzeugt als ein reflektiertes Urteil". Das zeige sich auch daran, daß die Jungen Familiendiebstahl und Vatermord viel häufiger als die schwerere Tat bezeichneten im Vergleich zu Diebstahl und Mord an einem Fremden.

---

[47] *Fend* 1972, S. 153.

[48] Vgl. zu der hier angesprochenen Ambivalenz der Einstellungen junger Menschen S. 53 oben.

[49] Vgl. dazu auch *Kutchinsky* 1972, S. 28 und 43 ff.

[50] *Hurlock* 1972, S. 478, 488.

[51] Vgl. dazu *Hurlock* 1972, S. 504 f.

[52] *Kutchinsky* 1968, S. 131 ff.

[53] *v. Oppeln-Bronikowski* 1970, S. 135 ff.

[54] *Ders.* 1970, S. 137.

Jongman und Oving[55] fanden bei ihren holländischen Probanden, Jungen der Jahrgänge 1947 - 1949 und deren Vätern, altersspezifische Einstellungen bei Verführung Minderjähriger und Marihuanagebrauch. Diese Taten erschienen den Söhnen leichter als den Vätern. Bei der Homosexualität ergab sich, daß nur die Jungen aus den mittleren und oberen Schichten hier toleranter waren. In der unteren sozialen Schicht zeigte sich bei diesem Delikt kein Unterschied zwischen den Altersgruppen.

Die Untersuchung von Brusten und Hurrelmann[56] befaßte sich mit ähnlichen Altersgruppen wie die holländische Studie. Allerdings ging es bei der deutschen Arbeit um die Ansichten von Lehrern (unter 30 bis über 50 Jahre alt) und Schülern (13 bis 17 Jahre alt). Die beiden Rangskalen der „Delikte"[57] stimmten in hohem Maße überein. Bei einzelnen Straftaten jedoch wie Sachbeschädigung, Diebstahl über DM 5,— und Automatenaufbrechen verteilten die Lehrer einen wesentlich höheren „Schwere-Wert" als die Schüler. Etwas überraschend stuften die Schüler Haschischrauchen um 5 Plätze schwerer ein als die Lehrer, die sich hier sehr tolerant zeigten.

Von den 100 weiblichen Probanden im Alter von 18 bis 25, die Engler[58] in Hamburg befragte, fanden die Älteren Sittlichkeitsvergehen an Kindern, Meineid, Fahrerflucht und Widerstand gegen die Staatsgewalt schwerer als die Jüngeren. Letztere dagegen stuften Mord und fahrlässige Tötung höher ein als die 21- bis 25jährigen.

Ein Ergebnis der Untersuchung von Rossi u. a.[59] war, daß das Alter den Grad der Übereinstimmung mit der allgemeinen Rangordnung der Delikte beeinflußt. Im Gegensatz zu den oben dargestellten theoretischen Erwägungen[60] kommt diese Studie zu dem Schluß, daß, je jünger der Befragte, desto eher die Übereinstimmung mit der allgemeinen Schwereeinschätzung der Delikte festzustellen ist. Erklärt wird dieser Befund mit der größeren zeitlichen Nähe zu formellen Erziehungs- und Bildungsinstitutionen.

Zur Abrundung des Bildes sei noch auf die Daten einer Untersuchung zur Betriebsjustiz[61] verwiesen. Auf die Frage, ob bestimmte Diebstähle den Vorgesetzten gemeldet würden, wenn man sie beobachtet hätte, erhielt man folgende Antworten:

---

[55] *Jongman* und *Oving* 1971, S. 305; ähnliche Ergebnisse bei *Wilson* und *Brown* 1973, S. 65.

[56] *Brusten* und *Hurrelmann* 1973, S. 110 f.

[57] Es wurden auch Handlungen eingestuft, die nicht strafbar sind.

[58] *Engler* 1973, S. 106 ff.

[59] *Rossi* u. a. 1974, S. 237.

[60] Vgl. S. 55 oben.

[61] *Krautkrämer* 1976, S. 262.

	bis 30 J.	bis 40 J.	41 und mehr
Betriebsdiebstahl			
unter 100 DM			
— Meldung immer	17 %	23 %	46 %
— Meldung nicht immer	83 %	77 %	54 %
Betriebsdiebstahl			
über 100 DM			
— Meldung immer	39 %	57 %	77 %
— Meldung nicht immer	61 %	43 %	23 %
Kollegendiebstahl			
unter 100 DM			
— Meldung immer	70 %	74 %	84 %
— Meldung nicht immer	30 %	26 %	16 %
Kollegendiebstahl			
über 100 DM			
— Meldung immer	88 %	87 %	90 %
— Meldung nicht immer	12 %	13 %	10 %
	$n = 87$	$n = 86$	$n = 86$

Man kann also davon ausgehen, daß Arbeitnehmer mit zunehmendem Alter den Betriebsdiebstahl schwerer einschätzen als die jüngeren.

Keine Unterschiede in den Strafmaßforderungen für bestimmte Delikte fand Mäkelä[62] bei den verschiedenen Altersgruppen, als er die Einstellungen von Bevölkerung und Richtern verglich. Nimmt man die Strafmaßforderungen als Indikator für die Schwereeinschätzung, gab es also keine altersspezifischen Einstufungen.

Zumindest für die Gesamtrangordnungen der Delikte kam Heise[63] in einer Untersuchung von 753 Studenten ebenfalls zum Ergebnis, daß eine hohe Übereinstimmung zwischen älteren (über 20 Jahren) und jüngeren (18 - 19 Jahre) Probanden bestand. Sie hatten jeweils 30 (zum Teil) strafbare Handlungen einzustufen. Der Rangkorrelationskoeffizient betrug .98 und läßt nach Heise darauf schließen, daß die Einstellungen der älteren Gruppe aufgrund der Ergebnisse bei den Jüngeren gut vorhersehbar sind.

1.5. Folgt man diesen theoretischen und empirischen Ergebnissen, so gelangt man bezüglich der altersspezifischen Schwereeinschätzung der Delikte zu folgenden Hypothesen:

---

[62] *Mäkelä* 1967, S. 49 und 58.
[63] *Heise* 1968, S. 80.

— Die Gesamtrangordnungen der Delikte bei verschiedenen Altersgruppen (14- bis 17-, 18- bis 21-, 22- bis 25jährige) unterscheiden sich nicht signifikant.

— Einzelne Delikte werden durch die verschiedenen Altersgruppen unterschiedlich schwer bewertet.

2. *Schichtspezifische Einstellungen*

Aus den vorgestellten Untersuchungen ergibt sich, daß wenig Einigkeit hinsichtlich der Frage besteht, ob in den verschiedenen sozialen Schichten unterschiedliche Rangordnungen der Delikte vorliegen.

2.1. Daß es Unterschiede gibt, läßt sich aufgrund der Ergebnisse der folgenden Untersuchungen vermuten: Die Befragung von Infas[64] zeigt, daß Befragte mit höherer Schulbildung (und damit zumindest teilweise aus den mittleren und oberen Schichten kommend) bei bestimmten Delikten andere Einstellungen haben als Probanden mit Volksschulbildung. Auch bei der Untersuchung von Kaupen u. a.[65] lassen sich, wenn auch nur bei einzelnen Delikten, schichtspezifische Einstufungen feststellen. Bildungseinflüsse machten sich bei der Studie von v. Oppeln-Bronikowski[66] und Engler[67] bemerkbar, ebenso bei der Untersuchung von Kirchhoff[68].

Segerstedt[69] stellte bei den Sexualdelikten schichtspezifische Einschätzungen fest. Rose[70], der sich besonders gegen die Ergebnisse von Sellin und Wolfgang wendet, erklärt: „... I am convinced, ratings of seriousness will vary between different groups in the rating population; it is of fundamental importance to make a survey of a representative sample." Als Beleg für seine Behauptung zitiert er die Ergebnisse einer Untersuchung von Silvey[71], bei der die Ansichten von Mittelschicht und Unterschicht bezüglich der Schwere von Delikten auseinanderklaffen.

Auch die holländische Studie von Jongman und Oving[72] findet bei Rauschgift- und Sittlichkeitsdelikten (hier Homosexualität), daß die Befragten aus verschiedenen sozialen Schichten nicht übereinstimmen.

---

[64] *Infas-report* vom 5. 10. 1970, Nr. 203/3289. Siehe oben S. 18.

[65] *Kaupen, Volks* und *Werle* 1970. Siehe oben S. 20 ff.

[66] *v. Oppeln-Bronikowski* 1970, S. 137. Siehe oben S. 22 ff.

[67] *Engler* 1973, S. 106 ff. Siehe oben S. 22 ff.

[68] *Kirchhoff* 1975. Siehe oben S. 26 ff.

[69] *Segerstedt* 1949, S. 337. Siehe oben S. 28.

[70] *Rose* 1970, S. 36.

[71] *Ders.* 1966, S. 415. Siehe oben S. 32.

[72] *Jongman* und *Oving* 1971, S. 305. Siehe oben S. 35 f.

Kutchinsky[73] erklärt in seiner Sekundäranalyse von zahlreichen europäischen und amerikanischen Arbeiten summarisch, daß die oberen sozialen Schichten besonders intolerant gegenüber Eigentumsdelikten und Gewalttaten seien, während sie z. B. Homosexualität leichter als andere Schichten einstuften.

Andere Studien, die sich nur indirekt mit der Einstellung zu Delikten befassen, kommen zu ähnlichen Ergebnissen. So fand Quensel[74] „schichtspezifische, subkulturelle Attituden zur Zulässigkeit einzelner Tatbestände", in anderem Zusammenhang[75] spricht er von „unterschiedlichen Bewertungstendenzen von Delikten bei Berufs- und Oberschülern".

Opp[76], der in einer empirischen Untersuchung eine negative Beziehung zwischen sozialer Schicht und Delinquenz feststellt, erklärt dieses Resultat u. a. so: „Das System von institutionalisierten Normen ist bei der Unterschicht und der Mittelschicht verschieden. Die Jugendlichen haben offenbar ein Normen- und Wertsystem internalisiert, das vom Standpunkt der Behörden und der Mittelschicht zum Teil als delinquent angesehen wird. Bei diesen Jugendlichen gehört es durchaus zum normalen, positiv sanktionierten Verhalten, bestimmte Aktivitäten wie kleine Einbrüche, Diebstähle etc. auszuführen ..." „Solche Aktivitäten sind einfach üblich wie ein Kneipenbesuch, der Besuch eines Tanzlokals usw." Opp führt weiter aus, daß dies jedoch nicht bei Mord, Sittlichkeitsdelikten und Abtreibung gelte. In dieser Beziehung seien die Normen sowohl der Unterschicht als auch der Mittelschicht identisch[77]. Die leicht abweichenden Normen würden auch von den Eltern der Jugendlichen der Unterschicht geteilt.

Die Angehörigen der Mittelschicht hingegen, Jugendliche wie Eltern, mißbilligen nach Opp[78] Aktivitäten wie Stehlen stärker als Personen aus der Unterschicht. Seiner Meinung nach stellen die Jugendlichen aus den Unterschichten — im Gegensatz zu Jugendlichen aus den Mittelschichten — eine leicht abweichende Subkultur dar.

2.2. Die empirischen Befunde bestätigen insoweit Thesen, die hauptsächlich von amerikanischen und englischen Soziologen schon lange vertreten werden. Einer der bekanntesten Vertreter dieser Richtung, W. B. Miller, führt aus[79], „zwischen 40 - 60 % aller Amerikaner stehen unter

[73] *Kutchinsky* 1972, S. 48; vgl. dazu die teilweise abweichenden australischen Ergebnisse von *Wilson* und *Brown* 1973, S. 59 ff.

[74] *Quensel* 1971, S. 250/251.

[75] *Quensel* und *Quensel* 1970, S. 87.

[76] *Opp* 1968, S. 126 - 127.

[77] *Ders.* 1968, S. 126.

[78] *Ders.* 1968, S. 127.

[79] *Miller* 1974, S. 341.

dem direkten Einfluß der spezifischen Unterschichtkultur und etwa 15 % bilden den harten Kern der Unterschicht". Ihre Lebensweise ist charakterisiert durch eine „kulturelle Struktur, die in signifikanter Weise ... von der amerikanischen Mittelschicht unterschieden ist". Miller beschreibt[80] „sechs der hauptsächlichsten Kristallisationspunkte der Kultur der Unterschicht", nämlich *Schwierigkeiten* („eine Situation oder eine Art von Verhalten, das zu mißliebigen und komplizierten Verwicklungen mit offiziellen Stellen oder Vertretern der Mittelschichten führt und prestigefördernd sein kann"), *Härte* (physische Tapferkeit, „Maskulinität", Furchtlosigkeit, Mut), *geistige Wendigkeit* (Fähigkeit zu täuschen, überlisten; Cleverness, Gewitztheit), *Erregung* (Spannung, Risikogefahr, Abwechslung), *Schicksal* („Glück" oder „Pech" haben, z. B. im Spiel) und *Autonomie* (Unabhängigkeit von Regeln übergeordneter Autorität).

Die Ansicht von Miller, die Unterschicht habe ein eigenes, relativ geschlossenes System von überkommenen Werten und Normen, die mehr oder weniger im Widerspruch zu denjenigen der Mittelschicht stehen, wird auch von anderen Autoren unterstützt[81]. Bezüglich der daraus folgenden unterschiedlichen Einstellungen zu Delikten schreibt Mays[82]: „Different social groups and people living in different social milieux will have different norms and standards. Some will be more tolerant than others of breaches of the law, some will accept small and petty stealing as every day occurrences; others will take a highly moralistic and condemnatory attitude towards petty theft but be blandly tolerant of ‚sharp' practices in business by which they or others acquire a great deal of profit."

Auch Hood und Sparks[83] weisen daraufhin, daß z. B. in Arbeitervierteln Straftaten wie Gewalttätigkeiten möglicherweise gar nicht als kriminelles Verhalten angesehen werden und dies auch für das Mitnehmen kleiner Mengen von Rohstoffen vom Arbeitsplatz gilt. Letzteres sei eher als „Nebeneinnahme" denn als Diebstahl zu betrachten. Nach Ansicht der Autoren[84] haben Angehörige verschiedener sozialer Klassen wahrscheinlich verschiedene Begriffe von den einzelnen Delikten. Beispielsweise würde für den Mittelstand der Begriff „tätlicher Angriff" auch ein Verhalten einschließen, daß von der Arbeiterklasse als ein alltägliches Vorkommnis betrachtet würde. Schur[85] versucht letzteres auch mit der Tat-

[80] *Miller* 1974, S. 342 ff.

[81] Vgl. dazu auch *v. Trotha* 1974, S. 29 f.; Übersicht bei *Peters* 1971, S. 101.

[82] *Mays* 1970, S. 27; vgl. auch S. 63 ff.

[83] *Hood* und *Sparks* 1970, S. 34.

[84] *Dies.* 1970, S. 67.

[85] *Schur* 1969, S. 129; vgl. dazu auch *Caesar* 1972, S. 64 ff.; *Gottschalch* und *Neumann-Schönwetter* und *Soukup* 1971, S. 94 ff.

sache zu erklären, daß Unterschicht-Eltern eher als Mittelschicht-Eltern physische Strafen bei der Erziehung anwenden.

Differieren also die allgemeinen Wertorientierungen zwischen den sozialen Schichten, wäre zu erwarten, daß durch den Sozialisations- bzw. Enkulturationsprozeß eben diese schichtspezifischen Werte und Ziele den Jugendlichen übermittelt werden[86]. In der Tat gibt es Untersuchungen, die versuchen, diesen Prozeß nachzuweisen[87]. So fragten Fannin und Clinard[88] je 25 Probanden aus der Unterschicht und aus der Mittelschicht, die in eine Erziehungsanstalt eingewiesen worden waren, nach ihrem Selbstbild. Sie sollten angeben, welche typischen männlichen Wesenszüge sie nach ihrer Ansicht hätten, welche sie gerne besitzen wollten und welche ihnen von anderen zugeschrieben würden. Die Selbstangaben über antisoziale Aktivitäten einschließlich von Körperverletzung, Raufhandel und Sittlichkeitsdelikten wurden außerdem zu ihrer sozialen Herkunft in Beziehung gesetzt. Es zeigte sich, daß Jungen aus der Unterschicht sich als „härter" einschätzten im Vergleich zu denjenigen aus der Mittelschicht. Sie begingen auch signifikant häufiger (etwa 3- bis 5mal soviel) Gewaltdelikte und Schlägereien und trugen mindestens doppelt so oft Waffen mit sich.

Spiller[89] überprüfte die These von Cohen und Cloward und Ohlin, daß Mittelschichtnormen bezüglich der allgemein anzustrebenden Ziele auch von der Unterschicht internalisiert werden. Dies wurde durch die Ergebnisse nicht bestätigt. Vielmehr ergab sich, daß die Unterschichtmitglieder einer „gang" sich mehr an den Werten ihrer eigenen Schicht orientierten, auch wenn ein enger Kontakt mit Mittelschichtjungen bestand.

Auch wenn wohl unstreitig ist, daß es in vielen Bereichen Unterschiede zwischen Unterschicht und Mittelschicht in den Wertorientierungen gibt[90], so darf doch nicht übersehen werden, daß Theorien wie diejenigen von Miller das Problem zu einseitig betrachten. Mit Recht weist von Trotha[91] daraufhin, daß Miller die „vielseitigen Berührungspunkte zwischen Mittel- und Unterklasse ... im schulischen und sozialfürsorgerischen Bereich ausklammert" und er „die Autonomie und den Verfestigungsgrad der Unterklasse-Kultur überschätzt". So ist die empirische Bestätigung der Thesen Millers nach Ansicht von Springer[92] auch „insgesamt unzureichend".

---

[86] *Grauer* 1971, S. 39; vgl. dazu auch *Claessens* 1972, S. 142.

[87] Vgl. die Übersicht bei *Claessens* 1972, S. 142, Fußnote 21.

[88] *Fannin* und *Clinard* 1965, S. 205 - 214.

[89] *Spiller* 1965, S. 463 - 478.

[90] Vgl. dazu *Bachmeyer* 1969, S. 23 - 42; *Grauer* 1971, S. 39; *Bolte* und *Kappe* und *Neidhardt* 1974, S. 117 - 140.

[91] *v. Trotha* 1974, S. 35.

[92] *Springer* 1973, S. 113, 115.

2.3. Fraglich wird in diesem Zusammenhang dann aber auch, ob tatsächlich die *Rangordnung* der Delikte, wenn man sie nach der Schwere einstuft, bei den einzelnen Schichten wirklich unterschiedlich aussieht. Denn es gibt nicht nur, wie zunächst oben dargestellt, eine Reihe von empirischen Untersuchungen, die diese These bestätigen, sondern auch andere Studien, die als Ergebnis „große Übereinstimmung" feststellen.

So konnten Friedrichs und Pongratz[93] keine schichtspezifischen Unterschiede zwischen Arbeitern und Angestellten bei der Schwereeinschätzung von Delikten finden. Sellin und Wolfgang[94] sprechen von einem „pervasive social agreement" in diesem Bereich, was in Replikationsstudien bestätigt wurde. Winslow[95], der die Mängel der Studie von Sellin und Wolfgang kennt[96], bleibt zunächst skeptisch und weist darauf hin, daß „infact, numerous delinquency theorists suggest that members of the lower class possess value systems divergent from the middle-class and upper-class strata of American society". In einer eigenen empirischen Arbeit[97], in der er diese Frage besonders prüfte, zeigte sich jedoch ebenfalls kein relevanter Unterschied zwischen den Antworten von Probanden aus „white-collar"- und „blue-collar"-Schichten hinsichtlich der Einschätzung von Sexualdelikten. Velez-Diaz und Megargee[98] verglichen die Einstufungen von Angehörigen der sozialen Unterschicht in San Juan mit den Einstufungen von Probanden aus der pennsylvanischen Mittelschicht. Auch hier fand man weitgehende Übereinstimmung, die Korrelationskoeffizienten waren .70 und höher. Zum selben Ergebnis gelangten Rossi, Waite, Bose und Berk[99] bei einer Untersuchung von 200 Erwachsenen in Baltimore. Die sozialen Subgruppen waren sich bezüglich der Rangordnung der Delikte ziemlich einig; dies galt auch für die relative Distanz zwischen den einzelnen Delikten auf der Skala.

Kutchinsky[100] ließ in Kopenhagen fünf Eigentumsdelikte in eine Rangordnung entsprechend der Schwere bringen. Entgegen seiner Erwartung ergaben sich zwischen den sozialen Schichten keine signifikanten Unterschiede. Auch Conklin[101], der zunächst nach der Anzeigebereitschaft bei bestimmten Straftaten fragte und dann aufgrund der entsprechenden

---

[93] *Friedrichs* und *Pongratz* 1970, S. 233 ff.

[94] *Sellin* und *Wolfgang* 1964, S. 268.

[95] *Winslow* 1970, S. 152.

[96] Bei *Sellin* und *Wolfgang* wurde hauptsächlich ein Mittelschichtsample untersucht.

[97] Vgl. dazu auch *Kelly* und *Winslow* 1970, S. 124 - 135.

[98] *Velez-Diaz* und *Megargee* 1971, S. 549 ff.

[99] *Rossi, Waite, Bose* und *Berk* 1974, S. 224 ff.

[100] *Kutchinsky* 1968, S. 132.

[101] *Conklin* 1971, S. 260; ähnliche Übereinstimmung fanden *Boydell* und *Grindstaff* 1974, S. 116 bezüglich einiger Gewaltdelikte.

Antworten die Delikte einstufte, stellte fest, „that even for samples of dissimilar social backgrounds the ranking of crimes by seriousness is nearly the same".

2.4. Für diese empirischen Ergebnisse läßt sich ebenfalls der entsprechende theoretische Hintergrund darstellen. Nach Merton[102], Cloward und Ohlin[103] und Cohen[104] gibt es in den modernen Gesellschaften ein homogenes Wertsystem[105]. Für Merton sind zwei Elemente kultureller und sozialer Strukturen von besonderer Bedeutung. „Das erste Element besteht aus kulturell festgelegten Zielen, Absichten und Interessen, die allen oder unterschiedlich plazierten Mitgliedern der Gesellschaft als legitime Zielsetzungen dienen. Die Ziele sind mehr oder weniger aufeinander abgestimmt und in einer Art Werthierarchie angeordnet ... Sie stellen die ‚erstrebenswerten' Dinge dar ... Das zweite Element der kulturellen Struktur bestimmt, reguliert und kontrolliert die erlaubten Wege zum Erreichen dieser Ziele[106]."

Nach Cohen existiert zwar eine „Kultur der Unterklasse", jedoch werden die Werte der Mittelschicht von den Eltern und den anderen Erwachsenen in stark „verdünnter" Form vertreten[107]. Unterschichtjungen, die Maßstäbe der Mittelklasse verinnerlichen, „stehen somit einem Anpassungsproblem gegenüber, das eine Lösung verlangt"[108].

Bei Cloward und Ohlin internalisieren die unteren Schichten ebenfalls gesamtgesellschaftliche Erfolgsziele. Kriminalität ist dann die Reaktion auf die mangelnde Gelegenheit, diese Ziele auf legitimen Wegen zu erreichen und die hieraus folgende Anwendung illegaler Mittel, um doch noch zum Ziel zu gelangen. Ob die ungesetzlichen Mittel gebraucht werden können, hängt jedoch von den örtlichen Möglichkeiten und Gegebenheiten ab.

2.5. Der Überblick zeigt, daß es bisher kein gesichertes Wissen darüber gibt, ob Unterschiede in den Einstellungen zur Schwere der Kriminalität in den verschiedenen sozialen Schichten bestehen[109]. Die Ergebnisse der empirischen Untersuchungen und die theoretischen Ansätze lassen

---

[102] *Merton* 1974, S. 283 - 313.

[103] *Cloward* und *Ohlin* 1966.

[104] *Cohen* 1961.

[105] Vgl. dazu auch *v. Trotha* 1974, S. 10 ff.; *Peters* 1971, S. 101.

[106] *Merton* 1974, S. 286 - 287. Im Rahmen dieser Arbeit wird nicht die gesamte Anomie-Theorie Mertons dargestellt, sondern nur der Bereich, der sich mit der These der Werthomogenität befaßt. Dies gilt ebenso für die Ansätze von *Cloward* und *Ohlin* und von *Cohen*.

[107] *Cohen* 1961, S. 71.

[108] *Ders.* 1961, S. 90.

[109] Vgl. *Schindhelm* 1972, S. 114, Anm. 62: „Die Frage bedarf noch weiterer empirischer Untersuchung"; ebenso *Winslow* 1970, S. 152.

keinen endgültigen Schluß zu. Allerdings kann nach einer genaueren Analyse der bisherigen empirischen Arbeiten wohl folgendes gesagt werden:

1. Die Studien, die von „großer Übereinstimmung" sprechen, gingen meistens von den Rangkorrelationskoeffizienten aus, die einen Wert von .70 und höher zeigten. Dies bedeutet aber nur, daß sich die Rangordnungen von x Delikten bei den verschiedenen sozialen Schichten ähnelten, d. h. relativ gut übereinstimmten. Möglich ist aber trotz dieser „Gesamtübereinstimmung", daß bei *einzelnen* Tatbeständen starke Unterschiede auftreten[110].
2. Die Untersuchungen, die von „unterschiedlichen Einstellungen" ausgehen, berufen sich meist *nicht* auf Gesamtrangordnungen bzw. Rangkorrelationskoeffizienten, sondern nur auf die unterschiedliche Plazierung von *einzelnen* Delikten.

Somit wäre also folgender Satz für alle Untersuchungen und deren Ergebnisse kennzeichnend:

— Zwischen den sozialen Schichten herrscht (im Altersbereich 14 - 25 Jahre) große Übereinstimmung bezüglich der Gesamtrangordnung von Delikten.

— Bei *einzelnen* Tatbeständen jedoch differieren die Einstellungen der Untergruppen beträchtlich[111].

Diese These soll in der hier dargestellten eigenen empirischen Studie überprüft werden.

3. *Einstellungen von Opfern*

Die Frage, inwieweit bei der Schwereeinschätzung von Delikten die Erfahrung einer selbst erlittenen Opfersituation einen Einfluß ausübt, ist insgesamt nur selten diskutiert worden[112]. Deshalb gibt es auch nur wenige empirische Daten, die diesen Bereich erfassen und eine Klärung ermöglichen.

Segerstedt[113] deutet in seiner Arbeit das Problem an, bietet aber keine empirischen Befunde. Bei Akman und Normandeau[114], die in Kanada

---

110 Nach den Ergebnissen der dargestellten empirischen Untersuchungen sind folgende Unterschiede zu erwarten: Delikte mit sexuellem Einschlag werden von den unteren sozialen Schichten schwerer, von den oberen Schichten leichter beurteilt. Dies gilt ebenso für die Rauschgifttatbestände.

111 Siehe Fußnote 110 oben.

112 Vgl. *Kutchinsky* 1972, S. 70, 71; zur Furcht vor dem Verbrechen vgl. *Schneider* 1975, S. 549 ff.; *ders.* 1975a, S. 70 - 79 und neuerdings *Arzt* 1976 sowie *Stephan* 1976.

113 *Segerstedt* 1949, S. 336.

114 *Akman* und *Normandeau* 1967, S. 138.

eine Replikationsstudie der Arbeit von Sellin und Wolfgang durchführten, kann man aus den Ergebnissen zumindest Schlüsse über die Reaktion von *„potentiellen Opfern"* ziehen. Bei der Einschätzung von Notzucht zeigte sich nämlich, daß Frauen dieses Delikt wesentlich schwerer einschätzten als Männer[115]. Schindhelm[116] konnte dieses Ergebnis in seiner Untersuchung für die Bundesrepublik jedoch nicht bestätigen.

In einer anderen Veröffentlichung beschäftigen sich Akman und Normandeau[117] mit der Kritik, die an der Studie von Sellin und Wolfgang[118] geäußert wurde. Dabei geht es auch um den Vorwurf, daß die Probanden Delikte nach der Schwere einstufen, deren Opfer sie wahrscheinlich nie geworden waren. Die Schwerewerte würden nicht auf wirklichen Gefühlen gegenüber Tatbeständen beruhen, sondern auf der Überlegung, wie man sich wohl fühlen würde, wenn man das Opfer einer solchen Tat würde. In ihrer Antwort weisen die Autoren auf die Ergebnisse einer Untersuchung des National Opinion Research Centre (NORC) hin, die keine signifikanten Unterschiede zwischen den Einstellungen von Opfern und Nichtopfern erkennen ließen.

In dieser NORC-Studie[119] wurde auch nur eine geringe Beziehung zwischen erlebter Opfersituation und der Sorge bezüglich der Kriminalität gefunden. Diejenigen, die Opfer einer Straftat geworden waren, ängstigten sich etwas mehr vor der Möglichkeit eines Einbruchs oder eines Raubes als die Nichtopfer. Die Unterschiede zwischen Männern und Frauen waren jedoch größer als diejenigen zwischen Opfern und Nichtopfern.

In einer ähnlichen viktimologischen Studie stellten Biderman u. a.[120] fest, „that the degree of anxiety about crime is not primarily a function of an individual's personal experience of crime". So wurde ein „crime exposure"-Index[121] entwickelt, bei dem die Zahl und Schwere der berichteten Opfersituationen berücksichtigt wurden und auch, ob ein Freund oder Verwandter jemals durch ein Verbrechen verletzt oder getötet wurde. Gefragt wurde außerdem noch, ob der Proband jemals Zeuge eines Verbrechens war. Bei allen Berechnungen ergab sich aber, daß diejenigen, die nach den o. a. Kriterien mehr Erfahrung mit der Kriminalität hatten, deswegen nicht größere Kriminalitätsfurcht empfanden als

---

[115] Ebenso urteilten Frauen in Taiwan. Sie fanden Notzucht schwerer als alle anderen Delikte. Vgl. dazu *Hsu* 1973, S. 351; außerdem *Feldmann-Summers* und *Lindner* 1976, S. 143.

[116] *Schindhelm* 1972, S. 87.

[117] *Akman* und *Normandeau* 1967, S. 448.

[118] *Sellin* und *Wolfgang* 1964.

[119] *Ennis* 1967, S. 79 und *McIntyre* 1967, S. 37.

[120] *Biderman* u. a. 1967, S. 122.

[121] *Dies.* 1967, S. 126 ff.

die übrigen Probanden. Allein bei männlichen Schwarzen gab es eine Ausnahme. Je häufiger sie Opfer waren, desto eher empfanden sie Furcht vor Kriminalität.

Auch eine der neuesten Untersuchungen[122] zur Schwereeinschätzung von Delikten beschäftigt sich mit der Frage, ob Opfer Delikte anders einstufen als Nichtopfer. Die Ergebnisse der Arbeit waren jedoch nicht konsistent. Mit Ausnahme von einer Gruppe schätzten die Opfergruppen die Delikte zwar schwerer ein als weiße männliche Nichtopfer, aber dieses Bild ergab sich ebenso bei den übrigen Nichtopfer-Gruppen. Insgesamt sind Rossi u. a. sogar der Auffassung, daß die Erfahrung als Opfer zu einer geringfügig *niedrigeren* kollektiven Schwereeinschätzung der Delikte führt[123].

Die Resultate der o. a. Studien lassen erkennen, daß die Erfahrung, Opfer einer Straftat geworden zu sein, die Einstellungen zur Schwere von Kriminalität und zu einzelnen Tatbeständen nur unwesentlich beeinflußt[124]. Es läßt sich somit folgende Hypothese formulieren:

— Die Gesamtrangordnungen von Opfern und Nichtopfern unterscheiden sich nicht signifikant.

— Das spezielle erlittene Delikt wird von Opfern nicht schwerer eingestuft als von Nichtopfern.

4. *Einstellungen von Tätern*

4.1. Die These, daß Kriminelle einer anderen Wertorientierung im Vergleich zu Nichtkriminellen folgen, wird von zahlreichen soziologischen Kriminalitätstheorien vertreten[125]. Die bisherige „empirische Belegsituation" dieser Theorien wurde jedoch 1973 als „nicht sehr eindrucksvoll" eingeschätzt[126]. Trotzdem und gerade deshalb sind viele Autoren der Ansicht, daß weitere Forschungen in diesem Bereich sinnvoll sind. So meint Sechrest[127], daß Untersuchungen, ob Kriminelle und Nichtkriminelle Delikte unterschiedlich schwer einschätzen, für solche Personen wertvoll sein können, die mit Straftätern allgemein zu tun haben. Gemeint sind Richter, Strafvollzugsbeamte, Bewährungshelfer etc. "Those being helped should be aware of how correctional workers view

[122] *Rossi* u. a. 1974, S. 234.

[123] *Dies.* 1974, S. 235.

[124] Vgl. in diesem Zusammenhang auch das Ergebnis einer Untersuchung von *Abele* und *Nowack:* Befragte, die schon einmal Opfer einer — meist leichteren — Straftat gewesen waren, hatten positive Einstellungen gegenüber jugendlichen Delinquenten als Personen ohne diese Erfahrung (*Abele* und *Nowack* 1975, S. 161).

[125] Vgl. dazu *Mannheim* 1974, S. 600 ff.

[126] *Springer* 1973, S. 137, 138; ebenso *Göppinger* 1973, S. 46.

[127] *Sechrest* 1969, S. 41, 42, 51; ähnlich *Wilson* und *Brown* 1973, S. 11.

their offenses for rehabilitation to be effective. Also, correctional workers should be aware of offenders attitudes toward their offenses before attempting to work with them[128]."

Auch Göppinger, der an sich weniger von soziologischen und sozialpsychologischen Ansätzen hält[129], äußert sich in anderem Zusammenhang wie folgt: „Bei Untersuchungen ... wäre namentlich auch der Stellenwert einzubeziehen, der dem von dem Täter angegriffenen Rechtsgut in seinem eigenen Wertgefüge zukommt, so etwa die Freiheit bei Nötigung oder auch bei Sexualdelikten oder der Persönlichkeitswert als solcher bei Beleidigung oder der Besitz oder das Eigentum bei den diesbezüglichen Straftaten. Vermutlich ließen sich hier interessante Hinweise auf verdeckte motivologische Zusammenhänge und bisweilen wohl auch auf psychopathologische Auffälligkeiten finden[130]."

4.1.1. Die Frage nach der Einschätzung von Delikten bzw. Rechtsgütern durch Täter und Nichttäter soll natürlich auch Aufschluß geben über den Zusammenhang von verbaler Einstellung und tatsächlichem Verhalten. Dies Problem der „incongruity between words and deeds" wurde zuerst von La Piere[131] festgestellt und seither in Zusammenhang mit Einstellungsuntersuchungen immer wieder diskutiert[132].

Blankenburg[133] ist ziemlich skeptisch und meint, daß „es immer fragwürdig ist, von Antworten in Interviews auf das tatsächliche Verhalten zurückzuschließen, doppelt aber, wenn es sich um normrelevantes Verhalten handelt". Auch Heinz[134] spricht von möglichen „Lippenbekenntnissen", während Podgorecki[135] „leere Erklärungen" festgestellt zu haben glaubt.

Die Frage, inwieweit Schwereeinschätzungen mit der Neigung korrelieren, die entsprechenden Delikte zu *begehen*, verdient nach Ansicht von Jongman und Oving[136] eine nähere Untersuchung. Quensel[137] stellt hierzu die These auf, „wenn man bestimmte Schlägerei- oder Diebstahlssituationen als nicht so schlimm oder gar als wünschenswert beurteilt, dann wird man diese Delikte eher auch tatsächlich begehen". Hofstät-

[128] *Sechrest* 1969, S. 42.

[129] *Göppinger* 1973, S. 46 und 47.

[130] *Ders.* 1973, S. 428 f.

[131] *La Piere* 1934, S. 230 - 237; zu diesem Bereich bei der Verkehrsdelinquenz *Kaiser* 1970, S. 318 ff.

[132] Vgl. dazu *Deutscher* 1966; *Angenent* 1972, S. 535; *Raab* 1973; *Ball-Rokeach* 1973; *Liska* 1974.

[133] *Blankenburg* 1973, S. 124.

[134] *Heinz* 1972, S. 85.

[135] *Podgorecki* 1967, S. 93.

[136] *Jongman* und *Oving* 1971, S. 304.

[137] *Quensel* 1972, S. 458; vgl. dazu auch *Silbermann* 1976, S. 457.

ter[138] behauptet, die erlebte Schwere des Verstoßes gegen eine ideale (sittliche) Norm pflege der Seltenheit solcher Abweichungen proportional zu sein. Er führt folgendes Beispiel an: „Läßt man eine Reihe von Straftaten nach der Größe des Abscheus ordnen, den man ihnen gegenüber empfindet, so entspricht diese Rangreihe einerseits ihrer kriminalstatistischen Häufigkeit und andererseits auch dem Ausmaß der für sie verhängten Strafen ziemlich genau." Er meint also, je leichter ein Delikt eingestuft werde, desto eher werde es auch begangen.

4.1.2. Ähnlich wird auch bei einem anderen, damit zusammenhängenden Forschungsproblem argumentiert. Bei Dunkelfelduntersuchungen nämlich, ist mit gutem Grund anzunehmen, daß nicht von Straftaten berichtet wird, die nach Ansicht der Täter als besonders schwerwiegend und verwerflich angesehen werden[139]. Brusten und Hurrelmann[140] bestätigen diese These durch neuere empirische Ergebnisse.

4.2. Die zunächst gestellte Frage, inwieweit die Wertorientierungen der Kriminellen und Nichtkriminellen miteinander übereinstimmen, kann, in Teilbereichen, auch geprüft werden, indem man beide Gruppen verschiedene Delikte nach der Schwere einstufen läßt[141]. Nach den Theorien von Merton[142], Sykes und Matza[143] und anderen, die annehmen, daß Delinquente, zumindest teilweise, die herrschende allgemeine Wertorientierung internalisiert haben, ist zu erwarten, daß die Rangordnungen der Kriminellen den Rangordnungen der Nichtkriminellen weitgehend ähnlich sind. Im Gegensatz dazu stehen die Theorien von z. B. Sutherland[144] oder Miller[145] etc., die von einer „Gegen"- bzw. „Subkultur" ausgehen und nach denen die Rangordnungen der Kriminellen mit denjenigen der Nichtkriminellen nicht übereinstimmen dürften. Dies „Nichtübereinstimmen" könnte einmal bedeuten, daß verschiedene Delikte ganz anders eingestuft werden oder, daß das eigene Delikt relativ leicht eingeschätzt wird[146].

4.3. Die Ergebnisse der empirischen Studien[147] sind uneinheitlich. Die Arbeit von Simpson[148] war wohl die erste, die die Schwereeinschätzung

---

[138] *Hofstätter* 1969, S. 219.

[139] *Opp* 1969, S. 853; *Dörmann* 1974, S. 434; siehe auch oben S. 12.

[140] *Brusten* und *Hurrelmann* 1973, S. 180.

[141] *Figlio* 1971, S. 5.

[142] *Merton* 1974, S. 283 - 313.

[143] *Sykes* und *Matza* 1974, S. 360 - 371.

[144] *Sutherland* 1974, S. 395 - 399.

[145] *Miller* 1974, S. 339 - 359.

[146] Im letzteren Fall kann dies aber auch u. U. eine „Neutralisation" nach *Sykes* und *Matza* bedeuten.

[147] Ein guter Überblick findet sich bei *Kutchinsky* 1972, S. 58 - 70.

[148] *Simpson* 1934, S. 76 - 83.

von Delikten bei offiziell Nichtdelinquenten (Lehrern) und bei Strafgefangenen untersuchte. Simpson kam zu folgenden Resultaten: 1. Es gibt eine große Übereinstimmung zwischen den Einstellungen der Lehrer und der Straftäter (Rangkorrelationskoeffizient bei den beiden Rangordnungen .95). 2. Diejenigen Straftäter, die wegen Raubes, Einbruchs oder Diebstahls einsaßen, stuften diese Delikte relativ schwerer ein als die Lehrer. Sexualtäter dagegen schätzten ihre Delikte als leichter ein. 3. Die Rangordnung der Delikte, gemessen nach den Strafdrohungen des Gesetzes, stimmte nicht mit der Rangordnung der Lehrer überein.

Die Untersuchung von Sechrest[149], 35 Jahre später, zeigte ähnliche Ergebnisse. Es gab ‚keine signifikanten' Unterschiede zwischen Strafgefangenen und Vollzugsbeamten in der Schwereeinschätzung von Delikten. Täter von Rauschgift- oder Fälschungsdelikten stuften ihre Straftaten allerdings leichter ein als die übrigen Befragten.

Figlio[150] überprüfte 1971 in seiner Arbeit die Einstellungen von 193 erwachsenen Straftätern und 524 Insassen des Jugendstrafvollzuges und verglich sie mit denjenigen von 216 Studenten. Die erwachsenen Delinquenten waren durchschnittlich 31 Jahre, die Jugendlichen 18 Jahre alt. Die Schwere wurde mit einer 11-Punkte-Kategorie-Skala (Methode der gleicherscheinenden Intervalle) und mit der Methode der Größenverhältnisschätzung gemessen. Die Übereinstimmung der Rangordnungen der Delikte war ziemlich groß, die Korrelationen erreichten den Wert .90. Innerhalb der Gruppen war die Varianz der Einstellungen bei den Studenten am geringsten. Die verschiedenen Tätertypen zeigten keine signifikanten Unterschiede in den Einstufungen der Delikte. Die Art des begangenen Delikts hatte keinen Einfluß auf die Schwereeinschätzung dieser Straftat oder einer anderen.

Ergänzend zu den Resultaten dieser Studien kann auch das Ergebnis der Untersuchung von Buffalo und Rodgers[151] herangezogen werden. Es wird gezeigt, „that delinquents, for the most part, do recognize the socially approved norms and that their moral norms are not in contradiction to those of the dominant society“[152]. Nach Ansicht der Autoren wird damit die Theorie von Sykes und Matza weiter bestätigt.

Im europäischen Raum wurden bisher nur selten Einstellungen von Tätern und Nichttätern gemessen. Von einem Vergleich der Rechtskenntnisse von Oberschülern und Straftätern berichtet Fröhlich[153] aus der DDR. Bezüglich der hier interessierenden Fragen, Einschätzung der

[149] *Sechrest* 1969, S. 41 - 55 (vgl. S. 35 oben).

[150] *Figlio* 1971; *ders.* 1975, S. 189 - 200.

[151] *Buffalo* und *Rodgers* 1971, S. 101 - 114.

[152] *Dies.* 1971, S. 103.

[153] *Fröhlich* 1972, S. 128.

Strafschwere von Straftaten und Verwerflichkeit von Diebstählen, ergab sich kein statistisch bedeutsamer Beantwortungsunterschied zwischen den beiden Gruppen.

Eine Studie von Velez-Diaz und Megargee[154] wurde in Puerto Rico durchgeführt, bei der Täter und Nichttäter aus der sozialen Unterschicht befragt wurden. Auch hier zeigten sich nur bei 10 von 141 Delikten signifikante Unterschiede. Insgesamt war die Übereinstimmung hoch; es ergaben sich Rangkorrelationskoeffizienten von .84 und höher.

Schließlich soll noch auf eine Arbeit von Kirchhoff[155] hingewiesen werden, der im Rahmen einer Dunkelfelduntersuchung Freizeitarrestanten und Gymnasiasten 24 Delikte nach der Schwere einstufen ließ. Kirchhoff kommt zu der Feststellung, „daß zwischen Nichtkriminellen und offiziellen Kriminellen gleiche Vorstellungen über die Schwere der Delikte bestehen"[156]. Allerdings lassen sich bei einzelnen Straftaten auch Abweichungen finden, insbesondere bei Sachbeschädigung, Betrug und beim Aufbrechen von Automaten. Diese Delikte finden die Arrestanten schwerer als die Gymnasiasten.

4.4. Überblickt man die Ergebnisse der bisher dargestellten Studien, so könnte man mit Recht Kutchinskys[157] Feststellung bekräftigen: "Although there is a slight and sometimes statistically significant difference in the expected direction between these two groups, it is the degree of resemblance rather than of difference which is remarkable." Allerdings zeigen andere Untersuchungen doch auch Resultate, die den o. a. Schluß nicht rechtfertigen. So fand Davies[158], der 378 durchschnittlich 15jährige Schuljungen befragte, seine These bestätigt, daß Delinquente bestimmte (teilweise kriminelle) Verhaltensweisen leichter einschätzten als Nichtdelinquente. Die signifikanten Unterschiede reflektieren nach seiner Ansicht „zweifellos die differentielle Internalisierung von Werten"[159].

Im Ergebnis zumindest teilweise ähnlich sind die Feststellungen von Sechrest[160], bei dem Täter von Rauschgift- und Fälschungsdelikten diesen Tatbeständen gegenüber wesentlich toleranter waren als andere Straftäter oder Vollzugsbeamte.

Christiansen[161], der die Einstellungen von verschiedenen Gruppen von Nichtkriminellen mit den Attitüden von Strafgefangenen verglich, kam

---

[154] *Velez-Diaz* und *Megargee* 1971, S. 549 - 553 (siehe S. 37 oben).
[155] *Kirchhoff* 1975 (siehe S. 26 oben).
[156] *Ders.* 1975, S. 290.
[157] *Kutchinsky* 1972, S. 63.
[158] *Davies* 1969.
[159] *Ders.* 1969, S. 45 und 57.
[160] *Sechrest* 1969, S. 41.
[161] *Christiansen* 1970, S. 19.

zu dem Ergebnis, daß die Unterschiede zwischen Studenten und Strafgefangenen so groß sind, „that it is hardly possible to construct a common scale of seriousness for both groups".

Einen Hinweis auf die Schwereeinschätzung von *potentiellen* Tätern gibt die Untersuchung von Engler[162] in Verbindung mit der Arbeit von v. Oppeln-Bronikowski[163]. Als wohl interessantestes Resultat des Vergleichs zwischen beiden Studien erscheint ihm die Feststellung, „daß sowohl die weiblichen als auch die männlichen Probanden grundsätzlich das ihrem Geschlecht spezifische Delikt als weniger schwer ansehen"[164].

Auch Dettenborn und Fröhlich[165] sehen in der Einstellung zur eigenen Straftat einen Bereich von großer diagnostischer, prophylaktischer und pädagogischer Bedeutung. Sie sind der Meinung, „daß das für den Erziehungsprozeß besonders Abträgliche darin bestehe, daß bei unangepaßten Einstellungen zur eigenen Straftat, also einer unangepaßten Bewertung des eigenen Verhaltens, eine zunehmende und raschere Verfestigung negativer Verhaltensdispositionen zu erwarten ist". In einer Untersuchung, die die Reaktion von Ersttätern und Rückfalltätern auf Aussagen wie z. B. „Es gibt viel schlimmere Straftaten als meine, deshalb erscheint mir meine Tat nicht so schlimm" verglich, reagierten 41 % der Rückfalltäter, aber nur 29 % der Ersttäter mit der Antwort „Das ist völlig zutreffend".

Abschließend sollen noch die Arbeiten von Hindelang[166] erwähnt werden. Im Jahre 1970[167] befragte er 69 Studenten aus der sozialen Mittelschicht. Die Probanden sollten angeben, wie oft sie im letzten Jahr bestimmte (z. T. kriminelle) Handlungen verübt hatten. In einem zweiten Schritt waren die Verhaltensweisen nach der subjektiven Billigung oder Mißbilligung einzustufen. Geprüft werden sollte, ob Delinquente und Nichtdelinquente die gleichen moralischen Wertorientierungen besaßen oder nicht. Hindelang kam zu folgenden Resultaten: Die Kriminellen billigten die begangenen Straftaten eher im Vergleich zu den Nichtkriminellen. Bei 13 der 15 zuletzt geprüften Verhaltensweisen zeigte sich eine signifikante Beziehung zwischen dem Begehen und der Billigung der Tat. Nach Ansicht von Hindelang stehen diese Ergebnisse im Gegensatz zu der Theorie von Sykes und Matza und bestätigen vielmehr die Theoretiker, die eine kriminelle Subkultur annehmen. Mit Recht weist Kutchinsky[168] aber darauf hin, daß dieser Schluß nicht unbedingt ge-

[162] *Engler* 1973, S. 112, 147, 174.
[163] *v. Oppeln-Bronikowski* 1970.
[164] *Engler* 1973, S. 174.
[165] *Dettenborn* und *Fröhlich* 1974, S. 59.
[166] *Hindelang* 1970, 1974.
[167] *Ders.* 1970, S. 502 - 509.
[168] *Kutchinsky* 1972 ,S. 66.

rechtfertigt ist. Denn gerade auch nach der „Neutralisationstheorie“ ist zu erwarten, daß Delinquente ihre Tat leichter einschätzen als Nichtdelinquente. In einer späteren, im Umfang weit größeren Untersuchung, die sich mit gleichen und ähnlichen Fragen beschäftigte, kommt Hindelang[169] wiederum zum Ergebnis, „that those reporting involvement in a particular illegal act are substantially more approving of the act than those who report no involvement in the act“[170].

4.5. Für die eigene empirische Arbeit kann aus der bisherigen Darstellung der Ergebnisse folgende Feststellung gewonnen werden:

Eine gesicherte Erkenntnis darüber, wie Delikte von Kriminellen im Vergleich zu Nichtkriminellen nach der Schwere eingeschätzt werden, besteht nicht. Für eine genauere Analyse ist es notwendig, daß nicht nur offiziell Delinquente und offiziell Nichtdelinquente befragt, sondern auch solche Probanden untersucht werden, die aufgrund von Dunkelfeldstudien (wie z. B. bei Hindelang) kategorisiert werden konnten. Dies ist hier durch die ergänzende Arbeit von Stephan[171] möglich, wodurch auch in gewissen Bereichen das Verhältnis von „words and deeds“ überprüft werden kann.

Im Hinblick auf die Resultate, die sich in der theoretischen und empirischen Literatur finden, können folgende *Hypothesen* formuliert werden:

— Täter und Nichttäter unterscheiden sich nicht signifikant in ihren *Gesamtrangordnungen* der Delikte.
— Täter stufen ihre „eigenen“ Delikte leichter ein als die übrigen Befragten.
— Delikte, die als leicht eingestuft werden, werden nach der Kriminalstatistik und nach den Ergebnissen von Dunkelfelduntersuchungen häufiger begangen als solche, die als schwer angesehen werden.

5. *Zusammenfassung der Hypothesen*

Die theoretischen und empirischen Ergebnisse der dargestellten Studien führten zu folgenden Hypothesen:

5.1. Die Gesamtrangordnungen der Delikte bei den verschiedenen *Altersgruppen* (14- bis 17, 18- bis 21, 22- bis 25jährige) unterscheiden sich nicht signifikant.

Einzelne Delikte werden durch die verschiedenen Altersgruppen unterschiedlich schwer bewertet.

---

[169] *Hindelang* 1974, S. 370 - 385.
[170] *Ders.* 1974, S. 383.
[171] *Stephan* 1972, S. 115 - 120; vgl. dazu auch *Kürzinger* 1975.

5.2. Zwischen den *sozialen Schichten* herrscht (im Altersbereich 14 - 25 Jahre) große Übereinstimmung hinsichtlich der Gesamtrangordnung der Delikte.

Bei einzelnen Tatbeständen jedoch differieren die Einstellungen der Untergruppen beträchtlich. Delikte mit sexuellem Einschlag werden von den unteren sozialen Schichten schwerer, von den oberen Schichten leichter beurteilt. Dies gilt ebenso für Rauschgiftstraftaten.

5.3. Die Gesamtrangordnungen von *Opfern* und Nichtopfern unterscheiden sich nicht signifikant.

Das spezielle erlittene Delikt wird von Opfern nicht schwerer eingestuft als von Nichtopfern.

5.4. *Täter* und Nichttäter unterscheiden sich nicht signifikant in ihren Gesamtrangordnungen der Delikte.

Täter stufen ihre „eigenen" Delikte leichter ein als die übrigen Befragten.

Delikte, die als leicht eingestuft werden, werden nach der Kriminalstatistik und nach den Ergebnissen von Dunkelfelduntersuchungen häufiger begangen als solche, die als schwer angesehen werden.

Bevor die Ergebnisse der Überprüfung der Hypothesen berichtet werden, soll zuvor im nächsten Kapitel die Durchführung der Untersuchung dargestellt werden.

II. Durchführung der Untersuchung

1. Die Stichprobe

1.1. Da durch die Untersuchung besonders *schichten-* und *alters*spezifische Einstellungen erfaßt werden sollten, war es notwendig, für die verschiedenen sozialen Schichten und Altersgruppen jeweils ausreichend viele Probanden zu erfassen.

1.2. Nach den Studien von Scheuch[1] und Kleining und Moore[2] hätte bei einer *repräsentativen* Auswahl die Verteilung der Probanden etwa wie folgt aussehen müssen[3]:

---

[1] *Scheuch* 1961, S. 102 ff.

[2] *Kleining* und *Moore* 1968, S. 502 - 551.

[3] *Dies.* 1968, S. 547 und 550.

	Im Bundesgebiet nach		in Bad.-Wttbg. nach
	Scheuch	Kleining u. Moore	Kleining u. Moore
Oberschicht	2,5 %	0 %	0 %
Obere Mittelschicht	6,1 %	6 %	9 %
Mittlere Mittelschicht	14,6 %	11 %	12 %
Untere Mittelschicht	20,7 %	38 %	40 %
Obere Unterschicht	36,6 %	30 %	27 %
Untere Unterschicht	19,5 %	13 %	9 %
Sozial Verachtete		2 %	2 %

Das zu untersuchende Sample sollte aus ökonomischen und zeitlichen Gründen etwa 330 Probanden groß sein. Würde man nun obiges Bild von Kleining und Moore hinsichtlich Baden-Württembergs auf die ca. 330 zu Befragenden übertragen und dabei, wie es zweckmäßigerweise bei verschiedenen Untersuchungen notwendig ist[4], die sozialen Schichten in drei Hauptgruppen zusammenfassen, ergäbe sich folgende Gliederung der Probanden:

„OS" (= OS + OMS + MMS)[5] = 21 % = 70
„UMS" = 40 % = 133
„US" (= OUS + UUS + SV) = 38 % = 126.

1.3. Diese Einteilung schien nicht sinnvoll, um Einstellungen der drei Schichten (wie sie oben zusammengefaßt wurden) optimal messen und vergleichen zu können. Deswegen wurde angestrebt, zahlenmäßig gleichstarke alters- und schichtenspezifische Untersuchungsgruppen zu bilden, also ein sogenanntes *geschichtetes* Sample zu ziehen[6]. Bei der hier angewandten Auswahlmethode handelt es sich um ein *disproportional* geschichtetes Sample („gleiche Zahl von Einheiten aus jeder Schicht, gleichgültig, welchen Anteil die Schicht an der Gesamtheit hat")[7].

Die Erfassung dieser Stichprobe lief in folgenden Stufen ab:

1.4. Die Selektion der Probanden wurde im Oktober 1972 durchgeführt. Mit Hilfe der Einwohnermeldekartei wurden alle männlichen Personen im Alter von 14 - 25 (Geburtsjahrgänge 1. 10. 1946 - 30. 9. 1958)

---

[4] *Kleining* und *Moore* 1968, S. 505.

[5] OS = Oberschicht, OMS = Obere Mittelschicht, MMS = Mittlere Mittelschicht, UMS = Untere Mittelschicht, OUS = Obere Unterschicht, UUS = Untere Unterschicht, SV = Sozial Verachtete.

[6] *Scheuch* 1974, S. 32 ff.

[7] *König* 1969, S. 191; vgl. auch *Scheuch* 1974, S. 35.

in der Kleinstadt X angeschrieben (insg. 1 169 Probanden) und gebeten, den beiliegenden „Schichtfragebogen“[8] ausgefüllt zurückzusenden.

Der Begleitbrief[9] wurde unter Berücksichtigung der Ausführungen von Richter[10] formuliert: Als Verantwortlicher zeichnete das Max-Planck-Institut in Freiburg. Als Ziel der Befragung wurde angegeben, man wolle die Bereiche Beruf und Ausbildung in einer Gemeinde untersuchen. Antwortappell, Zusicherung der Anonymität, Zeitdauer der Ausfüllung, Beschreibung des Auswahlverfahrens und Dank für die Mitarbeiter waren Punkte, die ebenfalls angesprochen wurden. Es unterschrieben die Leiter des Instituts, zwei Professoren. Ein frankierter Umschlag für die Rückantwort lag bei.

1.5. Der Schichtfragebogen[11] entstand auf der Grundlage des Verfahrens von Kleining und Moore[12], bei dem die Probanden sich selbst einstufen. Übernommen wurde von Kleining und Moore die Karte SSE St/X[13]. Allerdings wurden außerdem weitere sechs Fragen bezüglich der Schulbildung, der Berufsausbildung und des gegenwärtigen Status gestellt. Dies hat sich durchaus als notwendig erwiesen, da die von Kleining und Moore postulierten Voraussetzungen („Hinlänglich genaue Kenntnis der Position des Berufs innerhalb einer generell akzeptierten Berufshierarchie“ und „Bereitschaft, bei einem Interview zutreffende Angaben darüber zu machen“)[14] nicht immer erfüllt wurden. So haben z. B. Polizisten, die real nur untere Ränge bekleideten, sich fast immer in die 8. Berufsgruppe („Bürovorsteher, Großhändler, Polizeiinspektor, Elektro-Ingenieur“)[15] eingestuft, was die Zugehörigkeit zur „Mittleren Mittelschicht“ bedeutet hätte. Dies lag wahrscheinlich daran, daß diese Probanden nur in der 8. Gruppe das Wort „Polizei“-(Inspektor) fanden, dabei aber nicht beachteten, daß die hier zusammengefaßten Personen alle leitende Funktionen innehatten.

Aufgrund der zu Beginn des Fragebogens zusätzlich verlangten detaillierten Ausführungen bezüglich des ‚ausgeübten‘ und des ‚erlernten‘ Berufs, der Schul- und Berufsausbildung, war es möglich, die Selbsteinstufungen zu kontrollieren und eventuell notwendige Nieder- bzw. Höherstufungen vorzunehmen.

Ausgehend von der Annahme, daß bei den 14- bis 18jährigen Befragten und insbesondere bei den Schülern die Zugehörigkeit zu einer be-

[8] Zu Einzelheiten des Schichtfragebogens siehe die folgenden Seiten.

[9] Siehe im Anhang.

[10] *Richter* 1970, S. 148 ff.

[11] Die Fragwürdigkeit der allgemein angewandten Schichtindizes soll hier nicht behandelt werden. Immerhin wird heute gesehen, daß die Übergänge zwischen den einzelnen sozialen Schichten sehr fließend geworden sind (vgl. dazu *Bolte* u. a. 1974; *Quensel* 1971, S. 243).

[12] *Kleining* und *Moore* 1968, S. 504 ff.

[13] *Dies.* 1968, S. 504.

[14] *Dies.* 1968, S. 509.

[15] *Dies.* 1968, S. 504.

stimmten Schicht vom Beruf des Vaters bestimmt wird[16], wurden die Probanden gebeten, auch den ausgeübten Beruf des Vaters anzugeben und ihn nach der Methode Kleining und Moore einzustufen.

1.6. Nach 14 Tagen waren von den ausgegebenen 1 169 Fragebogen 602 (51,9 %) zurückgesandt worden. Innerhalb von weiteren 4 Wochen stieg der Rücklauf nur noch unwesentlich auf 637 (54,9 %)[17].

Zunächst mußten nun solche Fragebögen ausgeschieden werden, die erkennbar von anderen Personen (z. B. dem Vater) ausgefüllt worden waren, bzw. die aus anderen Gründen unbrauchbar erschienen (z. B. nur teilweise Ausfüllung, erkennbar falsch oder inkonsistent etc.). Es handelte sich hier um 89 Fragebogen[18].

Die 548 Probanden wurden nunmehr nach der sozialen Schicht des Vaters (bei den 14- bis 18jährigen und bei allen Schülern) bzw. nach ihrer eigenen sozialen Schicht und nach Alter gruppiert.

Es ergab sich folgende Verteilung:

Jahrgang	UUS	OUS	UMS	MMS	OMS + OS	insgesamt abs.	insgesamt %
1. 10. 46 - 30. 9. 48	9	13	32	18	14	86	15,7
1. 10. 48 - 30. 9. 50	11	15	33	19	18	96	17,5
1. 10. 50 - 30. 9. 52	9	17	40	13	16	95	17,3
1. 10. 52 - 30. 9. 54	7	26	23	12	20	88	16,0
1. 10. 54 - 30. 9. 56	9	10	33	13	21	86	15,7
1. 10. 56 - 30. 9. 58	6	11	39	18	23	97	17,7
insgesamt	51	92	200	93	112	548	100
in %	9,3	16,8	36,5	17,0	20,0		
Schichtverteilung in Baden-Württemberg in %[19]	11	27	40	12	9		

[16] Vgl. dazu: *Kutchinsky* 1968, S. 135; *Hirschi* 1969, S. 69; *Winslow* 1970, S. 152; *Brusten* 1974, S. 31.

[17] Für die hier befragte inhomogene Gruppe ist der Rücklauf als „normal-gut" zu bezeichnen. *Scheuch* (1973, S. 126, 162, 163) gibt die Rücklaufquoten anderer postalischer Befragungen an, die auch bei homogenen Untergruppen nicht immer viel höher waren. *Opp* und *Peukert* 1971 befragten 500 bayerische Strafrichter und erhielten nur 302 (= 60,4 %) der Fragebogen zurück, obwohl dies eine *sehr* homogene Gruppe war.

[18] Diese ausgeschiedenen Fragebogen entsprechen 13,9 % der zurückgesandten. *Schindhelm* konnte 6,6 % der von *Richtern* ausgefüllten Fragebogen nicht verwerten. Bei *Opp* und *Peukert* waren es 8,6 % (ebenfalls Richter).

Wenn man die Verteilung der Schichtzugehörigkeit nach Kleining und Moore mit der Verteilung im Sample vergleicht, findet man außer bei der UUS, der UMS und der MMS relativ starke Abweichungen. Dieses Ergebnis (Überrepräsentation der oberen Schichten) war aus folgenden Gründen zu erwarten:

a) Es ist bekannt, daß die Rücklaufquote mit der Schulbildung bzw. mit der sozialen Schicht steigt[20]. Untergruppen der Bevölkerung wie z. B. die Angehörigen niedriger sozialer Schichten haben gewisse Hemmungen vor der Schriftform[21].

b) In der befragten Kleinstadt ist der Anteil der unteren Schichten geringer als sonst im Landesdurchschnitt von Baden-Württemberg[22]:

am 27. 5. 1970 gab es in	Baden-Württemberg	X
Erwerbstätige		6 605
davon: Selbständige	9,3 %	7,4 %
Beamte	6,1 %	10,0 %
Angestellte	29,5 %	41,1 %
Arbeiter	48,1 %	38,7 %
Mithelfende Familienangehörige	7,0 %	2,8 %

c) Es erscheint möglich, daß das Erfolgserlebnis für Probanden aus den unteren Schichten bei der Bearbeitung dieses Fragebogens deswegen stark reduziert wurde, weil hauptsächlich Fragen nach Schulabschlüssen und Berufsausbildung gestellt wurden und diese Probanden hier „wenig vorzuweisen" hatten, ein Tatbestand, der sie möglicherweise hemmte, den Fragebogen zurückzusenden.

Die schließlich zurückerhaltenen Fragebögen sind offensichtlich zwar nicht repräsentativ für den Personenkreis, der auf Fragen nach Schulabschlüssen und Berufsausbildung antworten sollte. Dies heißt aber nicht, daß die Verzerrungen auch für den Personenkreis gelten, der hinsichtlich seiner Einstellung zur Schwere von Straftaten befragt werden soll.

---

[19] Nach *Kleining* und *Moore* 1968, S. 550.

[20] *Friedrichs* 1973, S. 241.

[21] Vgl. dazu *Scheuch* 1973, S. 126.

[22] Gemeindestatistik von Baden-Württemberg 1970, Heft 2, Bd. 161. Hrsg. vom Staatlichen Landesamt Baden-Württemberg, S. 14, 15, 224, 225.

1.7. Für die endgültige Stichprobe — sie sollte ja nur etwa 330 Probanden groß sein — wurden 6 Gruppen gebildet, die jeweils 2 Jahrgänge umfaßten. Jede Gruppe enthielt 55 Probanden, wobei aus jeder sozialen Schicht (US, UMS, OS)[23] 18 oder 19 Personen vertreten waren.

Bei der Gruppenbildung wurde folgendermaßen vorgegangen: Die Probanden jeweils zweier Jahrgänge (zwischen N = 86 und N = 97)[24] wurden nach Schichtzugehörigkeit gruppiert. Es ergab sich also z. B. beim Jahrgang 1946 - 48 folgendes Bild:

	N
US[25]	= 22
UMS	= 32
OS	= 32

Aus jeder Schicht wurden *per Zufall* 18 oder 19 Probanden ausgewählt, so daß die Jahrgangsgruppe auf 55 zu Untersuchende kam und diese nach Schichtzugehörigkeit gleich verteilt waren.

Die pro Jahrgangsgruppe übrig gebliebenen Probanden wurden bei Ausfällen herangezogen.

Das o. a. Auswahlsystem konnte jedoch nicht 100 %ig durchgeführt werden. Bei der Jahrgangsgruppe 1956 - 58 z. B. gab es bei der US von vornherein nur 17 Probanden[26], so daß bei Ausfällen aus dieser Schicht keine Probanden mehr nachgeschoben werden konnten. Um die Jahrgangsgruppe als solche wenigstens auf der Zahl von 55 Probanden zu halten, wurde in solchen Fällen auf die stark vertretene UMS zurückgegriffen, was zu einer geringfügigen Ungleichheit der Schichtanteile führen mußte.

1.8. Durch Ausfälle[27] waren insgesamt 67[28] Ersatzpersonen notwendig[29]. Gründe dafür waren:

1. Verzogen oder als Student an anderem Ort 22
2. Kein Interesse, keine Lust (evtl. Mißtrauen) 9

---

[23] Zwar wurden zunächst alle Probanden nach dem Index von *Kleining* und *Moore* eingestuft. Für die hier interessierenden Fragen erschien es aber zweckmäßig, nicht von 7 Untergruppen auszugehen. Deshalb wurden zusammengefaßt OS + OMS + MMS zu „OS", OUS + UUS zu „US", so daß insgesamt 3 Schichten verglichen werden: „OS", „UMS" und „US".

[24] Vgl. S. 77 oben.

[25] Vgl. Fußnote 23.

[26] Vgl. Übersicht S. 77 oben.

[27] Vgl. dazu allgemein *Scheuch* 1974, S. 57 ff.

[28] Das sind 20, 1 % der ursprünglich ausgewählten Fälle. Dieser Prozentsatz ist nach *Scheuch* 1974, S. 58 und Anmerkung 38 normal.

[29] Bei *v. Oppeln-Bronikowski* waren bei geplanten 100 Interviews in einer ähnlichen Untersuchung 23 Ersatzpersonen (= 23 %) notwendig (vgl. *v. Oppeln-Bronikowski* 1970, S. 13).

3.	Zeitmangel	8
4.	Abwesenheit wegen Bundeswehrdienst	8
5.	Keine Einwilligung des Erziehungsberechtigten	6
6.	Urlaub	4
7.	Ungeklärt	4
8.	Trotz Verabredung nicht erschienen	3
9.	Anwesend, aber aus irgendwelchen Gründen Tür nicht geöffnet	3
	insgesamt	67

Echte Verweigerer gab es also insgesamt nur 29[30]. Dabei hatten die unteren sozialen Schichten sowie die älteren Probanden einen geringfügig höheren Anteil[31]. Daß die unteren sozialen Schichten einer solchen Befragung etwas reservierter gegenüberstehen, zeigte sich auch in einer holländischen Studie. Dort war die Zahl der Verweigerer aus der US mehr als doppelt so groß im Vergleich zur Zahl aus der OS[32].

Das tatsächlich interviewte Sample in X gliederte sich schließlich bezüglich der sozialen Schicht und des Alters in folgende Gruppen (vgl. die Übersicht auf S. 81)[33]:

Der Anteil der unteren sozialen Schichten beträgt 27 %, der der unteren Mittelschicht 35,9 % und der der oberen Schichten 37,1 %. Die jüngeren Altersgruppen sind in ihrem Umfang deswegen größer, weil bei den älteren Jahrgängen die Ausfallquote höher war (Studenten, Bundeswehr), aber nicht immer Ersatzprobanden befragt werden konnten. Um die geplante Größe der Stichprobe insgesamt zu halten, wurden bei den jüngeren Jahrgängen mehr Probanden untersucht.

1.9. Als Vergleichsgruppe[34] wurden 111 Insassen von baden-württembergischen Strafanstalten befragt. In Freiburg, einem Gefängnis für erwachsene, höher delinquenzbelastete Rückfalltäter, wurden aus der Gruppe der 21- bis unter 26jährigen 39 Probanden untersucht. Aus Schwäbisch Hall, einer Jugendstrafanstalt, kamen die 14- bis unter 21-jährigen Befragten, insgesamt 72. In Freiburg wie in Schwäbisch Hall wurde mit Hilfe der offiziellen Karteikarten von den in Frage kommenden Altersgruppen jeder Dritte ausgewählt. Insgesamt ergab dies eine Zahl von 122 Personen. 11 von ihnen verweigerten die Mitarbeit.

---

[30] Hier wurden addiert die Kategorien 2, 3, 5, 8 und 9.

[31] Vgl. dazu *Scheuch* 1974, S. 60 f.

[32] *Jongman* und *Oving* 1971, S. 297: Bei der US verweigerten 23 %, bei der MS 15 %, bei der OS 9 % die Mitarbeit.

[33] Insgesamt wurden 333 Versuchspersonen befragt. Bei 7 von ihnen ließ sich nicht zweifelsfrei die Zugehörigkeit zu einer bestimmten Schicht — oder Altersgruppe festlegen. — Die Zahlen in Klammern zeigen die Prozentanteile.

[34] Aufgrund der bekannten Tatsache, daß sich im Strafvollzug hauptsächlich Täter aus den unteren, seltener aus den höheren sozialen Schichten befinden, ist ein Vergleich der Einstellungen nur bei diesen Gruppen mit der Kleinstadt-Stichprobe möglich.

Verteilung nach Altersgruppen	Verteilung nach sozialer Schicht					Anteile der Altersgruppen	
	UUS	OUS	UMS	MMS	OMS		
1. 10. 46 - 30. 9. 47	5	6	5	4	2	22 (6,7 %)	= 13,8 %
1. 10. 47 - 30. 9. 48	1	3	10	3	6	23 (7,1)	
1. 10. 48 - 30. 9. 49	1	6	12	4	5	28 (8,6)	= 13,5 %
1. 10. 49 - 30. 9. 50	5	1	5	1	4	16 (4,9)	
1. 10. 50 - 30. 9. 51	3	7	9	3	4	26 (8,0)	= 14,4 %
1. 10. 51 - 30. 9. 52	4	2	6	6	3	21 (6,4)	
1. 10. 52 - 30. 9. 53	1	3	5	2	4	15 (4,6)	= 16,6 %
1. 10. 53 - 30. 9. 54	3	8	16	5	7	39 (12,0)	
1. 10. 54 - 30. 9. 55	5	5	13	6	6	35 (10,7)	= 19,3 %
1. 10. 55 - 30. 9. 56	3	2	6	5	12	28 (8,6)	
1. 10. 56 - 30. 9. 57	2	6	12	5	10	35 (10,7)	= 22,4 %
1. 10. 57 - 30. 9. 58	3	3	18	5	9	38 (11,7)	
Anteile der sozialen Schichten	36 (11,0)	52 (16,0)	117 (35,9)	49 (15,0)	72 (22,1)	326 (100,0)	

Die Fragebögen von 7 Strafgefangenen mußten ausgeschieden werden, da sie nur teilweise oder erkennbar mit Absicht falsch ausgefüllt worden waren. Es blieb somit eine Stichprobe von 104 offiziell registrierten Tätern, die sich nach Schicht und Alter in folgende Gruppen gliederten[35]:

[35] Bei 4 von ihnen ließ sich nicht zweifelsfrei die Zugehörigkeit zu einer bestimmten Schicht- oder Altersgruppe festlegen. Die Tabelle bezieht sich also auf 100 Probanden.

Verteilung nach Altersgruppen	Verteilung nach sozialer Schicht[36]					Anteile der Altersgruppen abs. u. %
	UUS	OUS	UMS	MMS	OMS	
1. 10. 46 - 30. 9. 48	0	3	4	0	0	7
1. 10. 48 - 30. 9. 50	0	5	5	1	0	11
1. 10. 50 - 30. 9. 52	0	12	7	2	0	21
1. 10. 52 - 30. 9. 54	1	14	6	2	1	24
1. 10. 54 - 30. 9. 56	2	21	4	1	1	29
1. 10. 56 - 30. 9. 58	0	5	3	0	0	8
Anteile der sozialen Schichten abs. u. %[37]	3	60	29	6	2	

Die Struktur dieser Verteilung ist erwartungsgemäß[38]. Vergleicht man sie nämlich mit den Sozialdaten der Untersuchungen von Quensel[39] und Göppinger[40], so ergibt sich, daß dort jeweils sogar etwa 75 % aus den unteren Schichten stammten.

2. *Der Fragebogen*

2.1. Der Fragebogen berührte drei Themenbereiche:

1. die 15 Delikte und die diesbezügliche Kenntnis bzw. das Verständnis der Deliktsdefinitionen,
2. die Schwereeinschätzung der Delikte,
3. die erlebten Opfersituationen im Zusammenhang mit diesen Delikten.

---

[36] Die Schicht wurde wie bei der Stichprobe in X aufgrund des Schichtfragebogens, d. h. hauptsächlich nach dem Verfahren von *Kleining* und *Moore* (1968) festgestellt.

[37] n = 100; siehe Fußnote 35 auf der Seite 81.

[38] Zur altersmäßigen Delinquenzbelastungsspitze *Kaiser* 1971, S. 68. Zur Frage der Schichtzugehörigkeit der offiziell registrierten Täter vgl. *Villmow* und *Kaiser* 1974, S. 31 ff. und 98 ff.

[39] *Quensel* 1972, S. 452.

[40] *Göppinger* 1973, S. 209.

2.1.1. *Kenntnis und Verständnis* der Deliktsdefinitionen wurden durch Frage 1 geprüft. Dabei hatten die Probanden die auf einzelne Karten geschriebenen Definitionen der Straftaten genau durchzulesen. Danach wurden sie gebeten, zu jedem Delikt ein Beispiel zu sagen oder zu erklären, was sie persönlich darunter verstehen.

Die Deliktsdefinitionen lauteten folgendermaßen:

1. Einen Diebstahl begeht man, wenn man eine Sache, die jemand anderem gehört, wegnimmt und sie nicht mehr zurückgibt.
2. Eine Freiheitsberaubung begeht man, wenn man jemand anderen einsperrt oder sonst seiner Freiheit beraubt, d. h. ihn daran hindert, sich frei zu bewegen.
3. Eine leichte vorsätzliche Körperverletzung begeht man, wenn man einen anderen absichtlich schlägt oder ihn sonst gesundheitlich schädigt, ohne jedoch dabei eine Waffe, ein Messer oder ein anderes gefährliches Werkzeug zu verwenden.
4. Eine gefährliche Körperverletzung begeht man, wenn man einen anderen absichtlich schlägt oder ihn sonst gesundheitlich schädigt *und* dabei eine Waffe, ein Messer oder ein anderes gefährliches Werkzeug verwendet oder hinterlistig oder mit anderen zusammen handelt.
5. Gewaltunzucht begeht man, wenn man einen Mann oder eine Frau unter Androhung von Gefahr für Leib oder Leben zwingt, sexuelle Handlungen zu dulden oder sexuelle Handlungen an einem Mann oder einer Frau mit Gewalt vornimmt, *ohne* jedoch mit der Frau Geschlechtsverkehr zu haben.
6. Notzucht begeht man, wenn man eine Frau gewaltsam oder durch Androhung von Gefahr für Leib oder Leben dazu zwingt, mit einem Mann Geschlechtsverkehr zu haben oder sie, um dies zu erreichen, bewußtlos oder willenlos macht.
7. Eine Sachbeschädigung begeht man, wenn man absichtlich eine Sache, die einem nicht selbst gehört, ohne das Einverständnis des Eigentümers beschädigt oder zerstört.
8. Eine Urkundenfälschung begeht man, wenn man, um jemand zu täuschen, eine falsche Urkunde herstellt oder benutzt oder eine echte Urkunde verändert.
9. Unzucht mit einem Kind begeht man, wenn man an einem noch nicht 14 Jahre alten Jungen oder Mädchen sexuelle Handlungen vornimmt oder das Kind dazu bringt, sexuelle Handlungen vor einem zu begehen.
10. Eine Unterschlagung begeht man, wenn man eine Sache, die man hat, die aber jemand anderem gehört, nicht mehr zurückgibt, sondern für sich behält.
11. Eine Bedrohung begeht man, wenn man jemand droht, ein Verbrechen zu begehen.
12. Eine Nötigung begeht man, wenn man jemand gewaltsam oder mit Androhung eines sehr großen Nachteils dazu bringt, etwas zu tun oder nicht zu tun.
13. Ein Rauschgiftdelikt begeht man, wenn man z. B. Haschisch oder andere Drogen besitzt oder verbraucht.

14. Einen schweren Diebstahl begeht man, wenn man in ein Haus einbricht oder ein verschlossenes Behältnis (z. B. auch ein Auto) aufbricht und daraus etwas stiehlt.
15. Einen Betrug begeht man, wenn man jemand absichtlich täuscht und ihn dadurch finanziell schädigt und dabei sich oder einem Dritten einen finanziellen Vorteil verschafft.

Die Definitionen wurden von Kürzinger[41] und Stephan[42] formuliert. Obwohl die Beschreibungen für eine Schwereeinschätzung von Delikten nicht als optimal angesehen werden können, mußten sie in der ursprünglichen Form weitgehend übernommen werden. Die hier vorliegende Arbeit war nämlich als Teilstudie der Dunkelfelduntersuchung der Forschungsgruppe Kriminologie am Max-Planck-Institut[43] konzipiert und hatte aus Gründen der Vergleichbarkeit und Ergänzungsfähigkeit der beiderseitigen Ergebnisse die Definitionen zu übernehmen.

Als nicht optimal für die Schwereeinschätzung werden die Beschreibungen aus folgenden Gründen bewertet: Die Forschungsgruppe hatte sich zum Ziel gesetzt, die Ergebnisse der Dunkelfelduntersuchung mit den Resultaten der offiziellen Kriminalstatistik zu vergleichen[44]. Um dies zu erreichen, mußten die Beschreibungen der Tatbestände weitgehend an die Legaldefinitionen angelehnt werden[45]. Dies hatte jedoch zur Folge, daß die Beschreibungen in ihrer sehr allgemeinen Formulierung einen weiten Handlungsbereich erfaßten. Zum Beispiel konnte unter die Definition der Körperverletzung („Eine vorsätzliche Körperverletzung begeht man, wenn man einen anderen absichtlich schlägt oder ihn sonst gesundheitlich schädigt") sowohl eine Tat nach § 223 StGB als auch eine Tat nach § 223 a oder § 224 StGB subsumiert werden[46].

2.1.2. Für die Schwereeinschätzung der Delikte brachten die weiten Formulierungen aber die Gefahr mit sich, daß die Probanden sich jeweils unterschiedliche Handlungen, wie oben skizziert, vorstellten und folglich auch zu stark differenzierenden Resultaten gelangen konnten[47]. Eine

---

[41] *Kürzinger* 1973, S. 147 ff.

[42] *Stephan* 1972a, S. 273 ff.

[43] *Ders.* 1972, S. 115 ff.

[44] *Ders.* 1972a, S. 273.

[45] Vgl. zu den weiteren Möglichkeiten *Stephan* 1972a, S. 273.

[46] Aus diesem Grunde wurden vom Verfasser die ursprünglich 13 Definitionen von *Kürzinger* und *Stephan* auf 15 erweitert. Dabei wurden die Beschreibungen von „vorsätzlicher Körperverletzung" und „Gewaltunzucht" so umformuliert, daß nunmehr nach „leichter Körperverletzung" (§ 223 StGB), „gefährlicher Körperverletzung" (§ 223a StGB), „Gewaltunzucht" (§ 176 I Nr. 1 StGB) und „Notzucht" (§ 177 I StGB — jeweils in der Fassung von 1972) gefragt werden konnte. Diese Präzisierung war aber nur beschränkt möglich, da sich sonst die Zahl der Delikte zu sehr erhöht hätte.

[47] Vgl. dazu *Kutchinsky* 1968, S. 132; *Brusten* und *Hurrelmann* 1973, S. 110, 179 f.

relativ genau abgegrenzte Tat, wie sie z. B. Sellin und Wolfgang[48] einstufen ließen („An offender breaks into a building and with no one else present takes property worth $ 5"), hätte diese Gefahr gemildert.

Man muß hier also unterscheiden zwischen der Einschätzung von „Delikten" und „Deliktssituationen". Deliktssituationen sind wesentlich enger und konkreter und lassen deshalb eher Vergleiche mit anderen Schwereeinschätzungen zu, weil jeder Proband die „gleiche" Tat bewertet hat. Die Vorgabe von allgemeinen Deliktsdefinitionen ist aber dann von Vorteil, wenn man z. B. die Wertorientierung von Bevölkerung und Strafgesetz vergleichen will. Denn auch im StGB sind nur abstrakte Beschreibungen gegeben, unter die eine Vielzahl von menschlichen Handlungen subsumiert werden kann.

Da aber an der Untersuchungskonzeption und somit auch an den Definitionen keine wesentlichen Änderungen mehr vorgenommen werden konnten, mußten *Kontrollmöglichkeiten* eingebaut werden, die zumindest Schlüsse auf die Handlungen zuließen, die die Probanden subjektiv einschätzten. Dazu dienten zunächst die in Frage 1 verlangten Deliktsbeispiele. Mit ihrer Hilfe konnte einmal geklärt werden, wer unter eine bestimmte Definition juristisch falsche Taten subsumierte und möglicherweise deshalb zu einer bestimmten Schwereeinschätzung kam. Zum anderen ließ sich feststellen, an welche Tatmodalitäten die Probanden hauptsächlich dachten ,wenn sie juristisch richtig subsumierten.

Die Interviewer wurden außerdem angewiesen, *vor* der Durchführung des Paarvergleichs (Frage 2) die Versuchspersonen zu bitten, sich die Delikte nur *abstrakt* vorzustellen und nicht an einen bestimmten Fall zu denken. Ob dies dann doch geschehen war, sollte durch Frage 3 festgestellt werden. Hier hatten die Befragten anzukreuzen, ob sie sich beim Vergleich der Delikte immer einen bestimmten Fall vorgestellt oder die Straftaten ganz allgemein bewertet oder abwechselnd beides getan hatten.

Bei der Auswertung lassen sich hier mehrere *Kontrollen* einfügen. Man kann einmal die zwei Gruppen vergleichen, die angeblich „abstrakte" bzw. „konkrete" Fälle bewertet haben. Außerdem ist auch eine Überprüfung der Gruppe möglich, die *nur* „abstrakt" eingestuft haben will. Man bildet dazu einzelne Untergruppen, die jeweils verschiedene Beispiele bei Frage 1 zu Protokoll gaben und vergleicht die Gruppenrangordnungen. Nimmt man das Delikt Diebstahl, so ergeben sich z. B. folgende Stichproben:

Gruppe 1 (75 Probanden)	Ladendiebstahl und Mundraub
Gruppe 2 (40 Probanden)	Mofa- und Fahrraddiebstahl
Gruppe 3 (35 Probanden)	Gelddiebstahl
Gruppe 4 (34 Probanden)	Autodiebstahl
Gruppe 5 (20 Probanden)	Einbruchsdiebstahl
Etc.	

[48] *Sellin* und *Wolfgang* 1964, S. 381 - 386, 397 - 398.

Es können hier die Rangordnungen der einzelnen Gruppen untereinander verglichen und überprüft werden, ob z. B. die Probanden, die an den „schwereren" Autodiebstahl beim Beispielbilden (Frage 1) dachten, auch das Delikt höher einstuften im Vergleich zu den Versuchspersonen, denen nur der „leichte" Ladendiebstahl bzw. Mundraub einfiel.

2.1.3. Die 2. Aufgabe bestand darin, die *Delikte nach der Schwere einzustufen*. Problematisch war hier, das für dieses Sample geeignetste Skalierungsverfahren zu finden.

In den zahlreichen Untersuchungen zur Schwere von Delikten wurde naturgemäß eine Vielzahl von Methoden verwandt[49]. Schindhelm[50] gibt einen Überblick über Lösungsversuche gewichteter Kriminalitätsindizes seit Georg von Mayr (1868) bis Sellin und Wolfgang (1964).

Hier soll nur auf die Methoden der Arbeiten der letzten drei Jahrzehnte eingegangen werden. Es läßt sich dabei erkennen, daß einige Verfahren bevorzugt wurden und sie sich bei verschiedenen Problemstellungen bzw. Stichproben mehr oder weniger bewährt haben.

2.1.3.1. Sehr häufig wurde die Schwere von Delikten nach dem Rangordnungsverfahren[51] auf *Ordinal*skalenniveau gemessen. Nach Scheuch[52] werden als Ordinalskalen solche Skalen bezeichnet, „bei denen numerische Werte lediglich Aussagen über die Rangfolge von Tatbeständen zwischen Extrempunkten ermöglichen". Es entstehen also Rangordnungen, bei denen man ablesen kann, welches Delikt an welchem Rangplatz eingestuft wird[53]. Man erfährt dabei allerdings nichts über die Abstände zwischen den einzelnen Plätzen und Delikten. Kutchinsky[54] behauptet, ein wesentlicher Nachteil dieser Methode sei, daß kaum mehr als 7 - 8 Delikte auf diese Art nach der Schwere eingeschätzt werden könnten. Dem kann nur teilweise zugestimmt werden. Richtig dürfte vielmehr sein, daß auch eine größere Zahl von Tatbeständen hinsichtlich der Schwere in eine fortlaufende Ordnung gebracht werden kann. Der Proband wird aber bei der Einstufung im Mittelbereich größere Schwierigkeiten haben. Trotzdem ist als Vorteil festzuhalten, daß das Verfahren technisch nicht aufwendig und zeitsparend ist.

---

[49] Vgl. *Kutchinsky* 1972, S. 23 ff., 34 ff.

[50] *Schindhelm* 1972, S. 31 - 53.

[51] *Sixtl* 1967, S. 166; *Süllwold* 1969, S. 495.

[52] *Scheuch* 1972, S. 104.

[53] Der Proband wurde meist gefragt: „Welche Straftat halten Sie für die schwerste, welche für die leichteste? Ordnen Sie bitte die Delikte in dieser Reihenfolge!"

[54] *Kutchinsky* 1972, S. 24.

2.1.3.2. Ebenfalls zu einer *Ordinal*skala kommt man mit dem *Paarvergleich*[55]. Er ist insofern von den Befragten leichter durchzuführen, als diese nur jeweils ein Delikt mit jedem anderen zu vergleichen und festzulegen haben, welches schwerer ist. Bei n Delikten gibt es $\frac{n\,(n-1)}{2}$ Vergleiche, was bei einer größeren Zahl natürlich zu hohem zeitlichen Aufwand führen kann. Trotzdem ist der Paarvergleich sehr beliebt, weil bestimmte intellektuelle Voraussetzungen nicht notwendig sind und deshalb die Methode auch bei ungeschulten Probanden leicht angewandt werden kann.

2.1.3.3. Ein Verfahren, das auch die Abstände zwischen den einzelnen Delikten aufzeigen kann, stellt die *Methode der gleicherscheinenden Intervalle*[56] dar. Hierbei wird den Befragten eine Skala mit z. B. den Zahlen 0 - 5 vorgegeben. Sie haben dann die Delikte in die entsprechenden Intervalle einzuordnen, wobei der Abstand zwischen 0 - 1 dem zwischen 4 - 5 entspricht. Allerdings wird eingewandt[57], „daß häufig die Beurteiler nicht in der Lage sind, die zu skalierenden Objekte in subjektiv gleich breite Intervalle einzuordnen, daß sie das erwartete gleichbleibende Maß von Empfindlichkeit für Unterschiede entlang der Skala“[58] nicht besitzen.

2.1.3.4. Die *Größenverhältnisschätzungsmethode* ist von Sellin und Wolfgang[59] und in zahlreichen Replikationsstudien angewandt worden. Dabei wird ein Delikt — als Standardvergehen — zum Beispiel mit 10 Punkten bewertet. Der Proband hat nun alle anderen Delikte mit diesem Standardvergehen zu vergleichen und mit einer Punktzahl zu versehen, d. h. zu entscheiden, ob nicht die anderen Straftaten 10- oder 2- oder 1/2-mal etc. so schwer sind. Schindhelm[60] ist der Ansicht, das Verfahren sei für die Versuchspersonen schnell und einfach zu handhaben. Sixtl[61] weist jedoch darauf hin, daß es denkbar sei, daß ungeübte Probanden keine Verhältnisurteile abgeben, sondern einfach Wahrnehmungsunterschiede durch Zahlen ausdrücken.

2.1.3.5. Daß man die Schwere von Delikten auch ohne sozialwissenschaftliche Skalierungsmethoden erfragen kann, zeigt eine Übersicht von Kutchinsky[62]. Danach werden auch oft „indirekte“ Verfahren ange-

[55] Vgl. dazu *Friedrichs* 1973, S. 178.
[56] Vgl. dazu *Sixtl* 1967, S. 145 ff.
[57] *Haag* 1970, S. 448.
[58] *Sixtl* 1967, S. 147.
[59] *Sellin* und *Wolfgang* 1964, S. 254 ff.
[60] *Schindhelm* 1972, S. 55.
[61] *Sixtl* 1967, S. 112.
[62] *Kutchinsky* 1972, S. 34.

wandt: Der Proband soll z. B. den *Grad seiner Mißbilligung* ausdrücken. Er wird gefragt, für wie „schlimm" er die Handlung hält. Kaupen u. a.[63] wie auch Mäkelä[64] untersuchten die *Strafmaßforderungen* für ein bestimmtes beschriebenes kriminelles Verhalten, woraus dann die Schwereeinschätzung abgeleitet werden kann[65]. Von Kutchinsky nicht erwähnt werden Fragen nach dem *Grad der Anzeigebereitschaft* bei verschiedenen Delikten. Diese Methode wurde bei Conklin[66] und der Untersuchung zur Betriebsjustiz[67] angewandt, um die Delikte in eine Rangordnung zu bringen.

2.1.3.6. Welche Verfahren vorzuziehen sind, hängt von den zu untersuchenden Probanden ab. Die Methoden sind sich in einigen Punkten sehr ähnlich, haben aber doch zum Teil (insbesondere statistische) Vor- und Nachteile. In der hier vorgelegten Studie wurde hauptsächlich mit dem Paarvergleich gearbeitet[68]. Einige Subsamples hatten zusätzlich die Delikte nach dem Rangordnungsverfahren einzustufen; bei den Strafgefangenen war aber nur letzteres der Fall.

Obwohl Haag[69] und Schindhelm[70] die Größenverhältnisschätzungsmethode als am geeignetsten ansehen, wurde dieses Verfahren nicht benutzt, weil unklar erschien, ob es tatsächlich bei jeder zu untersuchenden Stichprobe anderen Methoden vorzuziehen ist. Sellin und Wolfgang und Schindhelm haben Studenten, Richter und Polizeibeamte bezüglich ihrer Schwereeinschätzung befragt. Denkbar ist es jedoch, daß bei anderen Samples, die eher aus den unteren sozialen Schichten stammen, jünger sind und keine vergleichbare Bildung und Schulung haben, die Schwierigkeiten mit dem Größenverhältnisschätzungsverfahren relevanter werden und bei solchen bzw. repräsentativen Stichproben andere, einfachere Methoden sicherer und erfolgreicher sind[71].

---

[63] *Kaupen* u. a. 1970.

[64] *Mäkelä* 1967; ebenso *Léauté* u. a. 1971, S. 111 ff.; *Boydell* und *Grindstaff* 1972, S. 165 f.; *Wilson* und *Brown* 1973, S. 51 ff.; *Gibbons* 1973, S. 37 ff.

[65] Eine mögliche Umrechnung und Gewichtung der Strafmaßforderungen ist aber nicht immer einfach, wenn verschiedene Sanktionen verglichen werden müssen, wie z. B. Geldstrafe und Gefängnis auf Bewährung. Vgl. dazu *Opp* und *Peukert* 1971, S. 44, 124 ff.

[66] *Conklin* 1971, S. 260.

[67] Vgl. dazu *Krautkrämer* 1976, S. 262.

[68] „Der Paarvergleich ist gegenüber anderen Methoden sehr zuverlässig und kann typische Skalierungsfehler ausmerzen" (*Oerter* 1970, S. 93).

[69] *Haag* 1970, S. 449.

[70] *Schindhelm* 1972, S. 55.

[71] *Eisenberg* 1972, S. 135 meint, die Größenverhältnisschätzung setze eine höhere Intelligenz voraus und führe eher zu logischen Inkonsistenzen. A. A. *Figlio* 1971, S. 12: Er war zunächst ebenfalls skeptisch, hatte aber zumindest bei der Befragung von Strafgefangenen keine diesbezüglichen Schwierigkeiten.

2.1.4. Bei der vierten Frage ging es wiederum um die Schwereeinschätzung von Delikten. Der Paarvergleich ist ja nur eine von mehreren Methoden, die zur Ordinalskala bzw. Intervallskala[72] führen. Zwar wird er allgemein als sehr sicher und präzise, aber auch als aufwendig angesehen.

Vergleichsweise einfach dagegen erscheint das Verfahren, die Probanden die 15 Delikte nach der Schwere in eine Rangreihe einordnen zu lassen (Rangordnungsverfahren). Hierbei werden also alle Reize auf einmal vorgegeben und nach dem Ausmaß, in welchem sie das zu skalierende Merkmal besitzen (hier „Schwere“) in eine Rangordnung gebracht[73]. Das subjektiv schwerste Delikt bekommt den Rang 1, es werden 15 Ränge vergeben. Da man sich über das brauchbarste Verfahren in der Literatur meist nicht einig ist, bot sich an, die „Methoden“ nebeneinander anzuwenden und die Ergebnisse zu vergleichen[74]. Ergibt sich z. B., daß die Resultate der Rangordnung mit denen des Paarvergleichs weitgehend übereinstimmen, wäre das einfachere Verfahren aus ökonomischen und zeitlichen Gründen in Zukunft vorzuziehen.

In dieser Arbeit sollten nur die Gymnasiasten neben dem Paarvergleich auch das Rangordnungsverfahren durchführen. Dies deshalb, weil bei dieser Gruppe angenommen wurde, daß sie insgesamt mit solchen Aufgaben besser vertraut ist und deswegen auch für das gesamte Interview nicht mehr Zeit benötigt als die übrigen Probanden, die nur den Paarvergleich zur Bearbeitung hatten.

Die Strafgefangenen schätzten die Schwere der Delikte nur mit dem Rangordnungsverfahren ein, weil bei ihnen nur Gruppeninterviews durchgeführt werden konnten und der Paarvergleich deshalb nicht möglich war.

Da, wie schon ausgeführt, das Bilden von Rangordnungen sehr schnell geht, wurde in diesem Zusammenhang auch geprüft, wie die Probanden (hier Gymnasiasten und Strafgefangene) die Wertorientierungen der *Freunde* und *Eltern* perzipierten. Deshalb bestand die Aufgabe auch darin, neben der eigenen, die Rangordnung des besten Freundes und der Eltern darzustellen. Den Hintergrund dieser Frage bildet die sozialisationstheoretische Annahme, daß ab einem bestimmten Alter die Kinder eher mit den sog. peers und nicht mehr so sehr mit den Eltern in den Wertorientierungen übereinstimmen[75].

---

[72] Zur Entwicklung von Intervallskalen aus Rangreihen vgl. *Sixtl* 1967, S. 170 ff.

[73] *Sixtl* 1967, S. 166.

[74] Vgl. dazu *Haag* 1970, S. 144; *Sellin* und *Wolfgang* 1964. *Sixtl* 1967, S. 166 führt aus, daß es möglich ist, daß die Versuchsperson anders urteilt, wenn sie alle Reize, deren Ordinalrelationen sie beurteilen soll, *gleichzeitig* vor sich hat.

2.1.5. Mit Frage 5 wurde der Bereich der *Opfersituationen* untersucht[76]. Ausgehend von der Annahme, daß die Schwereeinschätzung eines Delikts nicht wesentlich beeinflußt wird durch eine selbsterlittene Opfersituation, wurde geprüft, wie oft ein Proband Opfer eines bestimmten Delikts gewesen war. Da in diesem Zusammenhang auch die Größe des Schadens und der Zeitraum zwischen Befragung und letztem diesbezüglichen Vorkommnis als wesentliche Variablen angesehen wurden, sollten auch hier von den Probanden genaue Angaben gemacht werden. Dadurch wiederum ergab sich die Möglichkeit, durch einen Vergleich der Ergebnisse der Opferbefragung von Stephan und der hier erhaltenen Resultate die Antworten der Versuchspersonen hinsichtlich ihrer Genauigkeit zu überprüfen.

2.1.6. Am Schluß des Fragebogens ging es um *Fragen zur Person*. Die Daten waren zwar schon durch den Schichtfragebogen (s. o.) zum Teil bekannt, sollten aber nochmals zur Absicherung und Kontrolle erfaßt werden.

3. *Ablauf der Datenerfassung*

3.1. Durchführung der Interviews in X

3.1.1. Interviews und Interviewerschulung

Die Interviews wurden von Jura-Studenten durchgeführt, die alle etwa 4 - 6 Semester absolviert hatten. Da sie sich mit empirischer Forschung naturgemäß noch wenig befaßt hatten, wurde eine Interviewerschulung durchgeführt, die etwa 6 Stunden dauerte. Während dieser Zeit wurden die Studenten mit allgemeinen Interviewproblemen (Fehlereinflüssen etc.) vertraut gemacht, es wurden Interviewsituationen geübt und potentielle Schwierigkeiten diskutiert.

Um sorgfältiges Arbeiten zu gewährleisten, war zunächst davon ausgegangen worden, daß ein Interviewer nicht mehr als ca. 15 Interviews durchführen sollte[77]. Da aber aus verschiedenen Gründen (Krankheit, Studium) nur 12 Studenten zur Verfügung standen, mußten diese jeweils zwischen 18 und 30 Befragungen absolvieren. Sie erhielten einen Interviewerausweis, der sie als Mitarbeiter des Max-Planck-Instituts auswies[78] und in dem versichert wurde, daß alle Angaben nur zu wissen-

---

[75] Vgl. dazu *Hurlock* 1972, S. 473.

[76] Vgl. zu diesem Bereich der Dunkelfeldforschung *Stephan* 1972, S. 115; *Hood* und *Sparks* 1970; *Kaiser* 1973, S. 138 ff.; *Opp* 1974, S. 58 ff.

[77] *Noelle* 1971, S. 193 stellt folgende Vorteile heraus: Interviewereinfluß auf Gesamtergebnisse wird reduziert, Interviewer entwickeln noch kein selektives Hören, die Atmosphäre der Spannung bleibt erhalten, Fälschungstendenzen beim Interviewer noch gering; vgl. dazu auch *Friedrichs* 1973, S. 214.

[78] Daß es sich um das Max-Planck-Institut für ausländisches und internationales Strafrecht handelte, wurde verschwiegen, um durch den Begriff

schaftlichen Zwecken ausgewertet und unter allen Umständen geheimgehalten würden. Zu Kontrollzwecken hatten die Interviewer einen „Kontrollbogen" erhalten, den sie jeweils nach einer Befragung ausfüllen mußten. Zu notieren waren Name und Adresse der Versuchspersonen, sowie Datum, Beginn und Ende des Interviews. Beim Nichtzustandekommen des Interviews sollten auch die Gründe dargestellt werden. Mit Hilfe dieser Kontrollbogen konnte dann beim Interviewten telephonisch überprüft werden, ob tatsächlich zu dem angegebenen Zeitpunkt die Befragung durchgeführt worden war. Die Kontrollanrufe wurden in etwa 10 % der Fälle gemacht, d. h. pro Interviewer wurde 2- bis 3mal überprüft.

3.1.2. Ablauf und Dauer der Interviews

3.1.2.1. Die Untersuchung dauerte vom 28. 10. 1972 bis zum 12. 12. 1972. Die Bereitschaft der Probanden, an der Befragung teilzunehmen, war relativ groß. Die Interviewer berichteten von starkem Interesse und betonten die gute Wirkung des Einführungsbriefes. In diesem Brief (siehe Anhang) wurde erwähnt, daß oft Entscheidungen der Gerichte in der Öffentlichkeit umstritten seien und deshalb einmal festgestellt werden sollte, wie die Bevölkerung über die Schwere von bestimmten Straftaten denkt. Es wurde der Besuch eines der Mitarbeiter des Max-Planck-Instituts angekündigt, wobei der Name des Interviewers genau angegeben wurde. Der Brief enthielt weiter die Zusicherung der vertraulichen Behandlung der Ergebnisse und die Bitte um freundliche Mitarbeit.

3.1.2.2. Umstritten war bei den Interviewern, ob der Name des Max-Planck-Instituts unterstützend wirkte. In manchen Kreisen konnte man offensichtlich mit diesem Begriff nichts anfangen, die Erwähnung, daß man von der Universität komme, half dann weiter[79].

3.1.2.3. Die Dauer des Interviews schwankte zwischen 50 und 120 Minuten. Im Durchschnitt wurden 1 - 1½ Stunden gebraucht, was auch davon abhing, ob sich die Probanden außer mit dem Paarvergleich auch noch mit der Ordinalskala für Eltern und Freunde befassen mußten. Friedrichs[80] ist hier der Ansicht, daß 90 Minuten ein Grenzwert sei, weil

---

„Strafrecht" keine Verbindung zu Polizei oder Gericht auszulösen. Die zugesicherte Anonymität sollte nicht in Frage stehen, der Gedanke an eine offizielle staatliche Institution und die damit verbundene mögliche Abwehrhaltung vermieden werden.

[79] Einige Eltern hatten trotzdem noch erhebliche Bedenken. So erhielten wird gleich zu Beginn der Befragung einen Brief mit folgendem Text: „Ihr Schreiben vom 20. 10. 1972. Hierzu möchte ich Ihnen mitteilen, daß mein Sohn gerade erst 16 Jahre alt geworden ist und seine Interessen noch auf kindlichem Gebiete liegen. Er kann sich also über die Schwere von Straftaten und deren Beurteilung noch keine Meinung bilden. Ich bitte Sie daher, von Ihrem Vertreter-Besuch Abstand zu nehmen."

[80] *Friedrichs* 1973, S. 214.

vor allem der Interviewer ermüde. Bei den Interviews, die extrem lang dauerten, konnte aber keine Fehlerquelle entdeckt werden. Nach Berichten der Interviewer kam es sogar vor, daß sich solche Befragten noch in eine Diskussion über Wert und Unwert der Untersuchung einlassen wollten und sich offensichtlich als „wichtige Mitarbeiter der Forschung" fühlten.

3.1.2.4. Die Probanden erhielten zunächst den Fragebogen, auf dessen Deckblatt die Adresse des Max-Planck-Instituts stand, sowie der Name des Interviewers und die Nummer des Interviewten; unten am Rande war die Versicherung deutlich zu lesen, daß die Ergebnisse der Befragung ausschließlich wissenschaftlichen Zwecken diene. Der Interviewer legte dann die 15 Deliktskarten mit den einzelnen Beschreibungen der Straftaten vor. Die Beschreibung sollte der Proband genau durchlesen und danach ein Beispiel zu jedem einzelnen Delikt geben oder erklären, was er persönlich darunter versteht. Die Zeit war ausdrücklich nicht beschränkt.

Die Interviewer hatten die Beispiele wörtlich zu notieren, u. U. auch im Dialekt. Streng verboten war den Interviewer-Juristen, bei Nichtübereinstimmung der Beispiele mit der Legaldefinition, dies irgendwie die Versuchsperson merken zu lassen bzw. es ihr vorzuhalten. Nach Auskunft der Interviewer gab es bei dieser Aufgabe bei den Sittlichkeitsdelikten einige Hemmungen bei der Formulierung der Beispiele[81]. Insgesamt hätten die Gymnasiasten länger gebraucht, da sie simple Beispiele nicht geben wollten und eher etwas kompliziertere Geschichten konstruierten.

3.1.2.5. Bei der Bestimmung der Schwere der Delikte wurde darauf hingewiesen, daß es nur um die persönliche Meinung des Probanden ginge, keineswegs wolle man wissen, was im Gesetz stehe. Da die Schwere mit Hilfe der Paarvergleichsmethode festgestellt werden sollte, war ein Heft konstruiert worden, in dem auf jeder Seite zwei Delikte nebeneinander standen. Der Proband sollte zunächst die Beschreibung durchlesen und dann dasjenige Delikt nennen, das seiner Meinung nach das schwerere war. Nicht erlaubt war die Antwort: „Beide sind gleich schwer." Nachdem der Proband sich entschieden hatte, nannte er die Nummer des schwereren Delikts, die der Interviewer in seinem Ergebnisbogen eintrug. Dort waren sämtliche Paarvergleiche mit den Nummern aufgeführt; die Nummer des schwereren Delikts wurde angekreuzt. Die Versuchsperson schlug dann die nächste Seite des Heftes auf und fand dort die nächsten beiden Delikte. Insgesamt waren 105 Paare zu vergleichen.

---

[81] Nach *Scheuch* 1973, S. 117 finden es Interviewer besonders schwierig, Fragen zu stellen, die den sexuellen Bereich berühren. Zu diesem Problem allgemein *van Koolwijk* 1969, S. 864 - 875.

Nach jeder Befragung war der Interviewer verpflichtet, die Seiten des Heftes herauszunehmen und sie zu mischen, so daß bei jedem Interview eine neue Reihenfolge vorhanden war.

3.1.2.6. Ohne Zweifel war dieser Teil des Fragebogens langwierig und ermüdend. Die Probanden hatten vor allen Dingen nach einer bestimmten Anzahl von Vergleichen den Verdacht, daß sie einige Deliktspaare schon vorher gesehen hätten und somit wohl Wiederholungen, d. h. „Kontroll- und Fangfragen" eingebaut waren. Dies war tatsächlich *nicht* der Fall, doch wurde dem von seiten der Interviewer nicht widersprochen, da auf diese Weise die Versuchsperson gewissermaßen neu motiviert und die Gefahr der schnellen Durchsicht und oberflächlichen Entscheidung gemindert wurde. Trotzdem muß insgesamt gesagt werden, daß eine geringere Anzahl von Paarvergleichen in einem längeren Interview günstiger ist. Möglich wäre auch, daß jeweils die Hälfte der Stichprobe nur die Hälfte der Paarvergleiche zu bearbeiten hat und somit Ermüdungserscheinungen aufgefangen werden können.

3.1.2.7. v. Oppeln-Bronikowski[82] weist darauf hin, daß insbesondere bei Einstellungsuntersuchungen die Ergebnisse während des Befragungszeitraums beeinflußt werden könnten und dies bei der Auswertung Berücksichtigung finden müsse. Für die hier vorliegende Studie sind zwei Vorfälle festzuhalten, die sich deutlich z. B. bei den erfragten Deliktsbeispielen auswirkten: Einmal die Geiselnahme und Tötung der israelischen Olympiateilnehmer in München, zum anderen die Vorverlegung der Bundestagswahlen in Verbindung mit dem Wahlkampf der Parteien. Beide Geschehnisse und ihr Einfluß werden im Zusammenhang mit den Ergebnissen der Untersuchung diskutiert werden.

3.2. Durchführung der Interviews bei den Strafgefangenen

3.2.1. Die Interviews mit den Strafgefangenen in Freiburg und Schwäbisch Hall mußten aus verschiedenen Gründen in abgeänderter Form durchgeführt werden. Einzelinterviews waren nicht möglich[83]. Vielmehr wurden Gruppen von jeweils 10 - 15 Gefangenen in einem größeren Raum von dem Versuchsleiter „befragt". Durch diese äußeren Umstände bedingt, konnte der Paarvergleich nicht durchgeführt werden. Die Gefangenen erhielten deshalb einen Fragebogen, den sie nach einer kurzen Einführung selbst ausfüllen konnten und bei dem die Notierung der

---

[82] *v. Oppeln-Bronikowski* 1970, S. 15 - 16.

[83] Die Gefängnisleitungen waren der Ansicht, daß die dafür notwendigen Beamten zur Führung und Einschließung etc. nicht bereitgestellt werden könnten. Diese Entscheidung war sicher aus guten Gründen erfolgt und keine Schikane. Beide Anstalten waren zu dieser Zeit durch Umorganisationen großen Belastungen ausgesetzt.

Ergebnisse durch einen Interviewer nicht notwendig war. Beigegeben waren die 15 Karten mit den Deliktsdefinitionen.

3.2.2 Dieser „Gefangenenfragebogen“ enthielt in seinem ersten Teil den Schichtfragebogen, der auch in *X* zur Feststellung der sozialen Schicht verwandt wurde (Beschreibung s. o.). Danach folgte ein Hinweisblatt mit der Erläuterung, daß das Max-Planck-Institut eine Untersuchung zur Schwereeinschätzung von Straftaten durchführe und um Mitarbeit bitte. Es wurde die Funktion der 15 Deliktsbeschreibungen erklärt und gebeten, nach Durchsicht der einzelnen Straftaten die Karten in einer Reihenfolge so hinzulegen, daß links das schwerste und rechts das leichteste Delikt plaziert war. Wie bei den Probanden aus X wurde darauf hingewiesen, daß es allein um die persönliche Meinung des Befragten gehe und nicht um das, was im Gesetz stehe. Die Zeit war nicht begrenzt. Die Reihenfolge der Delikte konnte so lange geändert werden, bis die subjektiv richtige Rangordnung nach der Schwere erreicht war.

Nachdem diese erste Rangfolge fertiggestellt war, sollte der Proband nunmehr auf die gleiche Art und Weise die Rangordnungen beschreiben, für die sich nach seiner Ansicht sein bester Freund und seine Eltern entschieden hätten. Die Ergebnisse waren jeweils von der Versuchsperson selbst in eine besondere Liste einzutragen.

3.2.3. Zu Beginn der Untersuchung war die bevorstehende Aufgabe in groben Zügen umrissen und den Probanden freigestellt worden, ob sie mitarbeiten wollten. Das Interesse war jedoch groß. Die Aussicht auf eine gewisse Abwechslung und die Zusicherung, daß die Anstaltsleitung keine Einsicht in die ausgefüllten Fragebogen erhalte, gaben den Ausschlag für die relativ geringe Zahl von Verweigerern.

III. Ergebnisse der Untersuchung

1. *Zur Validität der erhobenen Daten*

1.1. Verständnis der Deliktsdefinitionen und Analyse der Deliktsbeispiele

1.1.1. Die Ergebnisse der Schwereeinschätzung von Delikten können durch folgende Einflüsse verzerrt werden:

— die Probanden kennen einzelne der geschilderten Straftatbestände nicht, können sich also unter dem Begriff bzw. unter der Beschreibung nichts Genaues vorstellen und ordnen das Delikt einfach willkürlich ein,

— die Probanden glauben, die richtige Tat unter den Begriff bzw. die Beschreibung subsumiert zu haben, meinen in Wirklichkeit aber eine andere (u. U. hier juristisch falsche) Handlung.

Dies Problem wurde bei Untersuchungen zur Schwereeinschätzung von Delikten bisher nur selten erörtert. Bei mehreren Arbeiten konnte sich die Frage auch gar nicht stellen, da hier sehr präzise und enge Fallbeschreibungen angeboten wurden, die kaum Alternativen zuließen[1].

1.1.2. Bei der Diskussion von Methodik und Aussagekraft von Dunkelfelduntersuchungen jedoch wurden häufiger Einwände dieser Art vorgebracht. Kaiser[2] weist auf folgende Gesichtspunkte hin: Es gebe „Schwierigkeiten des Verständnisses und der Einordnung bestimmter Sachverhalte unter die strafgesetzlichen Merkmale selbst bei sozialisierten Erwachsenen". Es sei äußerst schwierig, „die strafrechtlichen Tatbestandsbeschreibungen so in die Umgangssprache zu übersetzen, daß eine eindeutige Zuordnung durch die Versuchspersonen möglich ist, ohne wichtige juristische Kriterien außer acht zu lassen"[3]. Das Ausweichen auf kurze schlagwortartige Nennungen von Delikten erscheint Kaiser zu Recht ebenfalls keine Lösung. Im übrigen haben nach seiner Ansicht „die bisherigen (Dunkelfeld-)Untersuchungen (zu diesem Problem) kaum Informationen geliefert, geschweige diesen Einwand gesehen oder zu entkräften versucht"[4].

Eisenberg[5] argumentiert ähnlich und gibt außerdem zu bedenken, „daß Befragte verschiedener sozialer Schichten schon aufgrund ihrer Schichtzugehörigkeit ein unterschiedliches sprachliches und inhaltliches Verständnis von den Begriffen einzelner Delikte haben". Nach Ansicht von Hood und Sparks[6] wird eine Gewalttat gegen einen unbekannten Fremden gewöhnlich als Straftat klassifiziert, eine Prügelei zwischen zwei Schuljungen jedoch eher als „lästige Störung". Ebenso werde ein Haus- oder Familiendiebstahl (§ 247 StGB) selten als Diebstahl angesehen werden. Für den Mittelstand würde der Begriff „tätlicher Angriff" auch ein Verhalten einschließen, das von der Arbeiterklasse als alltägliches Vorkommnis betrachtet würde[7]. Dies gilt wahrscheinlich auch für den Betriebsdiebstahl.

Einige Dunkelfelduntersuchungen haben sich näher mit dem Problem befaßt und versucht, die Fehlereinflüsse zu kontrollieren. So fand Elm-

---

[1] Vgl. z. B. bei *Schindhelm* 1972, S. 58: „Ein Täter bricht in ein Gebäude ein und stiehlt, ohne daß sonst jemand anwesend ist, Eigentum im Wert von 10 DM." Anzumerken ist aber, daß andere Beispiele in Schindhelms Arbeit weniger eindeutig sind. Vgl. S. 33 oben.

[2] *Kaiser* 1973a, S. 143 f.; vgl. dazu auch *Kreuzer* 1975a, S. 390 f. und 1975b, S. 232.

[3] *Kaiser* 1973a, S. 144; vgl. dazu auch *Stephan* 1972, 1972a und 1972b.

[4] *Ders.* 1973a, S. 144.

[5] *Eisenberg* 1972, S. 109; vgl. dazu auch *Kürzinger* 1973, S. 147 - 152.

[6] *Hood* und *Sparks* 1970, S. 66.

[7] *Dies.* 1970, S. 67.

horn[8], daß die Befragten, 9- bis 14jährige Stockholmer Schulkinder, bei 6 von 21 Deliktsbeschreibungen mehr oder minder große Verständnisschwierigkeiten hatten. Versicherungsbetrug z. B. war für 2/3 der Probanden eine Tat, unter der sie sich nichts vorstellen konnten.

Auch Ennis[9] stellte sich die Frage, ob die Deliktsbeschreibungen in seiner Studie von verschiedenen Personen in der gleichen Art und Weise verstanden werden und ob sie auch die möglichen Opfersituationen alle abdecken. Ohne dies durch eine genauere Analyse nachweisen zu können, ist er aber der Meinung, daß es hinsichtlich des Verständnisses wohl keine klaren Unterschiede zwischen Weißen und Schwarzen bzw. jüngeren und älteren Probanden gebe.

Gold[10] berichtet von seiner Dunkelfeldbefragung: „Subsequent analyses of data demonstrated that half of the acts of property destruction to which our sample initially admitted could not conceivably be called chargeable offenses, nor could 25 percent of the confidence games, nor 20 percent of the personal assaults." An anderer Stelle[11]: „Not all of the ‚offenses' to which youngsters admitted could reasonably be considered ‚delinquent acts'; 28 percent were not."

Daß die Rechtskenntnisse lückenhaft sind[12] und die Mehrzahl der Minderjährigen und jungen Erwachsenen hier Schwierigkeiten haben, beweist auch die Darstellung von Minkowski[13]. Bei der Befragung in der UdSSR betrachteten z. B. rund 20 % der Probanden den Diebstahl von Einzelteilen für Bastelarbeiten nicht als Rechtsverletzung. Bei anderen Tatbeständen sah das Bild ähnlich aus.

Untersuchungen zur Einschätzung der Schwere von Delikten haben also wie Dunkelfeldstudien das Problem, ob die Probanden allgemein gehaltene Deliktsbeschreibungen richtig verstehen. Mit steigendem Methodenbewußtsein wird auch in der diesbezüglichen Einstellungsforschung versucht, diese Frage zu lösen. Zu Recht erklärt Kutchinsky[14]: „We must explore the question of knowledge about the law before we can discuss legal and moral attitudes, for knowledge of some sort would seem to be a necessary pre-condition for the formation of attitudes."

Wichtig ist in diesem Zusammenhang auch, ob die Delikte, mit denen gearbeitet werden soll, abstrakt oder konkret präsentiert werden[15]. Christiansen[16] sieht hier folgende Möglichkeiten:

---

[8] *Elmhorn* 1969, S. 123 f.

[9] *Ennis* 1967, S. 102 f.

[10] *Gold* 1970, S. 13.

[11] *Ders.* 1970, S. 25; vgl. auch *Gold* 1966, S. 30.

[12] Vgl. dazu die kurze Übersicht bei *Kutchinsky* 1972, S. 14 ff.

[13] *Minkowski* 1972, S. 191 f.; vgl. hierzu auch *Fröhlich* 1972a, S. 337 - 343.

[14] *Kutchinsky* 1972, S. 14.

a) Es wird nur der Name des Delikts genannt, oder
b) eine kurze Deliktsbeschreibung mit einigen Details über die Umstände des Falles, oder
c) eine längere Beschreibung, die auch Daten über den familiären Hintergrund des Täters enthalten, oder
d) Tonbandaufnahmen, auf denen eine detaillierte und „lebendige“ Beschreibung des Delikts zu hören ist.

Alle diese Alternativen wurden bisher schon erprobt, ein systematischer Vergleich der Methoden steht jedoch noch aus[17]. Christiansen zieht die Möglichkeit b) vor, da er die Version a) für zu unsicher hält[18] und die Versionen c) und d) unökonomisch erscheinen.

Rose[19] schlägt vor, „the crime descriptions which are used in the questionnaire must be specific and realistic and should reflect the circumstances in which they commonly occur in practice“. Möglicherweise würden damit die Schwierigkeiten etwas gemildert, die von v. Oppeln-Bronikowski[20] beklagt werden: „Der Laie ist wenig befähigt, einzelne Straftatbestände abstrakt zu werten. Seine ungeschulte Vorstellung umfaßt niemals einen größeren Kreis denkbarer Fälle eines Delikts, sondern stets nur eine fest umrissene Tat. Er assoziiert sofort bestimmte Begehungsformen — meistens besonders schwere — einen Spezialfall und vor allem einen bestimmten Taterfolg, wonach er dann, ohne an leichtere oder schwere Fälle zu denken, sein Urteil abgibt.“

Brusten und Hurrelmann[21] haben im Rahmen ihrer Dunkelfelduntersuchung auch eine Schwereeinschätzung von „Delikten“ durchgeführt. Bei der Interpretation der Ergebnisse zeigte sich ebenfalls, daß die angewandten Methoden noch nicht als optimal angesehen werden können: „Die zwischen Lehrern und Schülern zu beobachtenden Unterschiede in der Bewertung einzelner „Delikte“ müssen zumindest teilweise darauf zurückgeführt werden, daß bei der Nennung der Delikte in beiden Teilpopulationen unterschiedliche Vorstellungsinhalte angesprochen wurden[22].“ In einer Diskussion der methodischen Fragen[23] kommen sie zu

[15] *Kutchinsky* 1972, S. 34; *Akman* und *Normandeau* 1967, S. 443.

[16] *Christiansen* 1970, S. 11.

[17] Vgl. jedoch die Untersuchung von *Stephan* innerhalb einer Dunkelfeldstudie (*Stephan* 1973) bezüglich der Methoden a) und b).

[18] *Christiansen* 1970, S. 11; vgl. auch *Kutchinsky* 1968, S. 132; *Gold* 1970, S. 67.

[19] *Rose* 1970, S. 38.

[20] *v. Oppeln-Bronikowski* 1970, S. 119; ähnlich *Baratta* 1975, S. 135.

[21] *Brusten* und *Hurrelmann* 1973, S. 109 ff. Die zu bewertenden Verhaltensweisen erfüllten nur zum Teil Straftatbestände.

[22] *Dies.* 1973, S. 110.

[23] *Dies.* 1973, S. 179 f.

dem Schluß, daß die grundsätzlichen Probleme der unterschiedlichen Interpretierbarkeit der Fragen und Wortbedeutungen durch das Ausschalten unpräziser Fragen und Begriffe allein keineswegs zu lösen sei. „Selbst Begriffe wie ‚stehlen‘, ‚fremdes Eigentum‘, ‚mit Absicht‘, ‚täuschen‘ können recht unterschiedliche Vorstellungsinhalte hervorrufen, zumal dann, wenn es darum geht, Verhaltensweisen zuzugestehen, die im allgemeinen als tabuisiert oder kriminalisiert gelten[24].“

1.1.3. In den Freiburger Untersuchungen zum Dunkelfeld und zur Schwereeinschätzung wurden Kenntnis und Verständnis der vorgelegten Deliktsdefinitionen relativ aufwendig geprüft. Wie schon oben dargelegt, wurden die Definitionen zunächst für die Dunkelfelduntersuchung entwickelt. Deren Ziel war es, die Ergebnisse der Studie mit den Daten der offiziellen Kriminalstatistik vergleichen zu können[25]. Um dies zu ermöglichen, mußten die Beschreibungen der Tatbestände weitgehend an die Legaldefinitionen angelehnt werden[26], was zur Folge hatte, daß die Definitionen in ihrer sehr allgemeinen Formulierung einen weiten Handlungsbereich erfaßten.

Bei der Analyse des Verständnisses der Definitionen kamen Stephan[27] und Kürzinger[28] zu folgenden Ergebnissen[29]:

Am besten schnitten die 21jährigen ab, während die 16jährigen und die 15jährigen mit Abstand die schlechtesten Ergebnisse erzielten[30]. Insgesamt fanden z. B. bei vorsätzlicher Körperverletzung 36,9 %, bei Gewaltunzucht 88,8 %, bei Urkundenfälschung 38,6 %, bei Unzucht mit Kindern 68,7 %, bei Unterschlagung 62,9 % und bei Betrug 56,6 % der Gesamtstichprobe beide richtigen Lösungen[31].

Mehr als 9/10 der Befragten beantworteten mehr als 50 % der möglichen Lösungen richtig, woraus nach Ansicht von Stephan mit Sicherheit

---

[24] *Brusten* und *Hurrelmann* 1973, S. 180.

[25] *Stephan* 1972, S. 115 ff.

[26] *Ders.* 1972a, S. 273.

[27] *Ders.* 1972a, S. 272 - 283.

[28] *Kürzinger* 1973, S. 147 - 152.

[29] Leider befaßt sich *Kürzinger* nicht mit der interessanten Tabelle I von *Stephan*, in der die Prozentzahlen der verschiedenen Altersgruppen festgehalten sind, die bei den jeweiligen Delikten jeweils *beide* Lösungen richtig machten. Nachteilig ist, daß *Stephan* diese Zahlen nur für 6 von 13 Delikten angibt.

[30] *Stephan* 1972a, S. 276.

[31] Hier wurde das „multiple-choice“-Verfahren gewählt. Für jede Deliktsdefinition wurden 8 Fallbeschreibungen konstruiert, von denen jeweils 2 den Tatbestand des entsprechenden Delikts beschrieben, d. h. also „richtig“ waren, während die restlichen 6 andere oder keine Straftaten beschrieben. Aufgabe der Vpn war es, jeweils die richtigen zwei Fälle je Deliktsdefinition anzukreuzen (*Stephan* 1972a, S 274 f.).

gefolgert werden kann, daß sie der Aufgabenstellung prinzipiell gewachsen waren[32].

Stephan fand außerdem einen eindeutigen Zusammenhang zwischen Lebensalter und dem Verständnis der Deliktsdefinitionen, wobei aber festgestellt wird, daß grundsätzlich alle Altersgruppen zur „adäquaten Bearbeitung“ fähig waren.

Kürzinger[33] weist darauf hin, daß mit der besseren Schulbildung der Prozentsatz der richtigen Antworten steigt. Aufgrund der Ergebnisse hält er ein schichtenspezifisches „Kriminalitätsvorverständnis“ für möglich.

Beide Autoren sind der Ansicht, daß die Deliktsdefinitionen im großen und ganzen ihre Aufgabe erfüllen können. Einschränkend meint Stephan[34] jedoch, daß die Ergebnisse „doch nicht so positiv sind“, daß sich nicht die Frage nach anderen Methoden[35] stellt[36].

In der hier vorgelegten Untersuchung mußten — wie schon ausgeführt — die beschriebenen Deliktsdefinitionen übernommen werden, damit die Ergebnisse der Dunkelfeldstudie und der Schwereeinschätzung gegenseitig ergänzt werden konnten. Für die Schwereeinstufung der Delikte erschien es jedoch notwendig, auf einem völlig anderen Weg zu untersuchen, was die Probanden sich unter den dargebotenen Deliktsbeschreibungen wirklich vorstellten. Nunmehr sollten die Befragten die auf Karten geschriebenen Definitionen der Straftaten durchlesen und dann zu jedem Delikt ein Beispiel sagen oder erklären, was sie persönlich darunter verstehen. Diese Methode (die nach Kürzinger „eine intellektuelle Leistung verlangt, die ohne weiteres auch von intelligenten Laien nicht erbracht werden kann“[37]), erschien günstig, um festzustellen, wer unter eine bestimmte Definition juristisch völlig falsche Taten subsumierte und möglicherweise deshalb zu einer bestimmten Schwereeinschätzung kam. Zum anderen ließ sich erkennen, an welche Tatmodalitäten allgemein gedacht wurde, wenn die Subsumtion juristisch richtig war[38].

---

[32] *Stephan* 1972a, S. 278 und Anmerkung 12.

[33] *Kürzinger* 1973, S. 150.

[34] *Stephan* 1972a, S. 281.

[35] Zum Vergleich von schlagwortartiger Nennung und Deliktsdefinition vgl. *Stephan* 1973.

[36] Vgl. auch die Diskussion zwischen *Stephan* 1972b, S. 304 - 308 und *Wolff* 1972, S. 301 - 303.

[37] *Kürzinger* 1973, S. 149.

[38] Es wurden die 13 von *Kürzinger* und *Stephan* formulierten Deliktsdefinitionen übernommen. Für die später vorzunehmende Schwereeinschätzung war es notwendig, zwei Definitionen zu präzisieren. Es handelte sich hier um „vorsätzliche Körperverletzung“ und „Gewaltunzucht“. Die erste Definition wurde so umgeschrieben, daß nunmehr nach 2 Delikten gefragt werden konnte: „leichte Körperverletzung“ (§ 223 StGB) und „gefährliche

Die Ergebnisse zeigen ein recht unterschiedliches Bild:

§ 242[39] (einfacher Diebstahl)[40]

Etwa 70 % der Befragten gaben hier eindeutig „richtige" Beispiele an. Es wurden hauptsächlich Fälle des Ladendiebstahls genannt („Wenn ich im Laden eine Tafel Schokolade mitnehme und dann abhaue"; „Man steckt im Kaufhaus Waren ein, ohne zu zahlen.") Andere Probanden schildern Mofa-, Fahrrad- oder Autodiebstähle. Aber hier sind die Beispiele juristisch nicht immer korrekt („Fahrrad stehlen und nur ein Stück fahren und hinterher wieder abstellen, so daß es dem anderen fehlt und er es ein paar Tage nicht haben kann."). Oft würde hier der Sachverhalt eher unter § 248 b fallen.

Etwa ein Fünftel der Beispiele beinhaltete nur allgemeine Darstellungen bzw. Wiederholungen des Textes („Entwendung einer Sache, die jemand anderem gehört"; „sich Eigentum auf illegale Weise aneignen"). Hier ist die Beurteilung des Verständnisses zunächst etwas problematisch. Kontrolliert man jedoch die Altersgruppen, so zeigt sich, daß ⅔ der „unscharfen" Darstellungen von 18- bis 25jährigen kommen, bei denen man durchaus annehmen kann, daß sie wissen, was ein Diebstahl ist.

Obwohl 11 % in ihrem Beispiel einen besonders schweren Fall des Diebstahls (§ 243), einen Raub (§ 249) oder eine Unterschlagung (§ 246) darstellten, kann doch das Ergebnis von Stephan (83,7 % fanden die richtige Lösung) bestätigt werden: Diese Deliktsdefinition wurde allgemein gut verstanden. Die fehlerhaften Beispiele wurden im übrigen eher von Angehörigen der oberen sozialen Schichten abgegeben. Erwartungsgemäß waren die jüngeren Probanden dabei wesentlich häufiger vertreten.

§ 239 (Freiheitsberaubung)

Knapp 30 % der Beispiele waren vollständig richtig. Etwa ein Fünftel beschrieb den Fall des erpresserischen Menschenraubs (§ 239 a), also eine Freiheitsberaubung, bei der der Täter die Absicht hat, die Entführung zu einer Erpressung auszunutzen. Die Befragten stellen sich hier also ein nach dem gesetzlichen Strafrahmen schwereres Delikt vor. 13 % waren noch offensichtlich durch die Geschehnisse bei der Olympiade 1972 in München beeinflußt und beschrieben Geiselnahmen, aber auch Flugzeugentführungen (§§ 239 b, 316 c).

17 % gaben nur allgemeine Darstellungen und Wiederholungen des Textes an. Da dies eher Probanden aus den oberen sozialen Schichten mit relativ guter Schulbildung waren, kann angenommen werden, daß die Mehrzahl das Richtige wußte, aber zu ungenau formulierte. Das restliche Fünftel verstand unter Freiheitsberaubung „Unterdrückung der Meinungsfreiheit, Einsperren von Kindern durch Eltern und Lehrer, Nötigungshandlung, Hinderung der freien Entfaltung" und ironisch auch den „Dienst bei der Bundeswehr". Hier waren die mittleren Altersgruppen[41] am stärksten vertreten.

Körperverletzung" (§ 223a StGB). Die Definition von Gewaltunzucht wurde ebenfalls geändert: Es wurde nunmehr „Gewaltunzucht" (§ 178 StGB) und „Notzucht" (§ 177 StGB) beschrieben. Somit erhöhte sich die Zahl der vorgelegten Deliktsdefinitionen auf 15.

[39] Alle Paragraphen sind solche des StGB in der Fassung von 1972.

[40] Vgl. die ausführlichen Deliktsdefinitionen oben S. 83 und 84.

[41] Vgl. auch *Stephan* 1972a, S. 276.

§ 223 (leichte Körperverletzung)

Hier wurde am häufigsten an Prügeleien in Lokalen, ausgelöst durch Streit oder Betrunkene, gedacht. „Eine runterhauen“, „Ohrfeige geben“ meinten andere. Insgesamt schilderten mehr als 80 % „richtige“ Beispiele, wobei in wenigen Fällen juristisch manchmal aber auch die §§ 223 a oder 224 einschlägig gewesen wären („jemand richtig zusammenschlagen“, „krankenhausreif prügeln“). Letztere Beschreibungen kamen eher von Probanden der unteren sozialen Schicht und häufiger von den 14- bis 18jährigen.

In den (falschen) Beispielen, die eindeutig unter § 223 a zu subsumieren waren, hieß es auch, eine Waffe gehöre unbedingt dazu. Andere hielten schon die Werbung für Zigaretten und Umweltverschmutzung für eine Körperverletzung i. S. d. § 223.

Warum Stephan[42] bei diesem Delikt zu wesentlich schlechteren Ergebnissen kam, ist nicht ganz einsichtig. Wahrscheinlich lag dies, wie Kürzinger[43] andeutet, an den „nicht glücklich gewählten Beispielen“.

§ 223 a (gefährliche Körperverletzung)

Daß diese Tatbestandsbeschreibung recht gut[44] verstanden wurde, zeigen die verschiedenen Beispiele, die die Begriffe „Waffe“ bzw. „gefährliches Werkzeug“ näher erklären. Es wurde dabei an sehr unterschiedliche Dinge gedacht: Axt, Hammer, Knüppel, abgebrochene Bierflasche, Bierkrug, Eisenrohr, Wagenheber, Abschleppseil, Auto, Vase, Stuhl, Schlagring, Feuerzeug, Schuh, Pfeil und Bogen, Totschläger, Glas etc. 32 Probanden jedoch meinten, es käme auf die Schwere der Verletzung an. Bei gefährlicher Körperverletzung müßte ein Auge ausgeschlagen, Rippen gebrochen sein, ja Lebensgefahr bestehen. Das Beispiel mit den Rockern, die beim Schlagen Fahrradketten benutzen, wurde von 25 Befragten richtig benannt. Problematisch waren Schilderungen, in denen darauf hingewiesen wird, es müßte ein „Wehrloser“ angegriffen werden (möglicherweise ist hinterlistiger Überfall gemeint), oder § 223 a sei gegeben, wenn ein Karatekundiger oder Boxer einen anderen angreife. 13 % schilderten Handlungen, bei denen es um bewaffneten Raubüberfall bzw. Mord oder Totschlag ging. Diese Beispiele kamen überwiegend von den 14- bis 18jährigen.

§ 176 I Nr. 1 (Gewaltunzucht)

Eindeutig richtige Beispiele wurden nur von einer Minderheit abgegeben (knapp 30 %). Ob die Probanden durch Scham oder Scheu gehindert wurden oder tatsächlich mit der Deliktsbeschreibung nichts anzufangen wußten, ist unter den Interviewern streitig. Wahrscheinlich spielt beides eine Rolle. Fest steht, daß nur selten Worte wie „fummeln“ etc. gebraucht wurden; viel eher rettete man sich in Formulierungen wie „durch Erpressung kann eine Frau veranlaßt werden, Dinge zu tun, die sie nicht will“ (solche allgemeinen Darstellungen bei 30 % der Probanden).

Ein Fünftel der Befragten beschrieb eine (versuchte) Vergewaltigung, obwohl im Text darauf hingewiesen wird, daß Geschlechtsverkehr bei diesem Delikt nicht vorkommt. Die 18- bis 19jährigen hatten überdurchschnittlich oft den Mut, ihre Kenntnis mit einem klaren Beispiel zu verdeutlichen: „Petting

---

[42] *Stephan* 1972a, S. 277.

[43] *Kürzinger* 1973, S. 152.

[44] Auch hier gaben 80 % der Probanden richtige Beispiele an.

mit der linken Hand, Messer in der rechten Hand." Die unteren sozialen Schichten neigten häufiger dazu, gleich „Urteile" zu sprechen: „Der Täter ist krank, pervers, Sadist, Masochist, Verrückter, Homo, Triebtäter, hat Komplexe, sah schlechten Sexfilm, ist Lustverbrecher wie Jürgen Bartsch."

Da bei Stephan immerhin 88,8 % beide richtigen Fälle fanden, muß man wohl davon ausgehen, daß die Probanden „Angst hatten, einen schlechten Eindruck zu machen" (Interviewerbericht). Sie wußten wesentlich mehr als sie angeben wollten, erwartungsgemäß war aber den Jüngeren nicht immer ganz klar, um welche Handlungen es hier eigentlich ging.

§ 177 (Notzucht)

Diese Deliktsdefinition scheint gut verstanden worden zu sein und die Fälle konnten offensichtlich auch mit weniger Hemmungen beschrieben werden. Mehr als ²/₃ der Befragten gaben richtige Beispiele an. 15 % allerdings verstanden unter Notzucht eher Zuhälterei, Unzucht mit Kindern, Verführung Minderjähriger oder beschrieben den Täter als „krank". Diejenigen, die nur eine allgemeine Darstellung oder eine Wiederholung des Textes boten, stammten eher aus den oberen sozialen Schichten.

§ 303 (Sachbeschädigung)

Wenn man davon ausgeht, daß die 76 allgemeinen Beschreibungen (z. B. „mutwillige Beschädigung fremden Eigentums") kein Indiz dafür sind, daß in diesen Fällen etwas Falsches gemeint wurde, kann gesagt werden, daß sicher mehr als 90 % der Befragten diese Deliktsdefinition verstanden haben. In vielen Beispielen wurde das Zerstören von Parkbänken, Bildern, Autospiegeln, Antennen, Wahlplakaten beschrieben. Die gängigste Schilderung bei den 14- und 15jährigen war „Scheiben einschlagen". Brandstiftung wurde hier auch als richtig gewertet.

§ 267 (Urkundenfälschung)

Überraschend vielen Befragten — mehr als 85 % — war der Tatbestand klar. Häufigstes Beispiel war die Unterschrift mit falschem Namen bei Quittungen, Schecks und anderen Urkunden. Die 14- bis 18jährigen dachten offensichtlich an geläufige Praktiken in der Schule: Selbstunterschreiben von Klassenarbeiten, Entschuldigungen oder Zeugnissen. Auch sonst wurde ziemlich lebensnah geantwortet: „Für Arbeitskollegen Stempel auf Stempelkarte drükken" oder „wegradieren der Striche auf Bierdeckeln".

Die falschen Beispiele kamen eher von Befragten aus der sozialen Unterschicht. Sie glaubten, auch Falschmünzerei, unbefugtes Titelführen und Uniformtragen, schriftliche Lügen etc. fielen unter den Begriff der Urkundenfälschung.

Das relativ schlechte Ergebnis der Untersuchung von Stephan ist wohl durch die besonders schwierigen Fälle für die Laien zu erklären[45]. Insgesamt ist die Definition gut verstanden worden.

§ 176 I Nr. 3 (Sexueller Mißbrauch von Kindern)

Ein Drittel „Verweigerer" war bei dieser Deliktsdefinition ein erwartungsgemäßes Ergebnis. Wie schon bei der Gewaltunzucht gaben diese Befragten nur Wiederholungen des Textes, unklare allgemeine Darstellungen, Erklä-

[45] Es ging hier um die bewußte Veränderung eines Autokennzeichens. Vgl. *Kürzinger* 1973, S. 152.

rungen wie „psychisch anormaler Täter“ etc. Ein weiteres Viertel der Probanden beschrieb völlig richtige Fälle. Bei den übrigen war § 176 zwar einschlägig, meistens lag jedoch Tateinheit mit einem anderen Sittlichkeitsdelikt vor. Eindeutig falsch waren Schilderungen wie „Kinder spielen miteinander“ oder „freier Verkauf von Pornoliteratur an Kinder“ etc. (etwa 10 %).

Das Resultat von Stephan (²/₃ haben die Definition verstanden) dürfte in etwa die Situation richtig wiedergeben.

§ 246 (Unterschlagung)

75 % der Befragten haben juristisch richtige Beispiele geschildert. Hauptsächlich wurde an den Buchhalter, Boten etc. gedacht, der Gelder des Betriebs auf das eigene Konto überweist oder sonst einbehält. Sehr oft wurde auch das Behalten von Schallplatten, Büchern etc. beschrieben, die von Freunden entliehen worden waren.

Die fehlerhaften Beispiele (16 %) beinhalteten Diebstahl, Betrug, Hehlerei, Untreue und Raub. Einige Befragte antworteten mit Beispielen wie „Klassenarbeit den Eltern nicht zeigen“, Handlungen also, die keinen Tatbestand erfüllen. Nur 9 % zogen sich auf die allgemeine Darstellung zurück.

Nach diesen Ergebnissen ist die Deliktsdefinition besser verstanden worden, als nach dem Resultat von Stephan (62,9 % hatten beide Fälle richtig erkannt) zu erwarten war.

§ 241 (Bedrohung)

Nur etwa 30 % haben ein richtiges Beispiel gewußt, wie „Ich breche Dir den Arm!“ etc. Die Probanden aus den unteren sozialen Schichten waren in dieser Gruppe überdurchschnittlich vertreten. ²/₃ der Befragten gaben falsche Darstellungen, wobei Handlungen, die den Tatbestand der Nötigung erfüllten, am häufigsten beschrieben wurden. 69 Probanden schilderten „Erpressungen“, jedoch stellte sich bei genauer Analyse heraus, daß die „Erpressungen“ zum Großteil juristisch als Nötigungshandlungen verstanden werden mußten („Bedrohung fällt meiner Meinung nach mit Erpressung zusammen: man zwingt jemand zu etwas, was einem selbst irgendwelche Vorteile bringt“). Man kann also annehmen, daß etwa die Hälfte der Befragten unter Bedrohung eine Nötigung versteht.

Stephans Ergebnisse (84,7 % fanden beide richtigen Fälle) geben das Bild wohl verzerrt wieder. Nach der Beispielsanalyse muß eher damit gerechnet werden, daß diese Definition nur von einer Minderheit verstanden wurde.

§ 240 (Nötigung)

Etwa die Hälfte der Befragten schilderte Handlungen, die juristisch richtig eine Nötigung darstellten. Am bekanntesten war offensichtlich die Nötigung im Straßenverkehr, wenn Autos zu dicht auffahren und mit der Lichthupe blinken, um die Überholspur freizubekommen. Die 82 Probanden, die in ihrer Antwort den Begriff „Erpressung“ benutzten, meinten in etwa 50 % der Fälle in Wirklichkeit doch eine Nötigung („Wenn jemand durch Erpressung dazu gebracht wird, nicht vor Gericht auszusagen“; „Das ist dasselbe wie Erpressung, also z. B. ein Chef sagt, wenn Sie morgen der Gewerkschaft beitreten, sind Sie übermorgen Abteilungsleiter gewesen“). Solche Beispiele wurden eher von den jüngeren Befragten beschrieben.

Auch andere „falsche“ Schilderungen können bzw. müssen als juristisch „richtig“ angesehen werden. So ist in der Gewaltunzucht sicher eine Nötigung mitenthalten, bei anderen Fällen von Zuhälterei und Körperverletzung kann eine Nötigung vorausgegangen sein.

Das Resultat von Stephans Untersuchung (63,1 % richtig) kann bestätigt werden. Möglicherweise sieht das Bild noch etwas besser aus.

§ 11 Betäubungsmittelgesetz („Rauschgiftdelikt")

Bei dieser Definition[46] wurde der größte Widerspruch von seiten der Befragten registriert. Einige wiesen ausdrücklich daraufhin, daß die Deliktsbeschreibung so falsch sein müsse. Nur 30 % sahen im Rauchen und Besitzen von kleinen Mengen Rauschgift ein Delikt[47] und schilderten solche Beispiele. Mehr als 50 % waren der Ansicht, daß allein „diejenigen, die Rauschgift vertreiben, hohe Gewinne kassieren und andere zum Genuß verleiten", die sogenannten „dealer" also, sich strafbar machen. Einige versicherten, nur der Verbrauch, nicht jedoch der bloße Besitz erfülle den Straftatbestand. Für andere war die Sache nur dann strafbar, wenn es sich um „harte" Drogen, z. B. LSD, handelte.

Erklärt werden können diese Resultate entweder damit, daß das Unrechtsbewußtsein beim Besitz oder Verbrauch von kleinen Mengen tatsächlich nicht vorhanden ist, oder, daß die potentiellen Täter schon für eine gewisse Entkriminalisierung plädieren, wenn sie nur den Händler in ihrem Beispiel bestraft wissen wollen. Für letzteres spricht die Tatsache, daß dieses Beispiel von 72 % der 20- bis 21jährigen und von 68 % der 22- bis 23jährigen geschildert wurde.

§ 243 (Besonders schwerer Fall des Diebstahls)

Die Definition gab an sich schon zwei Alternativen vor (in ein Haus oder in ein Auto einbrechen), so daß ein relativ günstiges Ergebnis zu erwarten war. Mehr als 80 % der Befragten schilderten dann auch ein richtiges Beispiel. Etwa 14 % der beschriebenen Handlungen waren juristisch nicht unter § 243 subsumierbar. Es handelte sich hier um einfache Diebstähle, Raubtaten, Unterschlagung und Hausfriedensbruch.

Stephans Ergebnis (87,8 % richtig) wird somit bestätigt. Die Definition ist sehr gut verstanden worden.

§ 263 (Betrug)

Etwa ²/₃ der Befragten haben eine Handlung geschildert, die juristisch richtig einen Betrug darstellte. Häufig wurde der Verkauf von Autos beschrieben, bei denen die km-Angabe verändert oder ein Unfall verschwiegen wurde. Andere dachten an die „Vertragsabschlüsse unter der Wohnungstür, wobei z. B. Zeitschriften aufgeschwatzt werden, für die der Besteller keine Verwendung hat".

Die 16,6 % der Befragten, die allgemeine Darstellungen bzw. Wiederholungen der Definition boten, antworteten etwa so: „Wenn ich das Vertrauen anderer zu meinem Vorteil und zum Schaden des Einzelnen und der Allgemeinheit mißbrauche". Ca. 15 % beschrieben Handlungen, die nicht strafbar sind („Werbung und Reklame, die ohne Rücksicht auf Gesundheit nur auf den Profit zielen"; „wenn ich meine Frau betrüge") oder andere Tatbestände wie diejenigen der Unterschlagung, Erpressung, Hehlerei, Raub und Urkundenfälschung erfüllten.

---

[46] „Ein Rauschgiftdelikt begeht man, wenn man z. B. Haschisch oder andere Drogen besitzt oder verbraucht."

[47] Vgl. dazu auch *Kreuzer* 1975a, S. 149 ff., 202 ff.

Diese Resultate sind besser als die Ergebnisse von Stephan. Nach Kürzinger[48] kann die dort erreichte relativ niedrige „Verständnisquote“ wiederum an den vorgelegten — für bestimmte Gruppen etwas schwierigen — Fällen liegen.

1.1.4. Diskussion und Zusammenfassung

Überblickt man die Ergebnisse der Beispielsanalyse, so erscheint es vertretbar, mit solchen Deliktsdefinitionen eine Schwereeinschätzung durchzuführen. Trotzdem darf nicht verkannt werden, daß die Befragten mit einigen Delikten beträchtliche Schwierigkeiten hatten. Unklarheit herrschte sicherlich bei der Bedrohung und dem Rauschgiftdelikt. Bei den Sittlichkeitsdelikten erscheint jedoch plausibler die Vermutung, daß hier die Unterscheidung zwischen Gewaltunzucht und Notzucht zwar schwierig ist, die „Verweigerer“- und Fehlerquote jedoch eher auf das „heikle Thema“ zurückgeführt werden muß.

Wenig Probleme hatten die Befragten bei den Eigentums- und Vermögensdelikten. Die Freiheitsdelikte Bedrohung, Nötigung und Freiheitsberaubung schnitten jedoch schlechter ab. Insbesondere die Tatbestände der §§ 240, 241 wurden verwechselt oder mit § 253 (Erpressung) durcheinander gebracht.

Die Kenntnis der Körperverletzungsdelikte war gut, d. h. die Definitionen wurden richtig verstanden. Überraschend erscheint jedoch das Ergebnis beim Rauschgiftdelikt. Ungewöhnlich viele Befragte waren sich offensichtlich nicht darüber im klaren, daß schon Besitz und Verbrauch von Rauschgift, auch in kleinsten Mengen, strafbar ist.

Insgesamt kann zu dieser Untersuchung folgendes gesagt werden: Der Einwand von Kürzinger, die hier angewandte Methode zur Überprüfung der Verständlichkeit von Deliktsdefinitionen sei für die Probanden zu anspruchsvoll, darf als widerlegt gelten. Allerdings wird eingeräumt, daß der festgestellte Rückzug auf allgemeine Darstellungen und Wiederholungen des Textes ein Indiz für die Schwierigkeiten (aber auch für eine gewisse Einfallslosigkeit) der Befragten darstellt. Probleme können aber auch bei dem von Stephan und Kürzinger verwandten „multiple-choice“-Verfahren für die Probanden entstanden sein. Jedoch ließ sich dann dieser Sachverhalt nur an den fehlerhaften Entscheidungen ablesen. Schwer lösbar ist schließlich bei letztgenannter Methode auch die Frage der adäquaten Fälle sowie das Problem der möglichen zufälligen richtigen Entscheidungen.

Ein Ausweg ist die hier angewandte Überprüfung mit *beiden* Verfahren, wobei die Ergebnisse sich ergänzen und insgesamt wohl ein relativ zuverlässiges Bild liefern können über Kenntnis und Verständnis von Deliktsdefinitionen.

---

[48] *Kürzinger* 1973, S. 152.

Die Resultate der Beispielsanalyse zeigen außerdem, daß sie auch für die Interpretation der Ergebnisse der *Dunkelfelduntersuchung* herangezogen werden können. Die dargestellten Handlungen sind z. T. sehr lebensnah und wirken so wenig konstruiert, daß angenommen werden darf, daß die Befragten oft eigene Täter- bzw. Opfer- oder Informantensituationen geschildert haben. Stimmt man dem zu, muß man allerdings auch erkennen, welche diesbezüglichen Fehlereinflüsse bei der Dunkelfelduntersuchung möglich sind. Offensichtlich ist es für viele der Probanden bei Deliktsdefinitionen wie Gewaltunzucht, Bedrohung, Nötigung oder dem Rauschgiftdelikt sehr schwierig, bestimmte erlebte Sachverhalte eindeutig zuzuordnen. Wenn man davon ausgeht, daß bei jeder Deliktsbeschreibung mindestens 10 % fehlerhafte Beispiele geschildert werden, muß man annehmen, daß auch die Dunkelfeldergebnisse in dieser Größenordnung fehlerhaft sein können, bei den o. a. vier Tatbeständen wahrscheinlich um einiges mehr. Auszuräumen wäre diese Fehlerquelle nur durch das Abfragen ganz bestimmter, eng begrenzter krimineller Sachverhalte. Allerdings wäre dann der Vergleich mit der offiziellen Kriminalstatistik nur noch für diese wenigen strafbaren Handlungen möglich[49].

Für die Interpretation der Ergebnisse der Schwereeinschätzung muß die Beispielsanalyse ebenfalls relevant erscheinen. Sollte z. B. ein Delikt wie „Bedrohung" in der Rangskala einen relativ hohen Platz erreichen, wäre dies nach den Beispielen damit zu erklären, daß unter diesem Begriff sehr häufig Nötigung oder Erpressung — also wesentlich schwerere Delikte — verstanden wurden. Wichtig wären die Beispiele auch dann, wenn sich tatsächlich starke schicht- und altersspezifische Schwereeinschätzungen ergeben. Dann müßte zunächst geklärt werden, ob bestimmte Alters- oder Schichtgruppen nicht abstrakt gewertet haben, sondern immer an das zuvor beschriebene Beispiel dachten. Wären diese Beispiele dann unterschiedlich schwer, könnten die Ergebnisse u. a. auch damit erklärt werden.

Ein erster Überblick über einzelne Delikte und die dazugehörenden Beispiele zeigt allerdings, daß meistens der prozentuale Anteil bestimmter Beispiele für *alle* sozialen Schichten und Altersgruppen ziemlich ähnlich ist, so daß dieser Fehlereinfluß nur ganz vereinzelt — und dann feststellbar — zum Tragen kommen wird.

1.2. Die Inkonsistenzen

1.2.1. Wenn ein Proband beim Paarvergleich das Delikt 1 schwerer bewertet als das Delikt 2 und 2 wiederum schwerer einschätzt als Delikt 3, kann man erwarten, daß er das Delikt 1 schwerer bewertet als das

[49] Vgl. dazu auch *Stephan* 1972a, S. 273.

Delikt 3. Findet er jedoch Delikt 3 schwerer als 1, „liegt eine intransitive, d. h. in sich widersprüchliche Urteilsverkettung dreier Objekte vor“[50], die von Kendall[51] als zirkuläre Triade bezeichnet wird.

Nach Sixtl[52] können inkonsistente Urteile im Sinne von zirkulären Triaden entstehen,

“a) wenn das zu skalierende Merkmal komplex ist, die Objekte also nicht in eine einzige Dimension fallen, so daß die binaren Entscheidungen als Funktion einer Vektorgröße in einem Raum unbekannter Dimensionalität aufgefaßt werden mußten,

b) wenn die Merkmalsdifferenzen sehr klein sind. Sie entstehen dann durch Zufall, da ties (Urteil i = j) per instructionem ausgeschlossen sind.

c) Man kann weiter vermuten, daß zirkuläre Triaden eine Folge bestimmter Persönlichkeitseigenschaften sind. Bestimmte Personen urteilen in jeder Situation hoch konsistent, andere geben immer eine größere Anzahl intransitiver Urteile, unbeschadet des Merkmals, das skaliert wird.

d) Zirkuläre Triaden treten auf als Folge von Indifferenz gegenüber einem oder mehreren Objekten. Darüber hinaus als Folge des allgemeinen Desinteresses und Mangels an Sorgfalt.“

Bei den hier einzuschätzenden 15 Delikten ist nach Kendall[53] die maximale Anzahl zirkulärer Triaden

$$d_{\max} = n\,(n^2 - 1) \cdot \frac{1}{24} = 140\ .$$

Nunmehr wird der sogenannte Koeffizient der Konsistenz berechnet, der dadurch gefunden wird, „daß man die bei dem Beurteiler tatsächlich vorhandene Anzahl zirkulärer Triaden zu der größtmöglichen Zahl intransitiver Urteilsverkettungen ins Verhältnis setzt und das Ergebnis dieser Division von 1,00 subtrahiert“[54]. Hat die Versuchsperson vollkommen konsistent geurteilt, beträgt der Koeffizient 1, hat sie vollkommen inkonsistent bewertet, beträgt der Koeffizient O. Das Ausmaß der Konsistenz läßt sich mittels Chi-Quadrat testen, wenn $n \geq 7$ ist[55].

$$\chi^2 = \left(\frac{8}{n-4}\right)\left(\frac{4}{1}\,{}_cC_3 - d + \frac{1}{2}\right) + df$$

[50] *Süllwold* 1969, S. 493.
[51] *Kendall* 1948 und 1955.
[52] *Sixtl* 1967, S. 157.
[53] *Kendall* 1948, zitiert nach *Sixtl* 1967, S. 158.
[54] *Süllwold* 1969, S. 493, 494.
[55] *Kendall* 1948, zitiert nach *Sixtl* 1967, S. 159.

hier bedeuten:

n = Anzahl der Delikte

${}_nC_3$ = Anzahl der Triaden (Kombinationen zur dritten Klasse), die man aus n Objekten bilden kann. Der Wert wird nach $\frac{n!}{3!(n-3)!}$ berechnet.

d = tatsächlich vorhandene Anzahl zirkulärer Triaden

df = Freiheitsgrade nach

$$df = \frac{n(n-1)(n-2)}{(n-4)^2};$$

wenn $df > 30$, transformiert man χ^2 nach Z.

$$Z = \sqrt{2\chi^2} - \sqrt{2df-1} \cdot$$

Die Größe Z ist annähernd normal verteilt[56].

Mit diesem Signifikanztest kann über die Kompetenz des Probanden entschieden werden. Bei einer völlig „unfähigen Versuchsperson" würde der Grad der Konsistenz, also die Anzahl transitiver Urteilsverkettungen, nicht über den Betrag hinausgehen, der vernünftigerweise allein auf Grund des Zufalls zu erwarten ist. Ein Beurteiler gilt nur dann als kompetent, „wenn die Anzahl der von ihm produzierten zirkulären Triaden im Hinblick auf die in der mathematischen Statistik üblichen Entscheidungsgrenzen nicht signifikant groß ist"[57].

1.2.2. Ergebnisse der Überprüfung der Inkonsistenzen[58]

Bei den hier vorliegenden Daten wird χ^2 bei einer Anzahl von 98 zirkulären Triaden signifikant, d. h. weist ein Proband mehr als 98 zirkuläre Triaden auf, muß er als nicht kompetent für die Schwereeinschätzung der Delikte mit Hilfe des Paarvergleichs angesehen werden[59].

Die Verteilung der Inkonsistenzen im Hinblick auf Alter und Bildung (Gymnasiasten und Nichtgymnasiasten) wird in den folgenden Übersichten dargestellt (2. Übersicht siehe übernächste Seite):

---

[56] Alles nach *Sixtl* 1967, S. 159.

[57] *Süllwold* 1969, S. 494.

[58] Vgl. dazu auch die Daten von *John* 1973, S. 64: Bei einer Befragung von 100 Juristen und 100 Laien waren alle kompetent. Bei der Untersuchung von *Jongman* und *Oving* 1971, S. 301 ergab sich: Von den 506 Probanden aus allen sozialen Schichten waren nur 4 Befragte nicht kompetent.

[59] Dies war bei drei Probanden der Fall: Sie machten 99, 132 und 169 Inkonsistenzen.

		Verteilung der Inkonsistenzen bei Gymnasiasten und Nichtgymnasiasten						
		0 - 10	11 - 20	21 - 30	31 - 40	41 - 50	51 - 80	81 - 170
NG	abs.	83	71	29	12	9	7	4
	in %	38,6	33,0	13,5	5,6	4,2	3,3	1,9
G	abs.	42	37	20	12	3	1	3
	in %	35,6	31,4	16,9	10,2	2,5	0,8	2,5

Die Ergebnisse zeigen, daß die Gymnasiasten nicht konsistenter urteilen als die Nichtgymnasiasten. Bei den verschiedenen Altersgruppen ergeben sich ebenfalls keine wesentlichen Unterschiede. Gleichwohl ist sichtbar, daß der Trend dahingeht, daß mit zunehmendem Alter besser und konsistenter bewertet wird. Faßt man nämlich die Kategorien 0 - 10 und 11 - 20 Inkonsistenzen zusammen, so liegen hier die durchschnittlichen Prozentanteile der 14- bis 17jährigen bei 62,3 %, die der 18- bis 21jährigen bei 71,7 % und die der 22- bis 25jährigen bei 77 %.

Die Strafgefangenen und auch die Gymnasiasten hatten die Delikte nach dem Rangordnungsverfahren[60] einzustufen, d. h. sie bekamen die 15 Deliktskarten vorgelegt und hatten sie nach der individuellen Schwereeinschätzung so zu plazieren, daß links das schwerste und rechts das leichteste Delikt lag. Hierbei können keine zirkulären Triaden auftreten.

Trotzdem waren inkonsistente Urteile feststellbar. Eine Inkonsistenz wurde immer dann angenommen, wenn eine Versuchsperson ein Delikt, das aufgrund der theoretischen Annahme leichter war als ein anderes, vor letzteres auf einen höheren Rang eingestuft hatte. Theoretische Annahmen konnten jedoch nur bei 4 Delikten gemacht werden, bei den übrigen 11 gab es keine plausible Begründung, warum das eine schwerer sein sollte als das andere.

Es wurde also als Inkonsistenz gewertet,

— wenn der einfache Diebstahl schwerer eingeschätzt wurde als der schwere Diebstahl und

— wenn die leichte Körperverletzung schwerer eingestuft wurde als die gefährliche Körperverletzung.

[60] Vgl. dazu *Sixtl* 1967, S. 166; *Süllwold* 1969, S. 495.

Verteilung der Inkonsistenzen über die Altersgruppen

Alter	Zahl der Inkonsistenzen 0 - 10	11 - 20	21 - 30	31 - 40	41 - 50	51 - 60	61 - 70	71 - 80	81 - 90	91 - 100	132	169	
14	12	7	6	4	4	1	1		2		1		abs.
(n = 38)	31,6	18,4	15,8	10,5	10,5	2,6	2,6		5,3		2,6		in %
15	8	13	8	3	1		1		1				abs.
(n = 35)	22,9	37,1	22,9	8,6	2,9		2,9		2,9				in %
16	13	9	3	3	2								abs.
(n = 30)	43,3	30,0	10,0	10,0	6,7								in %
17	11	13	7	1	1	2							abs.
(n = 39)	31,4	37,1	20,0	2,9	2,9	5,7							in %
18	15	14	10	1	1			1					abs.
(n = 42)	35,7	33,3	23,8	2,4	2,4			2,4					in %
19	7	2	2	4									abs.
(n = 15)	46,7	13,3	13,3	26,7									in %
20	10	7	2	2									abs.
(n = 21)	47,6	33,3	9,5	9,5									in %
21	14	6	1	2	2		1						abs.
(n = 26)	53,8	23,1	3,8	7,7	7,7		3,8						in %
22	6	3	5	1					1				abs.
(n = 16)	37,5	18,8	31,3	6,3					6,3				in %
23	10	14	1	2				1		1			abs.
(n = 29)	34,5	48,3	3,4	6,9				3,4		3,4			in %
24	10	12	1	1									abs.
(n = 24)	41,7	50,0	4,2	4,2									in %
25	9	8	3		1							1	abs.
(n = 22)	40,9	36,4	13,6		4,5							4,5	in %

Bei den Gymnasiasten wurden keine Inkonsistenzen gefunden. Bei den Strafgefangenen jedoch ließen sich in 11 Fällen Inkonsistenzen feststellen. Nach Schicht und Alter verteilten sich diese Probanden wie folgt:

Schicht \ Alter	24 - 25	22 - 23	20 - 21	18 - 19	16 - 17	14 - 15
UUS					1	
OUS	1		1	3	4	1

Auch hier findet sich der schon oben festgestellte Trend. Es scheint, als ob die jüngeren Probanden weniger konsistent urteilen als die älteren. Allerdings ist das n zu klein, um genauere Aussagen machen zu können.

1.3. Vergleich der Ergebnisse von Paarvergleich und Rangordnungsverfahren

Wie oben[61] ausgeführt, kann man mit verschiedenen Skalierungsmethoden eine Ordinalskala erhalten. Beim Paarvergleich hat die Versuchsperson jedes der Delikte mit jedem anderen zu vergleichen und zu entscheiden, welches von beiden schwerer bzw. leichter ist. Beim Rangordnungsverfahren werden alle Delikte auf einmal vorgegeben, der Proband hat sie sodann nach der Schwere in eine Rangordnung zu bringen.

Beiden Methoden werden unterschiedliche Vor- und Nachteile zugeschrieben. Nach Ansicht von Mayntz - Holm - Hübner erschweren beim Rangordnungsverfahren „die implizit bleibenden Vergleichskriterien diesen Vorgang um so mehr, je größer die Zahl der zu vergleichenden Objekte ist. Deshalb wählt man oft besser den präziseren und von Befragten leichter durchzuführenden Paarvergleich“[62]. Kutchinsky[63] sieht den Hauptnachteil des Rangordnungsverfahrens bei der Schwereeinschätzung von Delikten darin „that it is only possible for a respondent to rank order a small number of crimes — hardly more than seven or eight“. Dem auch nach seiner Meinung besseren Paarvergleich attestiert er jedoch, dieser sei „a somewhat laborious procedure — the numerous repetitions are fatiguing for the respondent and it is therefore necessary to limit the number of items as well as the copiousness of the descriptions of each offence“[64].

---

[61] Vgl. S. 86 ff.

[62] *Mayntz-Holm-Hübner* 1971, S. 48.

[63] *Kutchinsky* 1972, S. 24.

[64] *Ders.* 1972, S. 24.

Sixtl[65] schließlich hält es für möglich, daß eine Versuchsperson anders als beim Paarvergleich urteilt, wenn sie wie beim Rangordnungsverfahren alle Delikte, deren Ordinalrelationen sie beurteilen soll, *gleichzeitig* vor sich hat.

Es war somit die Frage zu klären, ob

— der zeitlich und technisch wesentlich aufwendigere Paarvergleich tatsächlich bei der Schwereeinschätzung von *15* Delikten zu präziseren Urteilen führt als das Rangordnungsverfahren;

— die hier befragten Gymnasiasten (n = 118) also beim Paarvergleich zu einer anderen Einstufung der Straftaten kommen als beim Rangordnungsverfahren.

Die Überprüfung wurde vorgenommen, indem nach beiden Methoden die Rangordnungen gebildet und die Ergebnisse mit Hilfe des Spearmanschen Rang-Korrelationskoeffizienten[66] verglichen wurden.

Es ergaben sich folgende Resultate:

Vergleich der beiden Rangordnungen aufgrund des Paarvergleichs und des Rangordnungsverfahrens		
bei:		r_s
1. allen Gymnasiasten	(n = 118)	0.9518
2. Gymnasiasten der UUS + OUS	(n = 12)	0.9786
3. Gymnasiasten der UMS	(n = 36)	0.9643
4. Gymnasiasten der MMS	(n = 29)	0.9572
5. Gymnasiasten der OMS	(n = 40)	0.9750
6. 18jährige	(n = 18)	0.9500
7. 17jährige	(n = 21)	0.9715
8. 16jährige	(n = 17)	0.9893
9. 15jährige	(n = 20)	0.9393
0. 14jährige	(n = 17)	0.9679

Wären die Rangordnungen *völlig gleich* gewesen, hätte sich ein $r_s = 1$ ergeben. Schon bei einem Wert von $r_s = 0.6000$ oder darüber bei 15 verglichenen Delikten kann davon gesprochen werden, daß die beiden Rangordnungen auf dem 1 %-Niveau signifikant zusammenhängen, d. h.

[65] *Sixtl* 1967, S. 166.

[66] Vgl. dazu *Sachs* 1972, S. 309.

es bestehen keine signifikanten Unterschiede zwischen den beiden hier verglichenen Rangreihen.

Die erhaltenen Werte von $r_s = 0.9393$ und höher bedeuten also:

Die Rangordnungen nach dem Paarvergleichsverfahren und dem Rangordnungsverfahren unterscheiden sich nur ganz unwesentlich.

Der Paarvergleich hat *kein* präziseres Ergebnis erbracht. Mit Hilfe des Rangordnungsverfahrens konnten auch 15, d. h. relativ viele Delikte nach der Schwere gut eingestuft werden.

Die Gymnasiasten kamen beim Rangordnungsverfahren, bei dem alle Delikte gleichzeitig vorlagen, zu nahezu demselben Ergebnis wie beim Paarvergleich.

Somit kann gesagt werden, daß, zumindest bei einem Sample mit ähnlicher Bildung wie bei den Gymnasiasten, der Paarvergleich gegenüber dem wesentlich einfacheren Rangordnungsverfahren keinen sichtbaren Vorteil bringt. Das Rangordnungsverfahren ist aufgrund seines geringen zeitlichen und technischen Aufwands dem Paarvergleich bei der Schwereeinschätzung von Delikten durch Gymnasiasten und Probanden mit ähnlicher Bildung vorzuziehen. Ob dieses Ergebnis generalisiert werden kann auf Versuchspersonen mit anderem Bildungsstand, kann erst nach weiteren Untersuchungen mit entsprechenden Samples festgestellt werden[67].

2. *Die Schwereeinschätzung der Delikte durch alle Versuchspersonen in X*

Tabelle 1 zeigt, wie die 15 Delikte von den 333 Probanden in X nach der Schwere eingestuft wurden. Aus der Übersicht[68] ist zu entnehmen, welches Delikt von wieviel Befragten an 1., 2., 3. usw. Stelle eingeordnet worden ist. Dadurch sind auch Aussagen über den Grad der Übereinstimmung hinsichtlich der Einstufung eines Delikts (Streuung) bei allen Versuchspersonen möglich.

[67] Die mir inzwischen bekanntgewordene Arbeit von *Kamstra* und *van Weringh* 1974, S. 23 - 31 kommt bei einer Befragung von Polizisten ebenfalls zu dem Ergebnis, daß die Übereinstimmung zwischen den Resultaten von Paarvergleich und Rangordnungsverfahren hoch signifikant ist (Rangkorrelationskoeffizient 0.92).

[68] Nach *v. Oppeln-Bronikowski* 1970, S. 93; *Engler* 1973, S. 103.

Tabelle 1: **Rangordnung der Probanden aus x** ($n = 333$)
Häufigkeitsverteilung über die Rangplätze

Delikt	1.	2.	3.	4.	5.	6.	7.	8.	9.	10.	11.	12.	13.	14.	15.	Gewichtete Summe	Mittlerer Rangwert
1. Unzucht mit Kindern	150	77	35	24	11	10	10	1	2	4	2		1	5	1	876	2,63
2. Notzucht	54	125	65	43	17	11	6	5	2		2		2	1		984	2,95
3. gefährliche Körperverletzung	70	52	67	64	49	20	7		3		1					1 083	3,25
4. Gewaltunzucht	15	28	84	72	46	22	19	17	10	3	7	3	4	1	2	1 571	4,72
5. Freiheitsberaubung	19	16	26	42	60	57	41	26	13	14	8	3	1	3	4	1 930	5,80
6. Nötigung	6	4	18	16	50	44	49	45	28	14	28	14	8	4	5	2 452	7,36
7. leichte Körperverletzung		3	6	6	26	49	49	35	30	35	28	15	25	12	14	2 906	8,73
8. schwerer Diebstahl	1	1	7	4	22	11	40	50	61	37	32	44	6	12	5	3 016	9,06
9. Bedrohung	2	8	10	14	19	34	36	23	25	32	25	20	22	33	30	3 097	9,30
10. Betrug		1	1	9	5	28	18	63	49	58	23	58	6	10	4	3 112	9,35
11. Rauschgiftdelikt	15	13	9	31	16	21	19	22	12	13	16	22	7	29	88	3 202	9,62
12. Urkundenfälschung		5	4	5	8	15	26	22	34	54	57	28	35	22	18	3 372	10,13
13. Unterschlagung				2	3	7	9	15	28	38	37	42	58	74	20	3 881	11,65
14. einfacher Diebstahl				1	1		2	6	17	19	38	41	76	61	70	4 217	12,66
15. Sachbeschädigung			1			4	2	3	19	12	29	43	82	66	72	4 261	12,80

Ein erster Überblick über die Tabelle 1 zeigt[69], daß als schwerste Delikte die drei Sexualdelikte und die gefährliche Körperverletzung angesehen werden. Danach folgen Straftaten gegen die persönliche Freiheit, nämlich Freiheitsberaubung und Nötigung. Vor allen Eigentums- und Vermögensdelikten erreichte die leichte Körperverletzung den siebten Rang. Außerdem im Mittelbereich liegen schwerer Diebstahl, Bedrohung und Betrug. Nach dem Rauschgiftdelikt und der Urkundenfälschung wurden als die leichtesten Delikte Unterschlagung, einfacher Diebstahl und Sachbeschädigung, also ausnahmslos Eigentumsdelikte, eingestuft.

Ein Vergleich mit der Rangordnung des Gesetzes wird erst an späterer Stelle folgen. Trotzdem soll kurz auf die überraschend hohe Plazierung der Bedrohung eingegangen werden. Nach dem gesetzlichen Strafrahmen (Freiheitsstrafe bis zu einem halben Jahr oder Geldstrafe) ist dieser Tatbestand von allen 15 vorgelegten der leichteste. Es ist nicht anzunehmen, daß die Befragten davon überzeugt sind, daß dies eine Fehlentscheidung des Gesetzgebers ist und in diesem Bereich weit höhere Strafen notwendig sind. Vielmehr müssen für diese Bewertung andere Gründe vorliegen. Ein Blick in die Beispielsanalyse[70] zeigt, daß diese Deliktsdefinition von den meisten nicht verstanden wurde. Die Mehrzahl der Befragten glaubte, es handle sich hier um eine Art Erpressung oder Nötigung. Dies wären natürlich weit schwerere Delikte, für die die Einstufung im Mittelbereich verständlich wird.

Ein Vergleich mit den Ergebnissen anderer (deutscher) Untersuchungen ist aus den schon erwähnten Gründen[71] (unterschiedliche Stichproben, verschiedene Methoden etc.) schwierig. Ein kurzer Überblick soll dennoch versucht werden: Soweit in anderen Studien nach Sittlichkeitsdelikten gefragt wurde, sind sie ebenfalls als schwerste Delikte eingeschätzt worden[72]. Bezüglich des schweren Diebstahls, des Betrugs und der einfachen Körperverletzung zeigen sich Unterschiede im Vergleich zu den Ergebnissen der Strafrichter, die von Peters[73] befragt wurden. Die Probanden aus der Stadt X fanden die leichte Körperverletzung schwerer als alle Eigentums- und Vermögensdelikte, während die Rich-

[69] Die durchschnittliche Rangfolge wurde aufgrund eines Punktsystems errechnet. Jedes an 1. Stelle genannte Delikt erhielt 1 Punkt, jedes an 2. Stelle genannte 2 Punkte etc. Je niedriger die Gesamtsumme, um so höher ist die Plazierung des Tatbestandes. Als zusätzliche Information wurde für jedes Delikt außerdem der mittlere Rangplatz ermittelt, indem die Platzziffern 1, 2, 3 bis 15 mit der Anzahl der dort aufgeführten Befragten multipliziert wurden, die Ergebnisse addiert und schließlich durch die Stichprobengröße 333 dividiert wurden.

[70] Vgl. S. 103 oben.

[71] Vgl. S. 40 oben.

[72] *v. Oppeln-Bronikowski* 1970, S. 93; *Engler* 1973, S. 103.

[73] *Peters* 1973, S. 80.

ter sich hier erwartungsgemäß anders verhielten und, dem Gesetz entsprechend, Einbruchsdiebstahl vor Scheckbetrug und leichter Körperverletzung plazierten. Das Rauschgiftdelikt wurde von den Jugendlichen aus X vergleichsweise leicht eingestuft (11. Platz). Infas[74] fand hier, daß die Bevölkerung des Bundesgebiets bei diesem Tatbestand sehr wenig tolerant ist, ein Ergebnis, das aber verständlich wird, wenn man weiß, daß in dieser Untersuchung *alle* Altersgruppen befragt wurden. Bei den anderen Studien von Brusten und Hurrelmann und Kirchhoff jedoch, deren Stichproben derjenigen aus X dem Alter nach am ehesten gleichkommen, ergab sich jeweils, daß dies Delikt überraschend schwer eingeschätzt wurde[75]. Plausible Erklärungen dafür lassen sich wohl nur mit Mühe finden. Denkbar ist, daß die Anteile der sozialen Schichten unterschiedlich waren und dadurch die Ergebnisse beeinflußt wurden.

Tabelle 2 (siehe nächste Seite) faßt die Plazierungen zusammen und gibt einen Überblick über die Streuung der Einstellungen. Es läßt sich feststellen, daß bei den beiden schwersten und den beiden leichtesten Delikten die 333 Befragten in hohem Maße übereinstimmten. Die Einstufungen auf den ersten bzw. letzten Plätzen wurden von jeweils mehr als 85 % der Befragten vorgenommen. Die größten Bewertungsdifferenzen sind bei der Bedrohung und beim Rauschgiftdelikt zu erkennen. Dies ergibt sich aus den jeweils zweistelligen Prozentanteilen bei den 3 Rangplatzgruppen. Bei der Bedrohung kann die Nichtübereinstimmung mit dem o. a. Irrtum über den bei diesem Tatbestand erfaßten Sachverhalt erklärt werden. Probanden, die unter Bedrohung eher Erpressung oder Nötigung verstanden, schätzten das Delikt schwerer ein als diejenigen, die wußten, was mit der Deliktsdefinition gemeint war.

Beim Rauschgiftdelikt ist die breite Streuung ebenfalls auf das unterschiedliche Verständnis zurückzuführen. Befragte, die hauptsächlich sogenannte „dealer" als Täter ansahen, stuften solche Handlungsweisen wesentlich schwerer ein[76] als Probanden, die eher an das (z. T. eigene) Konsumieren von kleinen Mengen Hasch dachten. Wie sich später zeigen wird, waren hier insbesondere die verschiedenen sozialen Schichten unterschiedlicher Meinung.

Insgesamt kann man wohl sagen, daß dann, wenn in einer Rangplatzgruppe der Prozentanteil etwa 66 % und mehr ausmacht, die Übereinstimmung relativ groß ist. Dies ist bei 11 Delikten der Fall.

---

[74] *Infas-report* vom 5. 10. 1970.

[75] *Brusten* und *Hurrelmann* 1973, S. 111; *Kirchhoff* 1975, S. 287 ff.

[76] Vgl. dazu auch *Jugendbericht* 1973, S. 289. Bei der eigenen Arbeit wäre es wohl methodisch besser gewesen, wenn getrennt das Verhalten von „dealern" und von „Konsumenten" einzuschätzen gewesen wäre.

Tabelle 2

Prozentuale Verteilung der Einordnungen auf den Plätzen ($n = 333$)

Delikt	(schwer)[77] 1 - 4	(mittel) 5 - 10	(leicht) 11 - 15
1. Unzucht mit Kindern	85,9	11,4	2,7
2. Notzucht	86,2	12,3	1,5
3. gefährliche Körperverletzung	76,0	23,7	0,3
4. Gewaltunzucht	59,8	35,1	5,1
5. Freiheitsberaubung	31,0	63,3	5,7
6. Nötigung	13,2	69,1	17,7
7. leichte Körperverletzung	4,5	67,3	28,2
8. schwerer Diebstahl	3,9	66,4	29,7
9. Bedrohung	10,2	50,8	39,0
10. Betrug	3,3	66,4	30,3
11. Rauschgiftdelikt	20,4	30,9	48,6
12. Urkundenfälschung	4,2	47,7	48,1
13. Unterschlagung	0,6	30,0	69,4
14. einfacher Diebstahl	0,3	13,8	85,9
15. Sachbeschädigung	0,3	12,0	87,7

3. *Altersspezifische Einstellungen*

3.1. Hier sind folgende Hypothesen zu überprüfen:

— Die Gesamtrangordnungen der Delikte bei den verschiedenen Altersgruppen (14- bis 17-, 18- bis 21-, 22- bis 25jährige) unterscheiden sich nicht signifikant.

— Einzelne Delikte werden durch die verschiedenen Altersgruppen unterschiedlich schwer bewertet.

3.2. Die Tabellen 3 - 5 (siehe die folgenden Seiten 119 - 121) zeigen, daß die Einstellungen der hier gebildeten drei Altersgruppen sich kaum unterscheiden, wenn man die soziale Schicht kontrolliert. Auf Grund der Basisübersichten 1 - 9[78] lassen sich folgende Rangkorrelationskoeffizienten berechnen:

---

[77] Die Bezeichnungen „schwer", „mittel" und „leicht" wurden vom Verfasser für die einzelnen Rangplatzgruppen festgelegt.

[78] Vgl. im Anhang S. 204 - 212.

konstante soziale Schicht	Vergleich der drei Altersgruppen	r_s
UUS + OUS	22 - 25jährige und 18 - 21jährige	0.9536
	22 - 25jährige und 14 - 17jährige	0.9036
	18 - 21jährige und 14 - 17jährige	0.9000
UMS	22 - 25jährige und 18 - 21jährige	0.9750
	22 - 25jährige und 14 - 17jährige	0.9215
	18 - 21jährige und 14 - 17jährige	0.9393
MMS + OMS + OS	22 - 25jährige und 18 - 21jährige	0.9929
	22 - 25jährige und 14 - 17jährige	0.9715
	18 - 21jährige und 14 - 17jährige	0.9786

Alle Rangkorrelationskoeffizienten sind auf dem 0,1 ‰-Niveau signifikant, d. h. zwischen den einzelnen *Gesamtrangordnungen* der Altersgruppen besteht ein sehr enger Zusammenhang. Wie die Darstellung zeigt, sind die Einstellungen in den oberen sozialen Schichten noch einheitlicher als in den unteren Schichten. Als Ergebnis läßt sich festhalten, daß sich die drei Altersgruppen bei den Rangordnungen der Delikte *nicht* unterscheiden, vielmehr sind die Einstellungen der Älteren auf Grund der Resultate bei den Jüngeren gut vorhersehbar[79].

[79] Ebenso bei *Heise* 1968, S. 80.

Tabelle 3

Prozentuale Verteilung der Einordnungen auf den Rangplätzen durch verschiedene Altersgruppen bei konstanter Schicht (hier: UUS + OUS)

Delikt	(schwer) 1 - 4	(mittel) 5 - 10	(leicht) 11 - 15	Altersgruppen
1 Unzucht mit Kindern	92,9	7,1	—	1 = 22 - 25 Jahre
	87,1	6,4	6,4	2 = 18 - 21 Jahre
	89,7	10,3	—	3 = 14 - 17 Jahre
2 Notzucht	85,7	10,7	3,6	1
	87,1	12,9	—	2
	89,7	6,9	3,4	3
3 gefährliche Körperverletzung ...	57,1	42,9	—	1
	74,2	25,8	—	2
	75,9	24,1	—	3
4 Gewaltunzucht	60,7	32,1	7,1	1
	64,5	25,8	9,7	2
	65,5	27,6	6,9	3
5 Freiheitsberaubung	28,6	67,9	3,6	1
	22,6	74,2	3,2	2
	20,7	72,4	6,9	3
6 Nötigung	14,3	60,7	25,0	1
	9,7	61,3	29,0	2
	20,7	55,2	24,1	3
7 leichte Körperverletzung	—	64,3	35,7	1
	3,2	74,2	22,6	2
	—	75,9	24,1	3
8 schwerer Diebstahl ..	3,6	64,3	32,1	1
	3,2	48,4	48,4	2
	3,4	75,9	20,7	3
9 Bedrohung	7,1	42,9	50,0	1
	6,4	45,2	48,4	2
	17,2	51,7	31,1	3
10 Betrug	—	75,0	25,0	1
	3,2	54,8	41,9	2
	—	65,5	34,5	3
11 Rauschgiftdelikt	39,3	17,9	42,9	1
	35,5	22,6	41,2	2
	17,2	31,0	51,7	3
12 Urkundenfälschung	10,7	46,4	42,9	1
	3,2	70,1	25,8	2
	—	51,7	48,3	3
13 Unterschlagung	—	28,6	67,9	1
	—	51,6	48,4	2
	—	24,1	75,9	3
14 einfacher Diebstahl	—	17,9	82,1	1
	—	12,9	87,1	2
	—	10,3	89,7	3
15 Sachbeschädigung ..	—	17,9	82,1	1
	—	12,9	87,1	2
	—	17,2	82,8	3

Altersgruppen: 22 - 25 Jahre $n = 28$
18 - 21 Jahre $n = 31$
14 - 17 Jahre $n = 29$

Tabelle 4

Prozentuale Verteilung der Einordnungen auf den Rangplätzen durch verschiedene Altersgruppen bei konstanter Schicht (hier: UMS)

Delikt	(schwer) 1 - 4	(mittel) 5 - 10	(leicht) 11 - 15	Altersgruppen
1 Unzucht mit Kindern	93,8	6,2	—	1 = 22 - 25 Jahre
	75,0	22,2	2,8	2 = 18 - 21 Jahre
	91,8	4,1	4,1	3 = 14 - 17 Jahre
2 Notzucht	90,6	9,4	—	1
	86,1	13,9	—	2
	79,6	18,4	2,0	3
3 gefährliche Körperverletzung	84,4	15,6	—	1
	75,0	22,2	2,8	2
	71,4	28,6	—	3
4 Gewaltunzucht	71,9	25,0	3,1	1
	72,2	25,0	2,8	2
	55,1	40,8	4,0	3
5 Freiheitsberaubung	37,5	53,1	9,4	1
	22,2	75,0	2,8	2
	32,7	57,1	10,2	3
6 Nötigung	3,1	78,1	18,8	1
	16,7	72,2	11,1	2
	12,2	75,5	12,3	3
7 leichte Körperverletzung	—	81,3	18,7	1
	11,1	61,1	27,8	2
	4,1	55,1	40,8	3
8 schwerer Diebstahl	3,1	75,0	21,9	1
	2,8	69,4	27,8	2
	8,2	61,2	30,6	3
9 Bedrohung	6,3	65,6	28,1	1
	8,3	63,9	27,8	2
	14,3	55,1	30,6	3
10 Betrug	—	53,1	46,9	1
	5,6	61,1	33,3	2
	6,1	63,3	30,6	3
11 Rauschgiftdelikt	9,4	37,5	53,1	1
	25,0	22,2	52,8	2
	20,4	44,9	34,7	3
12 Urkundenfälschung	—	56,3	43,7	1
	—	33,3	66,7	2
	4,1	51,0	44,9	3
13 Unterschlagung	—	15,6	84,4	1
	—	33,3	66,7	2
	—	26,5	73,5	3
14 einfacher Diebstahl	—	18,8	81,2	1
	—	16,7	83,3	2
	—	8,2	91,8	3
15 Sachbeschädigung	—	9,4	90,6	1
	—	9,3	91,7	2
	—	10,2	89,8	3

Altersgruppen: 22 - 25 Jahre $n = 32$
18 - 21 Jahre $n = 36$
14 - 17 Jahre $n = 49$

Tabelle 5

Prozentuale Verteilung der Einordnungen auf den Rangplätzen durch verschiedene Altersgruppen bei konstanter Schicht (hier: MMS + OMS + OS)

Delikt	(schwer) 1 - 4	(mittel) 5 - 10	(leicht) 11 - 15	Altersgruppen
1 Unzucht mit Kindern	79,3	13,8	6,9	1 = 22 - 25 Jahre
	85,3	11,8	2,9	2 = 18 - 21 Jahre
	82,8	15,5	1,7	3 = 14 - 17 Jahre
2 Notzucht	93,1	6,9	—	1
	91,2	8,8	—	2
	81,0	15,5	3,5	3
3 gefährliche Körperverletzung ...	65,5	34,5	—	1
	91,2	8,8	—	2
	84,5	15,5	—	3
4 Gewaltunzucht	62,1	37,9	—	1
	61,8	35,3	2,9	2
	43,1	50,0	6,9	3
5 Freiheitsberaubung	41,4	58,6	—	1
	20,6	76,5	2,9	2
	44,8	48,3	6,9	3
6 Nötigung	10,3	72,4	17,3	1
	14,7	64,7	20,6	2
	15,5	72,4	12,1	3
7 leichte Körperverletzung ...	10,3	75,9	13,8	1
	5,9	70,6	23,5	2
	1,7	62,1	36,2	3
8 schwerer Diebstahl ..	—	82,8	17,2	1
	2,9	73,5	23,6	2
	5,2	58,6	36,2	3
9 Bedrohung	10,3	41,4	48,3	1
	8,8	38,2	52,9	2
	12,1	50,0	37,9	3
10 Betrug	—	69,0	31,0	1
	—	79,4	20,6	2
	6,9	74,1	19,0	3
11 Rauschgiftdelikt	20,7	24,1	55,2	1
	8,8	32,4	58,8	2
	13,8	34,5	51,7	3
12 Urkundenfälschung	—	44,8	55,2	1
	5,9	41,2	52,9	2
	6,9	41,4	51,7	3
13 Unterschlagung	3,4	20,7	75,9	1
	—	38,2	61,8	2
	1,7	27,6	70,7	3
14 einfacher Diebstahl	—	10,3	89,7	1
	—	11,8	88,2	2
	—	19,0	81,0	3
15 Sachbeschädigung ..	—	10,3	89,7	1
	2,9	8,8	88,3	2
	—	15,5	84,5	3

Altersgruppen: 22 - 25 Jahre $n = 29$
18 - 21 Jahre $n = 34$
14 - 17 Jahre $n = 58$

Die große Übereinstimmung in relativ verschiedenen Altersbereichen überrascht zunächst, auch wenn man die Befunde anderer Untersuchungen kennt. Zum Beispiel geben die beiden (hier extremen) Altersgruppen 14- bis 15jährige und 24- bis 25jährige eine überaus ähnliche Bewertung der Delikte. Der Rangkorrelationskoeffizient beträgt für diese beiden Rangordnungen je nach Schicht 0,9715, 0,9036 und 0,9250. Zwar war bisher bekannt, daß zwischen den Generationen bei der Schwereeinschätzung ebenfalls wenig Divergenzen zu finden sind[80], doch schien denkbar, daß zwischen 14jährigen und 25jährigen, die sich auch sonst sicher in vielen Punkten aufgrund ihrer unterschiedlichen Entwicklungszeit unterscheiden, bei der Bewertung von Delikten divergierende Meinungen vorherrschen.

Aber auch wenn die o. a. Rangordnungen in diesem Bereich große Übereinstimmung andeuten, besteht doch die Möglichkeit, daß hinsichtlich der Einstellungen gravierende inhaltliche Unterschiede vorhanden sind. Allerdings zeigen sie sich nicht in der „äußeren" Wertorientierung, sondern wahrscheinlich allein in den *Begründungen* für die Plazierung der Delikte. Diese Annahme konnte in dieser Arbeit nicht überprüft werden, wird aber durch die Ergebnisse anderer Studien nahegelegt. So meint Koeppen[81] zum Verlauf der politischen Sozialisation: "While children do not seem to alter their appraisal of politics and government drastically, it is likely that as they grow older they have different reasons for expressing approval. People who have been exposed to congruent messages and who have not experienced critical change in their social and political institutions may have orientations to government that appear similar to those held in childhood."

Aufgrund der sozialisationstheoretischen Annahmen ist etwa im 12. Lebensjahr die Internalisierung der moralischen Haltungen abgeschlossen. Andere sprechen von einer Art „Wendemarke" zwischen dem 13. und 15. Lebensjahr[82]. Dies könnte bedeuten, daß bei einer Stichprobe, wie sie hier untersucht wurde (14- bis 25jährige), die „kritischen" Altersbereiche nicht erfaßt werden, sondern nur Altersgruppen, die in ihrer Sozialisation der Wertorientierungen relativ weit fortgeschritten sind. Auch mit dieser Überlegung kann die große Übereinstimmung erklärt werden.

3.3. Betrachtet man die Schwereeinschätzung *einzelner* Delikte, so sind hier altersspezifische Einstellungen feststellbar. Es ist aber nicht so, daß die verschiedenen Altersgruppen in den verschiedenen sozialen

---

80 Vgl. *Jongman* und *Oving* 1971, S. 305; *Brusten* und *Hurrelmann* 1973, S. 110 f.

81 *Koeppen* 1970, S. 558.

82 *Adelson* und *Beall* 1970, S. 497; siehe auch S. 54 ff. oben.

Schichten bei den gleichen Delikten unterschiedliche Einstellungen haben. Vielmehr zeigt Tabelle 6 in Verbindung mit den Tabellen 3 - 5, daß die altersspezifischen Unterschiede teilweise von der sozialen Schicht beeinflußt werden[83].

Tabelle 6

Vergleich der Schwereeinschätzungen der verschiedenen Altersgruppen (Mann und Whitney U-Test)

	Vergleich 22 - 25jährige mit		Vergleich 18 - 21-jährige mit 14 - 17jährigen
	18 - 21jährigen	14 - 17jährigen	
UUS + OUS	leichte Körperverletzung (5) + Unzucht mit Kindern (5) –	Unzucht mit Kindern (5) – Bedrohung (1) + Rauschgift (5) –	Bedrohung (5) + schwerer Diebstahl (5) +
UMS		leichte Körperverletzung (5) – Gewaltunzucht (5) – Rauschgift (5) + Notzucht (5) – Betrug (1) +	leichte Körperverletzung (5) – Gewaltunzucht (5) –
MMS + OMS + OS	Freiheitsberaubung (5) –	gefährliche Körperverletzung (5) + Gewaltunzucht (5) – schwerer Diebstahl (5) –	Gewaltunzucht (5) – Notzucht (5) –

Erklärung der Übersicht:

(5) = signifikanter Unterschied auf dem 5 %-Niveau
(1) = signifikanter Unterschied auf dem 1 %-Niveau
\+ = die jeweils jüngere Altersgruppe schätzt das Delikt schwerer ein
– = die jeweils jüngere Altersgruppe schätzt das Delikt leichter ein

Einheitlich über alle sozialen Schichten ergibt sich nur eine generelle Tendenz: Sittlichkeitsdelikte — insbesondere Gewaltunzucht und Notzucht — werden von den Jüngeren signifikant leichter eingeschätzt als von den Älteren[84]. Ansonsten sind zwar zahlreiche signifikante Unterschiede festzustellen, jedoch geben sie kein konsistentes Bild. So wird z. B. bei den Unterschichten mit zunehmendem Alter das Rauschgiftde-

[83] Ebenso bei *Jongman* und *Oving* 1971, S. 305.
[84] Vgl. auch *Engler* 1973, S. 107 für Unzucht mit Kindern.

likt schwerer eingeschätzt[85], bei der unteren Mittelschicht ist dies aber genau umgekehrt. Dasselbe gilt für die Körperverletzung: Bei der unteren Mittelschicht wird die leichte Körperverletzung von den Jüngeren leichter eingestuft, in den oberen sozialen Schichten dagegen schätzen sie die gefährliche Körperverletzung schwerer ein als die Älteren.

Sucht man eine Erklärung für die Tatsache, daß Sittlichkeitsdelikte wie Gewaltunzucht und Notzucht von den 14- bis 18jährigen als leichter angesehen werden im Vergleich zu den übrigen Altersgruppen, so ist zunächst festzuhalten, daß diese Tatbestände zu den Deliktformen gehören, „bei denen die Halbwüchsigen im Gegensatz zu den Erwachsenen besonders zahlreich auffallen“[86]. Diese „jugendspezifischen“[87] Straftaten werden von diesen Tätern also nicht nur häufiger begangen, sondern auch von ihrer Altersgruppe als weniger schwer eingestuft im Vergleich zu den Älteren. Ob die Taten die Einstellungen oder die Einstellungen die Taten beeinflussen, läßt sich hier nicht feststellen. Die toleranteren Ansichten der Jugendlichen könnten jedoch einmal auf einer gesamtgesellschaftlich veränderten Attitüde zur Sexualität beruhen, d. h. sie waren am empfänglichsten für eine Veränderung der Maßstäbe in diesem Bereich. Es könnte aber auch sein, daß die Jugendlichen erst mit zunehmendem Alter die Wertvorstellungen der Erwachsenen — d. h. deren rigorosere Einstellungen — übernehmen. Schließlich sei noch auf folgende Interpretationsmöglichkeit hingewiesen: Nach der Beispielsanalyse[88] hatten die Jüngeren mit der Definition der Gewaltunzucht (nicht bei der Notzucht) einige Schwierigkeiten. Somit könnte die relativ große Streuung der Bewertung auch auf einer gewissen Ratlosigkeit bei diesem Tatbestand beruhen und deshalb das Delikt durchschnittlich leichter eingestuft worden sein.

3.4. Die Tabellen 3 - 5 geben außerdem eine Übersicht über die Streuung der Einstellungen in den verschiedenen Altersgruppen. Zählt man aus, wie oft mehr als 66 % einer Altersgruppe ein Delikt in einen bestimmten Rangplatzbereich[89] einordneten, so ergibt sich, daß die mittlere Altersgruppe (18- bis 21jährige) sowie die Probanden der unteren Mittelschicht am stärksten übereinstimmten. Am schlechtesten schnitten

[85] Vgl. dazu auch Jugendbericht 1973, S. 283; *Boydell* und *Grindstaff* 1971, S. 214 fanden für andere Altersgruppen (unter 30jährige bis über 50jährige), daß die dort Jüngsten dieses Delikt am leichtesten einstuften; in Australien zeigten sich die Jüngeren teilweise intoleranter, vgl. dazu *Wilson* und *Brown* 1973, S. 71.

[86] *Kaiser* 1973, S. 137, 138; vgl. dazu auch *Kaiser* 1971, S. 128 ff.; *Göppinger* 1973, S. 345, 349; *Berckhauer* 1974, S. 307.

[87] *Kaiser* 1973, S. 139.

[88] Siehe S. 101 oben.

[89] Gemeint sind hier die Bereiche: Platz 1 - 4 (schwer), Platz 5 - 10 (mittel), Platz 11 - 15 (leicht).

hier insgesamt die jüngsten Befragten ab und diejenigen Versuchspersonen, die aus den unteren sozialen Schichten stammten, d. h. sie erscheinen — als Gruppe gesehen — in der Wertorientierung am unsichersten und am wenigsten gefestigt. Dies Ergebnis legt nahe, mit Brunner[90] auf die Notwendigkeit einer sorgfältigen und eingehenden Prüfung hinzuweisen, wenn es um die Feststellung der strafrechtlichen Verantwortlichkeit bei Jugendlichen nach § 3 JGG geht.

4. *Schichtspezifische Einstellungen*

4.1. Zu überprüfen sind die Hypothesen:

— Zwischen den sozialen Schichten herrscht (im Altersbereich 14 - 25 Jahre) große Übereinstimmung hinsichtlich der Gesamtrangordnung der Delikte.

— Bei einzelnen Tatbeständen jedoch differieren die Einstellungen der Untergruppen beträchtlich. Delikte mit sexuellem Einschlag werden von den unteren sozialen Schichten schwerer, von den oberen Schichten leichter beurteilt. Dies gilt ebenso für Rauschgiftstraftaten.

4.2. Die Tabellen 7 - 9 (siehe die folgenden Seiten) zeigen, daß die Angehörigen der hier gebildeten drei sozialen Schichten sich in ihren Einstellungen kaum unterscheiden, wenn man jeweils das Alter der Probanden kontrolliert. Auf Grund der Basisübersichten 1 - 9[91] lassen sich folgende Rangkorrelationskoeffizienten berechnen:

konstante Altersgruppe	Vergleich der Rangordnungen der sozialen Schichten	r_s
	UUS + OUS mit UMS	0.9500
14 - 17jährige	UUS + OUS mit MMS + OMS + OS	0.9608
	UMS mit MMS + OMS + OS	0.8965
	UUS + OUS mit UMS	0.9286
18 - 21jährige	UUS + OUS mit MMS + OMS + OS	0.9250
	UMS mit MMS + OMS + OS	0.9786
	UUS + OUS mit UMS	0.9000
22 - 25jährige	UUS + OUS mit MMS + OMS + OS	0.9108
	UMS mit MMS + OMS + OS	0.9822

[90] *Brunner* 1975, S. 45.

[91] Vgl. im Anhang S. 204 - 212.

Tabelle 7

Prozentuale Verteilung der Einordnungen der Delikte auf den Rangplätzen durch verschiedene soziale Schichten bei konstantem Alter (hier: 14 - 17jährige)

Delikt	(schwer) 1 - 4	(mittel) 5 - 10	(leicht) 11 - 15	soziale Schichten
	89,7	10,3	—	1*
1 Unzucht mit Kindern	91,8	4,1	4,1	2
	82,8	15,5	1,7	3
	89,7	6,9	3,4	1
2 Notzucht	79,6	18,4	2,0	2
	81,0	15,5	3,5	3
3 gefährliche	75,9	24,1	—	1
Körperverletzung ...	71,4	28,6	—	2
	84,5	15,5	—	3
	65,6	27,6	6,9	1
4 Gewaltunzucht	55,1	40,8	4,0	2
	43,1	50,0	6,9	3
	20,7	72,4	6,9	1
5 Freiheitsberaubung	32,7	57,1	10,2	2
	44,8	48,3	6,9	3
	20,7	55,2	24,1	1
6 Nötigung	12,2	75,2	12,3	2
	15,5	72,4	12,1	3
	—	64,3	35,7	1
7 leichte	4,1	55,1	40,8	2
Körperverletzung ...	1,7	62,1	36,2	3
	3,6	64,3	32,1	1
8 schwerer Diebstahl ..	8,2	61,2	30,6	2
	5,2	58,6	36,2	3
	7,1	42,9	50,0	1
9 Bedrohung	14,3	55,1	30,6	2
	12,1	50,0	37,9	3
	—	75,0	25,0	1
10 Betrug	6,1	63,3	30,6	2
	6,9	74,1	19,0	3
	17,2	31,0	51,7	1
11 Rauschgiftdelikt	20,4	44,9	34,7	2
	13,8	34,5	51,7	3
	10,7	46,4	42,9	1
12 Urkundenfälschung	4,1	51,0	44,9	2
	6,9	41,4	51,7	3
	—	28,6	67,9	1
13 Unterschlagung	—	26,5	73,5	2
	1,7	27,6	70,7	3
	—	17,9	82,1	1
14 einfacher Diebstahl ..	—	8,2	91,8	2
	—	19,0	81,0	3
	—	17,9	82,1	1
15 Sachbeschädigung ...	—	10,2	89,8	2
	—	15,5	84,5	3

UUS + OUS $n = 29$ * 1 = UUS + OUS
UMS $n = 49$ 2 = UMS
MMS + OMS + OS $n = 58$ 3 = MMS + OMS + OS

Tabelle 8

Prozentuale Verteilung der Einordnungen der Delikte auf den Rangplätzen durch verschiedene soziale Schichten bei konstantem Alter (hier: 18 - 21jährige)

Delikt	(schwer) 1 - 4	(mittel) 5 - 10	(leicht) 11 - 15	soziale Schichten
1 Unzucht mit Kindern	87,1	6,4	6,4	1*
	75,0	22,2	2,8	2
	85,3	11,8	2,9	3
2 Notzucht	87,1	12,9	—	1
	86,1	13,9	—	2
	91,2	8,8	—	3
3 gefährliche Körperverletzung	74,2	25,8	—	1
	75,0	22,2	2,8	2
	91,2	8,8	—	3
4 Gewaltunzucht	64,5	25,8	9,7	1
	72,2	25,0	2,8	2
	61,8	35,3	2,9	3
5 Freiheitsberaubung	22,6	74,2	3,2	1
	22,2	75,0	2,8	2
	20,6	76,5	2,9	3
6 Nötigung	9,7	61,3	29,0	1
	16,7	72,2	11,1	2
	14,7	64,7	20,6	3
7 leichte Körperverletzung	3,2	74,2	22,6	1
	11,1	61,1	27,8	2
	5,9	70,6	23,5	3
8 schwerer Diebstahl	3,2	48,4	48,4	1
	2,8	69,4	27,8	2
	2,9	73,5	23,6	3
9 Bedrohung	6,4	45,2	48,4	1
	8,3	63,9	27,8	2
	8,8	38,2	52,9	3
10 Betrug	3,2	54,8	41,9	1
	5,6	61,1	33,3	2
	—	79,4	20,6	3
11 Rauschgiftdelikt	35,5	22,6	41,2	1
	25,0	22,2	52,8	2
	8,8	32,4	58,8	3
12 Urkundenfälschung	3,2	70,1	25,8	1
	—	33,3	66,7	2
	5,9	41,2	52,9	3
13 Unterschlagung	—	51,6	48,4	1
	—	33,3	66,7	2
	—	38,2	61,8	3
14 einfacher Diebstahl	—	12,9	87,1	1
	—	16,7	83,3	2
	—	11,8	88,2	3
15 Sachbeschädigung	—	12,9	87,1	1
	—	8,3	91,7	2
	—	8,8	88,3	3

UUS + OUS $n = 31$
UMS $n = 36$
MMS + OMS + OS $n = 34$

* 1 = UUS + OUS
2 = UMS
3 = MMS + OMS + OS

Tabelle 9

Prozentuale Verteilung der Einordnungen der Delikte auf den Rangplätzen durch verschiedene soziale Schichten bei konstantem Alter (hier: 22 - 25jährige)

Delikt	(schwer) 1 - 4	(mittel) 5 - 10	(leicht) 11 - 15	soziale Schichten
1 Unzucht mit Kindern	92,9	7,1	—	1*
	93,8	6,2	—	2
	79,3	13,8	6,9	3
2 Notzucht	85,7	10,7	3,6	1
	90,6	9,4	—	2
	93,1	6,9	—	3
3 gefährliche Körperverletzung ...	57,1	42,9	—	1
	84,4	15,6	2,8	2
	65,5	34,5	—	3
4 Gewaltunzucht	60,7	32,1	7,1	1
	71,9	25,0	3,1	2
	62,1	37,9	—	3
5 Freiheitsberaubung	28,6	67,9	3,6	1
	37,5	53,1	9,4	2
	41,4	58,6	—	3
6 Nötigung	14,3	60,7	25,0	1
	3,1	78,1	18,8	2
	10,3	72,4	17,3	3
7 leichte Körperverletzung ...	—	64,3	35,7	1
	—	81,1	18,7	2
	10,3	75,9	13,8	3
8 schwerer Diebstahl ..	3,6	64,3	32,1	1
	3,1	75,0	21,9	2
	—	82,8	17,2	3
9 Bedrohung	7,1	42,9	50,0	1
	6,3	65,6	28,1	2
	10,3	41,4	48,3	3
10 Betrug	—	75,0	25,0	1
	—	53,1	46,9	2
	—	69,0	31,0	3
11 Rauschgiftdelikt	39,3	17,9	42,9	1
	9,4	37,5	53,1	2
	20,7	24,1	55,2	3
12 Urkundenfälschung	10,7	46,4	42,9	1
	—	56,3	43,7	2
	—	44,8	55,2	3
13 Unterschlagung	—	28,6	67,9	1
	—	15,6	84,4	2
	3,4	20,7	75,9	3
14 einfacher Diebstahl ..	—	17,9	82,1	1
	—	18,8	81,2	2
	—	10,3	89,7	3
15 Sachbeschädigung ...	—	17,9	82,1	1
	—	9,4	90,6	2
	—	10,3	89,7	3

UUS + OUS $n = 28$
UMS $n = 32$
MMS + OMS + OS $n = 29$

* 1 = UUS + OUS
2 = UMS
3 = MMS + OMS + OS

Alle Rangkorrelationskoeffizienten sind auf dem 0,1 %-Niveau signifikant, d. h. zwischen den einzelnen *Gesamtrangordnungen* besteht ein sehr enger Zusammenhang[92]. Geht man davon aus, daß die Schwereeinschätzung von Delikten, und damit die Bewertung bestimmter Rechtsgüter, ein Bild gibt über einen sehr spezifischen Bereich der gesamten Wertorientierung einer Gesellschaft, kann man aus den o. a. Ergebnissen folgende Schlüsse ziehen:

Entgegen der Annahmen von Miller[93] und anderen Autoren, die eine Theorie der „Subkultur" vertreten, erscheinen zumindest in dem hier untersuchten Bereich die Werte und Normen der verschiedenen sozialen Schichten weitgehend in Übereinstimmung. Es zeigen sich keine größeren Abweichungen (zumindest in den verbalen Äußerungen) zwischen den Ober- und Unterschichten, die auf ein jeweils relativ geschlossenes System von bestimmten spezifischen Wertorientierungen hindeuten könnten. Die Resultate bestätigen also eher die Ansichten von z. B. Merton, der von einer Art gemeinsamer Werthierarchie aller sozialer Schichten ausgeht[94].

Im übrigen darf hier auch nicht übersehen werden, daß die Sozialisation insbesondere in den Schulen die Unterschiede in den Einstellungen von Angehörigen verschiedener sozialer Schichten reduziert. Da in dieser Institution hauptsächlich Mittelschichtwerte vermittelt und internalisiert werden, bedeutet dies, daß die Wertorientierungen der Schüler aus den unteren Schichten sich denen der Mittelschichten annähern und Divergenzen gemildert werden.

Schließlich kann die hohe Übereinstimmung auch noch auf der Tatsache beruhen, daß Probanden aus einer ländlichen Kleinstadt untersucht worden sind. Erfahrungsgemäß sind hier die sozialen Extremgruppen weit seltener vertreten als in einer Großstadt, so daß deren möglicherweise stärker abweichende Einstellungen nicht erfaßt werden konnten.

---

[92] Ebenso bei *Velez-Diaz* und *Megargee* 1971, S. 549 ff.; *Rossi, Waite, Bose* und *Berk* 1974, S. 224 ff.; vgl. dazu die Ergebnisse von *Smith* 1971, S. 75 ff. und die Übersicht bei *Newman* und *Trilling* 1975, S. 217 - 236.

[93] *Miller* 1974, S. 341.

[94] *Merton* 1974, S. 283 - 313.

4.3. Betrachtet man allerdings die Schwereeinschätzung *einzelner* Delikte, so sind hier schichtspezifische Bewertungen feststellbar. Ähnlich wie bei den altersspezifischen Einstellungen ist es aber nicht so, daß, kontrolliert man das Alter, schichtspezifische Unterschiede bei denselben Delikten in allen Altersgruppen auftauchen. Vielmehr zeigt Tabelle 10 in Verbindung mit den Tabellen 7 - 9, daß auch hier die schichtspezifischen Schwereeinschätzungen vom Alter teilweise beeinflußt werden.

Tabelle 10

Vergleich der Schwereeinschätzungen der sozialen Schichten (Mann und Whitney U-Test)

	Vergleich UUS + OUS mit		Vergleich UMS mit MMS + OMS + OS
	UMS	MMS + OMS + OS	
14 - 17 jährige		Freiheitsberaubung (5) + gef. Körperverletzung (5) + Notzucht (5) – Gewaltunzucht (5) –	Rauschgift (5) –
18 - 21 jährige	Urkundenfälschung (1) – Bedrohung (5) +	Urkundenfälschung (5) – Rauschgiftdelikt (1) – schwerer Diebstahl (5) + Betrug (5) +	Bedrohung (5) –
22 - 25 jährige	leichte Körperverletzung (1) + Rauschgift (5) –	leichte Körperverletzung (1) + Unzucht mit Kindern (5) – Rauschgift (5) – schwerer Diebstahl (5) +	

Erklärung der Übersicht:

(5) = signifikant auf dem 5 %-Niveau
(1) = signifikant auf dem 1 %-Niveau
\+ = die jeweils höhere soziale Schicht schätzt das Delikt schwerer ein
– = die jeweils höhere soziale Schicht schätzt das Delikt leichter ein

Es läßt sich erkennen, daß *Körperverletzungsdelikte* mit steigender sozialer Schicht schwerer beurteilt werden. Allerdings ist hier zu differenzieren: Dies gilt für die gefährliche Körperverletzung bei den 14- bis 17jährigen, bei den 22- bis 25jährigen jedoch für die leichte Körperverletzung.

Beim *Rauschgiftdelikt* scheinen die jugendlichen Probanden aus den Unter- und Oberschichten übereinzustimmen, während Angehörige der unteren Mittelschicht dies Delikt schwerer einstufen. Für die Altersgruppen 18- bis 25jährige sieht das Bild anders aus: Die Befragten aus der Unterschicht sind hier wesentlich weniger tolerant als die Probanden aus den höheren Schichten[95].

Bei den *Sittlichkeitsdelikten* schätzen die 14- bis 17jährigen Notzucht und Gewaltunzucht mit steigender sozialer Schicht leichter ein. Bei den Heranwachsenden sind in diesem Bereich keine signifikanten Unterschiede zu finden. Unzucht mit Kindern wird bei den Jungerwachsenen von den unteren Schichten am schwersten beurteilt. Schichtspezifische Unterschiede erscheinen auch beim *schweren Diebstahl* bei den Altersgruppen der 18- bis 25jährigen. Mit steigender sozialer Schicht wird dieser Tatbestand schwerer eingestuft[96].

Die dargestellten schichtspezifischen Einstellungsunterschiede bestätigen bisherige Vermutungen. Wenn festgestellt wurde, daß Körperverletzung von den unteren sozialen Schichten toleranter angesehen wird, stimmt dies Ergebnis z. B. mit der Ansicht von Hood und Sparks überein, die darlegten[97], daß in Arbeitervierteln wahrscheinlich Begriffe wie „tätlicher Angriff“ etc. anders betrachtet werden als in Gebieten des gehobenen Mittelstandes. Hinzu kommt, daß auch das Erziehungsverhalten der Unterschichteltern eher durch die Neigung zur körperlichen Züchtigung geprägt ist[98] und somit Angehörige dieser Schichten wahr-

---

[95] Ähnlich *Jongman* und *Oving* 1971, S. 296 ff.; vgl. auch *Infas* 1970 und *Boydell* und *Grindstaff* 1971, S. 221 ff.

[96] Die Ergebnisse einer Untersuchung von *Stephan* (1976) zeigen aber, daß die Angehörigen der oberen Schichten im Vergleich zu den Unterschichten keine größere Sorge vor Diebstählen haben, obwohl sie am häufigsten eine Opfersituation erlitten. Nach einer Untersuchung von *Kürzinger* (vgl. dazu *Kaiser* 1975, S. 47 ff.) erstatten Mitglieder höherer Schichten vornehmlich Anzeige wegen Eigentums- und Vermögensdelikten. Dies überrascht nicht, denn erstens geraten sie häufiger in eine entsprechende Opfersituation (vgl. *Stephan* 1976) und zweitens ist die Anzeige eine Vertragspflicht der Versicherung gegenüber, um die Versicherungsleistung zu erhalten. — Zur Einstellung von Kindern gegenüber Diebstahl vgl. *Malewska* und *Muszynski* 1970, S. 162: Kinder aus den unteren Schichten tolerierten Diebstahl ebenfalls mehr. Vgl. dazu auch die Untersuchung von *Smigel* 1956 (zitiert nach *Newman* und *Trilling* 1975, S. 220 f.).

[97] *Hood* und *Sparks* 1970, S. 34 und 67.

[98] *Grauer* 1971, S. 48.

scheinlich auch deshalb Handlungen, die unter den Tatbestand der Körperverletzung subsumiert werden können, nicht so „schlimm" finden.

Daß das Rauschgiftdelikt bei den 18- bis 25jährigen von den Probanden aus den Oberschichten leichter bewertet wird, konnte aufgrund der empirischen Untersuchungen zur Rauschgiftkriminalität erwartet werden[99]. Bisher stammten die „Drogen-User" meist aus den Oberschulen[100] und waren hauptsächlich Angehörige der oberen sozialen Schichten. In den Jahren 1972 und 1973 hat sich aber nach Schulz „die Drogenscene grundlegend verändert"[101]. Die Konsumenten waren nunmehr auch häufig in den Haupt- und Grundschulen sowie in den Sonderschulen zu finden. Dies bedeutet eine „soziologische Umschichtung"[102], wobei hinzukommt, daß auch zunehmend jüngere Altersgruppen beim Drogenkonsum registriert werden[103]. Aufgrund dieser neueren empirischen Ergebnisse ist es verständlich, wenn bei der Schwereeinschätzung des Delikts innerhalb der Altersgruppe der 14- bis 17jährigen keine schichtspezifischen Unterschiede mehr festzustellen sind.

Daß bestimmte Sittlichkeitsdelikte wie Notzucht und Gewaltunzucht bei den 14- bis 17jährigen sowie Unzucht mit Kindern bei den 22- bis 25jährigen mit steigender sozialer Schicht leichter eingestuft werden, kann damit zusammenhängen, daß einmal die höheren sozialen Schichten im allgemeinen sexuellen Bereich tolerantere Einstellungen haben[104], daß sie sich aber auch eventuell eher die Täter solcher Straftaten vorstellen können. Nach den statistischen Erhebungen handelt es sich nämlich hierbei häufig um vornehmlich jüngere Personen, die nicht selten mit dem Opfer schon vorher bekannt waren[105].

Ähnlich wie bei der Arbeit von Engler[106] wird der schwere Diebstahl von 18- bis 25jährigen schwerer beurteilt, wenn sie Angehörige der oberen sozialen Schichten sind. Dies überrascht zunächst nicht, wenn man die Tatsache miteinbezieht, daß solche Personen auch häufiger in eine entsprechende Opfersituation geraten[107]. Gleichwohl behaupten Befragte aus diesen Schichten aber auch, daß sie relativ wenig Sorge vor Diebstählen hätten[108]. Offensichtlich trennen sie hier zwischen der Schwereeinschätzung des Diebstahls bzw. der Wichtigkeit des Rechtsguts Eigen-

---

[99] Vgl. die Übersicht bei *Kaiser* 1973, S. 143 - 146.

[100] *Schulz* 1974, S. 197; *Bayrisches Staatsministerium* 1974, S. 23.

[101] *Schulz* 1974, S. 196.

[102] *Ders.* 1974, S .197.

[103] *Ders.* 1974, S. 199; *Bayrisches Staatsministerium* 1974, S. 23, 24.

[104] Vgl. dazu auch *Kaupen* 1972, S. 563.

[105] Vgl. *Kaiser* 1971, S. 138.

[106] *Engler* 1973, S. 137.

[107] *Stephan* 1976.

[108] *Ders.* 1976.

tum und ihrer eigenen potentiellen Opfer- und Schadenssituation. Wer relativ viel an Eigentum zu verlieren hat, schätzt zwar das Rechtsgut höher ein, hat sich aber auch wahrscheinlich mit Hilfe von Versicherungen etc. so geschützt[109], daß ihm ein möglicher Verlust nicht viel Sorge bereiten muß.

5. *Einstellungen der Opfer*

5.1. Zu überprüfen ist die Hypothese:

— Die Gesamtrangordnungen von Opfern und Nichtopfern unterscheiden sich nicht signifikant.

— Das spezielle erlittene Delikt wird von Opfern nicht schwerer eingestuft als von Nichtopfern.

5.2. Um diese Frage klären zu können, wurde, wie oben schon dargestellt[110], eine eigene Opferbefragung durchgeführt. Die Probanden sollten angeben, wie oft sie schon Opfer eines bestimmten Delikts geworden waren, wie hoch der Schaden und wann die letzte Tat geschehen war.

Hier konnte folgendes festgestellt werden:

Betrug

Aus den unteren Schichten kamen 2, aus der unteren Mittelschicht 7 und aus den oberen Schichten 8 der insgesamt 17 Opfer. Davon gehörten 9 zur Altersgruppe der 22- bis 25jährigen, 5 zu den 18- bis 21jährigen und 3 zu den Jugendlichen.

Zwei Drittel dieser Probanden wurden 1- oder 2mal Opfer eines Betrugs, die anderen bis zu 10mal. Der Schaden betrug bei 7 Befragten bis zu DM 20,—, bei weiteren 7 zwischen 200,— und DM 2 000,—, der Rest machte keine Angaben.

Bei 5 Opfern war der Zeitpunkt der letzten Tat vor 1 - 12 Monaten, bei den übrigen vor wesentlich längerer Zeit (bis zu 4 Jahren).

Einfacher Diebstahl

157 Probanden gaben an, Opfer eines einfachen Diebstahls geworden zu sein. Davon gehörten 40 den unteren sozialen Schichten, 51 der unteren Mittelschicht und 66 den oberen Schichten an. 41 waren 22 - 25 Jahre alt, 53 waren Heranwachsende und 63 Jugendliche.

Knapp 2/3 waren 1 - 2mal Opfer eines Diebstahls geworden, 53 gaben an, 3 - 10mal bestohlen worden zu sein. Der Schaden betrug bei 74 Probanden DM 1,— bis 99,—, bei den übrigen DM 100,— bis 2 000,—.

Bei 42 % geschah die letzte Tat in den vergangenen 12 Monaten, bei 58 % vor wesentlich längerer Zeit.

Schwerer Diebstahl

Hier hatten 7 Probanden eine Opfersituation erlebt. 3 kamen aus den unteren sozialen Schichten, 1 aus der unteren Mittelschicht und 3 aus den obe-

[109] Vgl. dazu *Kaiser* 1973, S. 100, 101.

[110] Vgl. S. 90 oben.

ren Schichten. Davon waren 3 aus der Altersgruppe der 22- bis 25jährigen, 1 war Heranwachsender und 3 waren Jugendliche.

4 waren einmal Opfer eines schweren Diebstahls geworden, 3 zwei- oder dreimal. Der Schaden betrug bei 4 etwa DM 500,— bis 1 000,—, bei den übrigen war er geringer.

Freiheitsberaubung

Hier gab es 8 Opfer. 7 stammten aus den oberen sozialen Schichten, 1 aus der unteren Mittelschicht. Zwei waren Jungerwachsene, 2 Heranwachsende und 4 Jugendliche. 3 waren einmal Opfer geworden, einer will es 3mal gewesen sein und 4 gaben an, 5 - 8mal festgehalten worden zu sein. Bei 4 von ihnen geschah die letzte Tat im vergangenen Jahr, bei den übrigen vor wesentlich längerer Zeit.

Leichte Körperverletzung

89 waren hier schon einmal Opfer geworden. 28 davon stammten aus den unteren sozialen Schichten, 31 aus der unteren Mittelschicht und 30 aus den oberen Schichten. 20 waren Jungerwachsene, 26 Heranwachsende und 43 Jugendliche.

84 gaben an, 1 - 6mal Opfer geworden zu sein; die übrigen wollten diese Situation schon bis zu 20mal erlebt haben. Bei 32 von ihnen geschah die letzte Tat im vergangenen Jahr, bei den anderen war dies zum letztenmal vor 2 - 8 Jahren der Fall.

Gefährliche Körperverletzung

Hier gab es 7 Opfer: 3 aus den unteren sozialen Schichten, 2 aus der unteren Mittelschicht und 2 aus den oberen Schichten. 3 waren Jungerwachsene, 2 Heranwachsende und 2 Jugendliche.

Alle 7 waren nur einmal Opfer einer gefährlichen Körperverletzung geworden.

Nur bei 2 geschah die Tat in den letzten 8 Monaten, bei den anderen vor wesentlich längerer Zeit (vor 2 - 8 Jahren).

Gewaltunzucht

5 gaben an, Opfer geworden zu sein. 2 stammten aus der unteren Mittelschicht, 3 aus den oberen sozialen Schichten. 2 waren Jungerwachsene, 3 Jugendliche.

Alle 5 waren einmal Opfer geworden. Bei 2 von ihnen geschah die Tat vor 1 - 8 Monaten, bei 2 vor 2 - 4 Jahren, bei einem vor 8 Jahren.

Sachbeschädigung

120 waren Opfer geworden: 27 aus den unteren sozialen Schichten, 45 aus der unteren Mittelschicht, 48 aus den oberen Schichten. 36 von ihnen waren 22 - 25 Jahre alt, 28 im Alter von 18 - 21 Jahren und 56 Jugendliche.

80 Befragte gaben an, 1 oder 2mal Opfer geworden zu sein; bei den übrigen war 3 - 10mal eine Sache beschädigt worden. Bei 78 von ihnen betrug der Schaden bis zu DM 100,—. Die anderen erklärten, ihr Schaden sei DM 100,— bis DM 2 000,— hoch gewesen. In den letzten 12 Monaten geschah die letzte Tat bei 67 Befragten, bei 30 vor 1 - 2 Jahren und bei 23 vor wesentlich längerer Zeit.

Urkundenfälschung

6 Befragte gaben an, Opfer geworden zu sein: 2 aus den unteren sozialen Schichten, 2 aus der unteren Mittelschicht und 2 aus den oberen Schichten. 2 waren Jungerwachsene, 2 Heranwachsende und 2 Jugendliche.

4 von ihnen waren 1 - 2mal Opfer geworden, 2 machten hierzu keine Angaben. Bei 2 Befragten geschah die Tat vor 1 - 5 Monaten, bei 2 weiteren vor 2 Jahren. Die übrigen legten sich hier ebenfalls nicht fest.

Unterschlagung

20 Probanden waren Opfer geworden. 6 stammten aus den unteren sozialen Schichten, 6 aus der unteren Mittelschicht und 8 aus den oberen Schichten. 5 von ihnen waren 22 - 25 Jahre alt, 4 18 - 21 Jahre und 11 waren Jugendliche.

18 waren 1 - 5mal Opfer einer Unterschlagung geworden, die anderen angeblich 10 - 20mal.

Der Schaden betrug bei 19 Probanden DM 1,— bis 200,—, bei einem war er wesentlich höher.

Bei 12 von ihnen geschah die letzte Tat im vergangenen Jahr, bei den übrigen war dieser Zeitpunkt vor 1,5 - 5 Jahren.

Bedrohung

Hier gab es 41 Opfer: 14 aus den unteren sozialen Schichten, 13 aus der unteren Mittelschicht, 14 aus den oberen Schichten. 9 waren Jungerwachsene, 14 Heranwachsende und 18 Jugendliche.

35 von ihnen waren 1 - 6mal Opfer einer Bedrohung geworden, 3 bis zu 20mal und 3 machten keine Angaben. Bei 26 Befragten geschah die letzte Tat im vergangenen Jahr, bei 11 vor 1,5 - 6 Jahren und 4 konnten den Zeitpunkt nicht bestimmen.

Nötigung

32 Probanden waren Opfer geworden: 9 aus den unteren sozialen Schichten, 10 aus der unteren Mittelschicht und 13 aus den oberen Schichten. 13 waren Jungerwachsene, 14 Heranwachsende und 5 Jugendliche.

15 von ihnen waren 1 - 5mal genötigt worden, 10 etwa 10mal und 7 konnten sich nicht genau erinnern, wie oft das geschehen war.

Bei 15 Opfern fiel die letzte Tat in das vergangene 1/4 Jahr, bei den übrigen war dieser Zeitpunkt vor 2 - 4 Jahren.

5.3. Es wurden nunmehr die Tatbestände herangezogen, bei denen mehr als 15 Probanden angegeben hatten, Opfer geworden zu sein. Es handelte sich also um: Betrug (17), einfacher Diebstahl (157), leichte Körperverletzung (89), Sachbeschädigung (120), Unterschlagung (20), Bedrohung (41) und Nötigung (32).

Unter Berücksichtigung der Sozialdaten Alter und Schicht wurden pro Delikt zwei Gruppen aus Opfern und Nichtopfern zusammengestellt und für jede Gruppe die Rangordnung der Delikte berechnet[111].

[111] Das n der Gruppen wurde durch Zufallsauswahl jeweils angeglichen.

Außer bei einem Tatbestand ergaben sich *keine* signifikanten Unterschiede in der Schwereeinschätzung der betreffenden Delikte.

Bei der Nötigung jedoch stuften die Opfer den Tatbestand wesentlich leichter ein als die Nichtopfer:

	Platz 1 - 4	5 - 10	11 - 15	mittlerer Rangplatz	*n*
Opfer	3,1	62,5	34,4 %	9,03	32
Nichtopfer	15,4	69,2	15,4 %	6,65	26

Die Übersicht zeigt die prozentuale Verteilung der Einordnung des Delikts auf den Rangplätzen und den mittleren Rangplatz bei den beiden Gruppen. Die Unterschiede in der Einstufung sind signifikant auf dem 1 %-Niveau (Z-Wert 2.515).

Offensichtlich hatten diese Opfer die Erfahrung gemacht, daß der Schaden bei diesem Delikt meistens relativ gering ist, während sich die Nichtopfer hier möglicherweise die negativen Auswirkungen der Taten wesentlich größer vorstellen. Daß Opfer bestimmte Staftaten leichter einschätzen, wird im übrigen auch von einer amerikanischen Studie registriert, die 1972 in Baltimore 200 Erwachsene untersuchte[112].

5.4. Bei einfachem Diebstahl, leichter Körperverletzung und Sachbeschädigung, also den Delikten, bei denen die Befragten die häufigsten Opfersituationen angegeben hatten, wurde weiter differenziert und die Einstellung von Subgruppen überprüft. Denkbar erschien nämlich, daß Opfer mit kleinem Schaden anders reagieren als solche mit großem Schaden, ebenso, daß es Unterschiede gibt zwischen Opfern, die einmal in diese Situation gerieten und anderen, die dies häufig erlebt hatten.

Schließlich wurde auch auf den Zeitpunkt der letzten Tat abgestellt. Auch hier schien es möglich, daß diejenigen mit „frischen Eindrücken" härter urteilen als andere, bei denen die Tat vor Jahren geschehen war.

Bei allen drei Tatbeständen wurden bei dieser Differenzierung jedoch keine signifikanten Unterschiede in der Schwereeinschätzung des betreffenden Delikts gefunden. Damit werden die Ergebnisse von Ennis[113]

---

112 *Rossi, Waite, Bose* und *Berk* 1974, S. 235; vgl. dazu auch S. 40 oben.
113 *Ennis*, 1967, S. 79.

und Biderman[114] bestätigt, die insgesamt feststellten, daß die Erfahrungen mit der Kriminalität nur wenig oder gar keinen Einfluß auf die Furcht vor oder Einstellung zur Kriminalität haben[115].

6. *Einstellungen der Täter*

6.1. Zu überprüfende Hypothesen:

— Täter und Nichttäter unterscheiden sich nicht signifikant in ihren Gesamtrangordnungen der Delikte.

— Täter stufen ihre „eigenen" Delikte leichter ein als die übrigen Befragten.

— Delikte, die als leicht eingestuft werden, werden nach der Kriminalstatistik und nach den Ergebnissen von Dunkelfelduntersuchungen häufiger begangen als solche, die als schwer angesehen werden.

6.2. Um diese Fragen klären zu können, wurden einmal die Daten der Dunkelfelduntersuchung von Stephan[116] herangezogen und zum anderen offiziell registrierte Straftäter untersucht. Es werden zunächst die Einstellungen der Täter aus X dargestellt, danach diejenigen der Strafgefangenen.

6.3. Von den 333 Befragten der hier vorliegenden Studie untersuchte Stephan 257 Probanden[117]. 84 von ihnen gaben an, einen oder mehrere der vorgelegten Tatbestände ein- oder mehrmals erfüllt zu haben[118].

Die Verteilung der Täter nach Deliktstypus, Schicht und Alter ist folgende[119]:

---

[114] *Biderman* u. a. 1967, S. 122.

[115] Vgl. dazu auch *McIntyre* 1970, S. 385 und neuerdings *Stephan* 1976.

[116] *Stephan* 1972, S. 115 - 120 und bisher unveröffentlichte Übersichten über die Ergebnisse der Täterbefragung.

[117] Die übrigen 76 vom Verfasser Befragten haben bei der Untersuchung von Stephan verweigert oder waren verzogen.

[118] Nach ihrer Darstellung hatten die 84 Täter insgesamt 130 Taten begangen.

[119] *Nicht* aufgenommen wurden in diese Tabelle die Delikte, bei denen nur 1 - 3 Befragte angaben, Täter gewesen zu sein. Dies sind: Freiheitsberaubung (1); Unzucht mit Kindern (1) und Bedrohung (3).

Delikt	soziale Schicht[120]	Altersgruppen (nach Jahren)					
		14+15	16+17	18+19	20+21	22+23	24+25
einfacher Diebstahl	US	3	1	2	1		1
	UMS	2		1	2		
	OS	4	5		3	1	1
Unterschlagung	US	1	4	1	1	1	
	UMS	2	1	1		1	1
	OS	2	2	1			1
Sachbeschädigung	US	2	4	2	1		2
	UMS	1	2	1	1		1
	OS	3	1	1			1
Nötigung	US			2	1		
	UMS				1		
	OS	1		1		1	
Urkundenfälschung	US	1	1			1	1
	UMS	1		1	2		
	OS	1	1	1	2		
Betrug	US	1	1				
	UMS						
	OS	1			1		
leichte Körperverletzung	US		1				2
	UMS	1	1	1	1		
	OS	2	1	1			1
Rauschgiftdelikt	US	2	2		1		1
	UMS	1		3	1		1
	OS	3	1	1	1		1

6.4. Die Tabelle 10 (siehe nächste Seite) in Verbindung mit den Basisübersichten[121] zeigt, daß die drei Gruppen, *Täter* und *Nichttäter* aus X und *Strafgefangene,* sich in ihren Einstellungen nur wenig unterscheiden. Nimmt man zunächst die drei Gesamtrangordnungen[121] und berechnet den Spearmanschen Rangkorrelationskoeffizienten, so ergibt sich:

Vergleich Nichttäter — Täter	$r_s = 0.9893$
Vergleich Nichttäter — Strafgefangene	$r_s = 0.9679$
Vergleich Täter — Strafgefangene	$r_s = 0.9715$

---

[120] US = UUS + OUS; OS = MMS + OMS + OS.

[121] Vgl. im Anhang Übersichten 10 - 12, S. 213 - 215.

Tabelle 10

Prozentuale Verteilung der Einordnungen der Delikte auf den Rangplätzen

Delikt	(schwer) 1 - 4	(mittel) 5 - 10	(leicht) 11 - 15	Stichprobe
	86,4	7,4	6,2	1 = Nichttäter aus X
Unzucht mit Kindern	76,2	20,2	3,6	2 = Täter aus X
	89,2	7,5	3,6	3 = Strafgefangene
	85,2	13,6	1,2	1
Notzucht	91,7	7,1	1,2	2
	95,7	4,3	—	3
	71,6	28,4	—	1
gefährliche Körperverletzung	79,8	19,0	1,2	2
	38,7	58,1	3,2	3
	64,2	33,3	2,5	1
Gewaltunzucht	58,3	37,0	6,0	2
	92,5	6,5	1,0	3
	29,6	58,0	12,3	1
Freiheitsberaubung	33,3	59,5	7,1	2
	32,3	57,0	10,7	3
	13,6	66,7	19,8	1
Nötigung	10,7	75,0	14,3	2
	17,2	64,5	18,3	3
	3,7	69,1	27,2	1
leichte Körperverletzung	7,1	66,7	26,2	2
	2,2	65,6	32,3	3
	6,2	64,2	29,6	1
schwerer Diebstahl	4,8	71,4	23,8	2
	3,2	66,7	30,1	3
	7,4	54,3	38,3	1
Bedrohung	10,7	47,6	41,7	2
	3,2	55,9	40,9	3
	13,6	32,1	54,3	1
Rauschgiftdelikt	19,0	21,4	59,5	2
	19,4	38,7	41,9	3
	9,9	55,6	34,6	1
Betrug	2,4	72,6	25,0	2
	2,2	55,9	41,9	3
	4,9	54,8	39,5	1
Urkundenfälschung	4,8	40,5	54,8	2
	2,2	44,1	53,8	3
	1,2	32,1	66,7	1
Unterschlagung	0,0	29,8	70,2	2
	2,2	41,9	55,9	3
	1,2	14,8	84,0	1
einfacher Diebstahl	1,2	15,5	83,3	2
	0,0	21,5	78,5	3
	1,2	14,8	84,0	1
Sachbeschädigung	0,0	17,9	82,1	2
	0,0	11,8	88,2	3

Nichttäter aus X $n = 81$ (per Zufall aus 173 Nichttätern ausgewählt)
Täter aus X $n = 84$
Strafgefangene $n = 104$

Alle Rangkorrelationskoeffizienten sind auf dem 0,1 ‰-Niveau signifikant, d. h. zwischen den einzelnen Rangordnungen besteht ein sehr enger Zusammenhang[122]. Es erscheint aufgrund dieser Ergebnisse der Schluß gerechtfertigt, daß, zumindest in dem sehr engen Bereich der Bewertung von Delikten und damit auch von bestimmten Rechtsgütern, das oben dargestellte Bild eher Theorien wie denjenigen von Merton[123], Sykes und Matza[124] oder anderen nahekommt, die von einer für Delinquente und Nichtdelinquente gemeinsam geltenden allgemeinen Wertorientierung ausgehen. Allerdings soll vor einer weiteren Analyse dieses Tatbestandes geprüft werden, wie bei *einzelnen* Delikten die Einstellungsunterschiede zwischen Tätern und Nichttätern aussehen.

6.5. Die Dunkelfeldergebnisse von Stephan erlauben es, die von ihm ebenfalls befragten 257 Probanden in 84 *Täter* und 173 Nichttäter[125] zu gruppieren. Vergleicht man diese beiden Gruppen bezüglich der Schwereeinschätzung von Delikten, so ergibt sich, daß hier *keine* signifikanten Unterschiede vorliegen. Denkbar ist jedoch, daß die beiden Stichproben sehr heterogen sind und deswegen Unterschiede verwischt werden. Zieht man nun die Tatbestände heran, bei denen 12 und mehr Befragte angegeben hatten, Täter gewesen zu sein, so ist eine detailliertere Überprüfung bei einfachem Diebstahl (27 Täter), Unterschlagung (20), Sachbeschädigung (24), Urkundenfälschung (13), leichte Körperverletzung (12) und beim Rauschgiftdelikt (20) möglich.

Unter Berücksichtigung der Sozialdaten Alter und Schicht wurden pro Delikt zwei Gruppen aus Tätern und Nichttätern gebildet, das n der Nichttäter durch Zufallsauswahl dem n der Täter angenähert, und bei beiden Gruppen die Schwereeinschätzung des betreffenden Tatbestands verglichen.

Außer bei zwei Delikten ergaben sich *keine* signifikanten Unterschiede in der Einstufung. Bei der Sachbeschädigung stuften die Täter diese

[122] Ebenso bei *Simpson* 1934, S. 76 - 83; *Sechrest* 1969, S. 41 - 55; *Figlio* 1971; *Velez-Diaz* und *Megargee* 1971, S. 549 - 553; *Fröhlich* 1972, S. 128.

[123] *Merton* 1974, S. 283 - 313.

[124] *Sykes* und *Matza* 1974, S. 360 - 371.

[125] In einer späteren Untersuchung von *Kürzinger* (1975) zeigte sich, daß, wie erwartet, die Antworten in der Dunkelfeldstudie nicht immer der Wahrheit entsprachen. 12,3 % der „Nichttäter" waren schon bei der Staatsanwaltschaft registriert worden. Allerdings bedeutet diese Tatsache nun nicht unbedingt, daß die entsprechenden Probanden in die Tätergruppe gehören. Mehr als 4/5 von ihnen waren nur einmal registriert worden, teilweise wegen fahrlässiger Körperverletzung, was auch auf einen Verkehrsunfall hindeuten kann. Schließlich muß auch gesagt werden, daß der Registrierung noch lange nicht die Verurteilung folgen muß. Ob es sich also tatsächlich um Täter handelt, bedürfte weiterer Untersuchungen. Immerhin muß aber festgestellt werden, daß es methodisch am sichersten gewesen wäre, zur Tätetermittlung sowohl die Befragung als auch die amtliche Registrierung zu berücksichtigen.

Handlung schwerer ein als die Nichttäter[126]. Beim Rauschgiftdelikt war das Ergebnis umgekehrt: Die Täter fanden es wesentlich leichter als die Nichttäter[127].

Prozentuale Verteilung der Einordnungen der beiden Delikte auf den Rangplätzen durch Täter und Nichttäter:

		Platz			mittl. Rangplatz	*n*
		1 - 4	5 - 10	11 - 15		
Sachbeschädigung	Täter	0,0	20,8	79,2	11,87	24
	Nichttäter	0,0	11,1	88,9	13,37	27
Rauschgiftdelikt	Täter	15,0	5,0	80,0	12,55	20
	Nichttäter	13,8	51,7	34,5	8,86	29

Diese Feststellungen bestätigen teilweise Resultate der Studien von Simpson[128] und Sechrest[129], die allerdings nur offiziell registrierte Täter befragten. Einschränkend bleibt hier auch anzumerken, daß Simpson bei anderen Delikten zu unterschiedlichen Einstellungen kam und allein ein Teilergebnis von Sechrest mit den hier gefundenen Ergebnissen voll übereinstimmt, nämlich die tolerantere Attitüde der Rauschgifttäter.

6.6. Vergleicht man die Schwereeinschätzung der *Straftäter* mit derjenigen der Nichttäter aus X, muß berücksichtigt werden, daß knapp 2/3 der Strafgefangenen aus den unteren sozialen Schichten stammen und etwa 80 % 14 - 21 Jahre alt sind. Kontrolliert man diese Sozialdaten und vergleicht die entsprechenden Gruppen, wird teilweise das jeweilige n so klein, daß Aussagen über Einstellungsunterschiede wenig sinnvoll erscheinen. Übrig bleiben drei Gruppen, deren Ergebnisse wie folgt aussehen:

Bei den 14- bis 17jährigen der unteren sozialen Schichten (16 Nichttäter und 29 Strafgefangene) stuften die Strafgefangenen Nötigung schwerer ein als die Nichttäter[130].

Bei den 18- bis 21jährigen aus den unteren sozialen Schichten (25 Nichttäter und 27 Strafgefangene) bewerteten die Strafgefangenen die Körperverletzungsdelikte leichter und Nötigung schwerer als die Vergleichsgruppe[131]. In derselben Altersgruppe, jedoch aus der unteren Mit-

[126] Z-Wert 2,730 = signifikant auf dem 0,5 %-Niveau.

[127] Z-Wert 2,936 = signifikant auf dem 0,5 %-Niveau.

[128] *Simpson* 1934, S. 76 - 83.

[129] *Sechrest* 1969, S. 41 - 55.

[130] U-Wert 139,0 = signifikant auf dem 5 %-Niveau.

[131] Leichte Körperverletzung Z-Wert 1,947 = signifikant auf dem 5 %-Niveau; Gefährliche Körperverletzung Z-Wert 1,693 = signifikant auf dem 5 %-Niveau; Nötigung Z-Wert 1,910 = signifikant auf dem 5 %-Niveau.

telschicht stammend, schätzten 24 Nichttäter und 13 Strafgefangene drei Delikte unterschiedlich ein. Freiheitsberaubung und das Rauschgiftdelikt fanden die Straftäter schwerer, die Urkundenfälschung tolerierten sie eher als Nichttäter[132].

Außer bei der Nötigung hängen die unterschiedlichen Einstellungen also auch von der sozialen Schicht und dem Alter ab. Wie in der Untersuchung von Velez-Diaz und Megargee[133] sind die gesamten Ergebnisse nicht so einheitlich, daß sich sofort eine plausible Erklärung für die Diskrepanzen zwischen (Dunkelfeld-)Tätern, Strafgefangenen und Nichttätern anböte. Es ließen sich ja nicht nur für die verschiedenen Schichten und Altersgruppen bei den Strafgefangenen abweichende Meinungen feststellen, auch bei den Dunkelfeldtätern und Nichttätern ergaben sich zusätzlich andere Delikte, die unterschiedlich bewertet wurden und die Interpretation weiter erschweren.

Zwar kann man annehmen, daß die Dunkelfeldtäter Sachbeschädigung deswegen schwerer als Nichttäter einstufen, um mit der eigenen Tat etwas zu renommieren. Auch ist denkbar, daß die Rauschgifttäter aus der Dunkelfeldstudie tatsächlich eine Art Neutralisation nach Sykes und Matza durchführen und ihre Handlung im Vergleich zur Umwelt sehr leicht bewerten. Doch fallen solche Interpretationsversuche bei den Ergebnissen der Strafgefangenen und Nichttäter noch schwerer. Zwar ist auch hier möglich, daß Körperverletzung in der Gefängnissubkultur üblich und deswegen leichter einzuschätzen ist, daß Nötigung aufgrund der eigenen unfreien Situation höher bewertet wird und dies auch für Freiheitsberaubung gilt. Doch sollte man nicht übersehen, daß hier die Gefahr der Überinterpretation sehr nahe liegt und gesicherte Aussagen wohl erst nach weiteren, methodisch verbesserten und in der Probandenzahl vergrößerten Untersuchungen möglich sind.

Als Gesamtergebnis kann aber festgehalten werden, daß im Bereich der Schwereeinschätzung von Delikten, die Unterschiede in den Einstellungen zwischen Tätern (offiziell registrierten und nichtregistrierten) und Nichttätern überaus gering sind, so daß insoweit nicht von einer „Gegen-“ bzw. „Subkultur“ gesprochen werden kann.

6.7. Die These, daß Delikte, die als leicht bewertet werden, auch häufiger begangen werden[134], wird mit den Daten der Polizeilichen Kriminalstatistik von 1972 aus Baden-Württemberg und den Ergebnissen der Dunkelfeldstudie in X von Stephan überprüft:

---

[132] Freiheitsberaubung U-Wert 79,5 = signifikant auf dem 5 %-Niveau; Urkundenfälschung U-Wert 95,0 = signifikant auf dem 5 %-Niveau; Rauschgiftdelikt U-Wert 92,5 = signifikant auf dem 5 %-Niveau.

[133] *Velez-Diaz* und *Megargee* 1971, S. 549 - 553.

[134] Vgl. dazu S. 68 f. oben.

	Rangordnung der Täter aus X	Rangordnung der Strafgefangenen	Daten der Polizeilichen Kriminalstatistik[135]	Daten der Dunkelfeldstudie in X[136]
1.	Notzucht	Unzucht mit Kindern	Gewaltunzucht (332)	Gewaltunzucht[137] (8)
2.	gefährliche Körperverletzung	Notzucht	Notzucht (941)	Freiheitsberaubung (13)
3.	Unzucht mit Kindern	Gewaltunzucht	Unzucht mit Kindern (2052)	Unzucht mit Kindern (20)
4.	Gewaltunzucht	gefährliche Körperverletzung	Urkundenfälschung (2408)	Bedrohung (38)
5.	Freiheitsberaubung	Freiheitsberaubung	Freiheitsberaubung[138] (3378)	Nötigung (57)
6.	Nötigung	Nötigung	Rauschgiftdelikt (3787)	Betrug (143)
7.	leichte Körperverletzung	leichte Körperverletzung	Unterschlagung (3950)	Körperverletzung[139] (167)
8.	schwerer Diebstahl	schwerer Diebstahl	gefährl. Körperverletzung (4192)	Unterschlagung (168)
9.	Betrug	Rauschgiftdelikt	leichte Körperverletzung (8309)	Urkundenfälschung (196)
10.	Bedrohung	Betrug	Sachbeschädigung (19191)	Sachbeschädigung (210)
11.	Rauschgiftdelikt	Bedrohung	Betrug (26140)	Rauschgiftdelikt (356)
12.	Urkundenfälschung	Urkundenfälschung	einfacher Diebstahl (86391)	Diebstahl[139] (415)
13.	Unterschlagung	Unterschlagung	schwerer Diebstahl (101679)	
14.	einfacher Diebstahl	einfacher Diebstahl		
15.	Sachbeschädigung	Sachbeschädigung		

[135] Polizeiliche Kriminalstatistik Baden-Württemberg 1972, S. 79 ff. (Grundtabelle).

Die Überprüfung des Zusammenhangs mit Hilfe des Spearmanschen Rangkorrelationskoeffizienten war problematisch, da nicht alle Delikte in allen Rangordnungen aufgeführt waren. Für die Berechnung wurden die Rangordnungen, die 15 Delikte enthielten, so verkleinert, daß sie mit den anderen Rangreihen verglichen werden konnten[140].

Es ergab sich danach folgendes Bild:

Vergleich Täter aus X — Polizeiliche Kriminalstatistik	r_s = 0.5330
Vergleich Täter aus X — Dunkelfeldstudie	r_s = 0.7763
Vergleich Strafgefangene — Polizeiliche Kriminalstatistik	r_s = 0.6209
Vergleich Strafgefangene — Dunkelfeldstudie	r_s = 0.6644

Diese Ergebnisse bedeuten, daß ein Zusammenhang besteht zwischen der Schwereeinschätzung der Delikte und der Häufigkeit der Taten[141]. Die Rangkorrelationskoeffizienten sind signifikant auf dem 5 %-, 0,5 %-, 2,5 %- und 2,5 %-Niveau.

Die Befragten und Straftäter begehen nach diesen Resultaten also eher Delikte, die subjektiv leichter eingestuft werden. Allerdings ist diese Aussage zumindest bezüglich der Angaben der Befragten aus der Dunkelfelduntersuchung mit Zurückhaltung zu bewerten.

Mit Recht führt hierzu Kaiser[142] aus, es sei schwierig festzustellen, „ob die Angaben der Befragten die vermutete Toleranz der Gesellschaft widerspiegeln, nämlich bestimmte Delikte in bestimmtem Alter weitgehend hinzunehmen, um danach die Selbsteinschätzung bei der Befragung vorzunehmen, oder ob die Angaben der Befragten die wirkliche Verteilung der Kriminalität anzeigen".

Ob deshalb von einer Übereinstimmung zwischen verbaler Einstellung und tatsächlichem Verhalten gesprochen werden kann, ist in diesem Bereich nicht eindeutig geklärt. Ein Indiz für die Richtigkeit der Annahme

---

[136] Unveröffentlichte Übersicht von *Stephan*.

[137] Nach der von *Stephan* benutzten Definition ist hier die Notzucht mitenthalten.

[138] Die Polizeiliche Kriminalstatistik addiert (leider) die Zahlen von Freiheitsberaubung, Nötigung und Bedrohung; Einzeldarstellung nicht möglich.

[139] Nicht getrennt nach den einzelnen Tatbeständen.

[140] In der Rangreihe der Täter aus X z. B. mußten Nötigung und Bedrohung mit Freiheitsberaubung so vereint werden, daß ein Vergleich mit der „Rangordnung" der Polizeilichen Kriminalstatistik möglich war. Dies wurde erreicht, indem die Plätze der 3 Delikte addiert und die Summe durch 3 dividiert wurde. Freiheitsberaubung erhielt nun bei den X-Tätern Platz 7, Nötigung und Bedrohung wurden gestrichen.

[141] Vgl. dazu auch die Ergebnisse von *Remschmidt, Merschmann* und *Walter* 1975, S. 149 f. sowie von *Kirchhoff* 1975, S. 295 ff.

[142] *Kaiser* 1973, S. 110, 111; vgl. dazu auch *Schöch* 1975, S. 115 ff. und *ders.* 1976, S. 218 zum Zusammenhang zwischen Deliktsbejahung bei einer Dunkelfelduntersuchung und Einschätzung der Normalität des Delikts.

von Quensel[143] und Hofstätter[144] ist jedoch die ähnliche Verteilung der Delikte in der Polizeilichen Kriminalstatistik. Deren Bild wird hauptsächlich durch die Anzeigeerstattung aus der Bevölkerung beeinflußt, d. h. durch einen Vorgang, bei dem die schwereren Taten eher zur Registrierung gebracht werden als die Bagatelldelikte.

6.8. Ergänzend dazu ist anzunehmen, daß mit großer Wahrscheinlichkeit in Dunkelfeldstudien schwere Delikte von Tätern weniger bereitwillig zugegeben werden als solche, die nur als mittelschwer bzw. leicht oder sehr leicht angesehen werden[145]. Diese These konnte mit Hilfe der Ergebnisse einer Kontrolluntersuchung überprüft werden, die von Villmow-Feldkamp und Stephan[146] durchgeführt wurde. In dieser Arbeit wurden 150 Probanden 12 Deliktsdefinitionen[147] vorgelegt und u. a. folgende Frage gestellt: „Wenn Sie selbst einen Diebstahl (Notzucht, Freiheitsberaubung etc.) begangen hätten, würden Sie das bei einer Befragung zugeben, in der strengste Vertraulichkeit zugesichert würde?"

Die „nein"-Antworten wurden für jedes Delikt ausgezählt und danach eine Rangordnung erstellt. Vergleicht man diese mit der Schwereeinschätzung der Delikte durch die Täter aus X, ergibt sich folgende Darstellung (s. Tab. S. 146).

Es zeigt sich, daß hier ein Zusammenhang besteht zwischen Schwereeinschätzung und Bereitwilligkeit des Eingeständnisses[148]. Dies Ergebnis bedeutet, daß bei den subjektiv schwer eingeschätzten Delikten die Resultate der Dunkelfelduntersuchungen eher durch Verschweigen verzerrt werden und kaum mit der Zahl der tatsächlich begangenen Straftaten übereinstimmen. Bei den leichter bewerteten Tatbeständen darf jedoch erwartet werden, daß die Dunkelfeldstudien ein wesentlich realistischeres Bild liefern[149].

---

[143] *Quensel* 1972, S. 458; vgl. dazu aus S. 68 oben.

[144] *Hofstätter* 1969, S. 219; vgl. dazu auch S. 69 oben. Auch *Malewska* und *Muszynski* 1970, S. 162 schließen aus ihrer Untersuchung: „A liberal attitude to theft was linked with the frequent committment of petty thefts."

[145] Vgl. dazu *Opp* 1969, S. 853; *Hood* und *Sparks* 1970, S. 70; *Brusten* und *Hurrelmann* 1973, S. 180 ff.; *Kaiser* 1973, S. 111; *Dörmann* 1974, S. 434; *Opp* 1974, S. 64.

[146] *Villmow-Feldkamp* und *Stephan* 1973.

[147] Dieselben, die bei der Dunkelfeldstudie und bei der Schwereeinschätzung verwandt wurden.

[148] Ebenso die Ergebnisse bei *Kirchhoff* 1975, S. 295; vgl. dazu auch *Schöch* 1975, S. 115 ff. und *ders.* 1976, S. 218 zum Zusammenhang zwischen Deliktsbejahung bei einer Dunkelfelduntersuchung und Einschätzung der Normalität des Delikts; außerdem *Gipser* 1975, S. 66 f.

[149] Damit ist allerdings nur gemeint, daß hier die *Einstellung zum Delikt* weniger Einfluß auf die Daten ausübt. Dafür können in diesem Bereich andere Fehlerquellen wie Vergeßlichkeit und Übertreibung die Daten verzerren (vgl. dazu *Hood* und *Sparks* 1970, S. 65 - 74).

Delikt	„nein"-Antworten abs.	in %	Schwereeinschätzung Rangordnung der Täter
1 Unzucht mit Kindern	104	69	1 Notzucht
2 Gewaltunzucht	104	69	2 gefährliche Körperverletzung
3 Freiheitsberaubung	53	35	3 Unzucht mit Kindern
4 Nötigung	43	29	4 Gewaltunzucht
5 Urkundenfälschung	42	28	5 Freiheitsberaubung
6 Körperverletzung	41	27	6 Nötigung
7 Unterschlagung	41	27	7 leichte Körperverletzung
8 Betrug	39	26	8 schwerer Diebstahl
9 Rauschgiftdelikt	32	21	9 Betrug
10 Bedrohung	31	21	10 Bedrohung
11 Sachbeschädigung	27	18	11 Rauschgiftdelikt
12 Urkundenfälschung	22	15	12 Urkundenfälschung
			13 Unterschlagung
			14 einfacher Diebstahl
			15 Sachbeschädigung

7. *Einstellungen von Gymnasiasten und Nichtgymnasiasten*

Kutchinsky[150] stellte in seiner Übersicht über die Attitüdenforschung fest, daß in manchen Bereichen die Schulbildung mehr Einfluß auf die Einstellung zum Recht oder zur Justiz habe als die Zugehörigkeit zu einer bestimmten sozialen Schicht.

In der hier vorliegenden Untersuchung wurden die Rangordnungen von Gymnasiasten und Nichtgymnasiasten verglichen. Da die Mehrzahl der Gymnasiasten 14 - 20 Jahre alt war und sie überwiegend aus der unteren Mittelschicht und den oberen sozialen Schichten stammte, wurden zum Vergleich nur diejenigen Probanden herangezogen, die denselben Alters- und Schichtgruppen angehörten, aber andere Schulen besuchten bzw. Volks- oder Realschulabschluß hatten. Es handelte sich um 96 Gymnasiasten und 81 Nichtgymnasiasten.

Betrachtet man die beiden *Rangordnungen*[151] und berechnet man den Spearmanschen Rangkorrelationskoeffizienten, so ergibt sich $r_s = 0.8786$. Dieser Wert bedeutet, daß zwischen den beiden Gruppen bezüglich der

---

[150] *Kutchinsky* 1972, S. 49.

[151] Vgl. die Übersichten 13 und 14 im Anhang, S. 216 - 217.

Schwereeinschätzung der Delikte große Übereinstimmung herrscht. Der Rangkorrelationskoeffizient ist signifikant auf dem 0,1 ‰-Niveau.

Bei der Einstufung *einzelner* Delikte sind bildungsspezifische Unterschiede feststellbar. So werden Freiheitsberaubung, Nötigung, gefährliche Körperverletzung und Betrug von den Gymnasiasten schwerer, leichte Körperverletzung und das Rauschgiftdelikt jedoch leichter bewertet als von den Nichtgymnasiasten. Vergleicht man diese Resultate mit den Ergebnissen von *Kirchhoff*[152], der die Einstellungen von Gymnasiasten und Freizeit- und Dauerarrestanten untersuchte, so ergibt sich bei den Delikten, die in beiden Studien bewertet wurden, nur wenig Übereinstimmung. So schätzten bei Kirchhoff die Gymnasiasten „Rauschgiftnehmen" nicht nur schwerer ein als die Arrestanten, das Delikt wurde auch überraschend hoch — nämlich unter die schwersten 4 Tatbestände — eingestuft. Betrug fanden wiederum Gymnasiasten leichter als Arrestanten; bei der Körperverletzung war es so, daß Freizeitarrestanten und männliche Gymnasiasten diese Handlung schwerer bewerteten als Dauerarrestanten und weibliche Gymnasiasten.

Die Divergenzen beruhen wohl auf mehreren Gründen. Einmal sind die verglichenen Stichproben nicht identisch, die Arrestanten von Kirchhoff sind ein sehr selektiertes Sample und unterscheiden sich wahrscheinlich in mehreren Bereichen von den in dieser Arbeit untersuchten Nichtgymnasiasten. Außerdem hat die Zusammensetzung der Delikte einen Einfluß. Kirchhoff untersuchte relativ leichte Handlungen, die z. T. auch nicht strafbar sind (Schwänzen, über Nacht wegbleiben). Schließlich dürfte bezüglich der Bewertung des Rauschgiftdelikts auch der Zeitpunkt der Befragung eine Rolle gespielt haben. Kirchhoff führte seine Studie im Jahre 1969/70 durch. Er meint, daß damals der Einfluß eigener Erfahrungen bei den Arrestanten von Bedeutung war, während die Oberschüler eher wenig mit solchen Dingen zu tun hatten. Dies dürfte bei der hier dargestellten Untersuchung im Jahre 1972/73 eher umgekehrt gewesen sein. Nach den Ergebnissen einiger empirischer Arbeiten[153] kann man annehmen, daß die Gymnasiasten häufiger Drogenerfahrung hatten und deshalb zu einer relativ toleranteren Einstellung — zumindest im damaligen Zeitpunkt[154] — gelangten.

Die Resultate der Freiburger Studie werden hinsichtlich des Rauschgiftgenusses in gewisser Weise durch die Untersuchung von Infas[155] be-

[152] *Kirchhoff* 1975, S. 280 ff.

[153] Vgl. *Jugendbericht* 1973, S. 283 ff.; *Bayrisches Staatsministerium* 1974, S. 24/25.

[154] Nach *Jugendbericht* 1973, S. 283 hat sich inzwischen ein Meinungsumschwung ergeben. Offensichtlich sind die Gefahren des Drogengebrauchs deutlicher geworden, so daß wesentlich mehr Schüler ein Verbot von Haschisch befürworten (S. 290).

[155] *Infas-report* vom 5. 10. 1970, Nr. 203/3289.

stätigt. Danach bewerteten 56 % der Befragten mit Abitur und Hochschulabschluß „Rauschgift rauchen oder nehmen“ als strafwürdige Verhaltensweise, während 70 % der Probanden mit Volksschule ohne Lehre fanden, daß diese Handlung bestraft werden sollte.

8. Eigene Einstellung und perzipierte Rangordnung von Delikten bei Freunden und Eltern

Die Gruppen der Gymnasiasten und Strafgefangenen wurden ausgewählt, um zu überprüfen, ob nach Ansicht der Probanden die eigene Einstellung zu den Delikten eher mit derjenigen der Freunde oder mit derjenigen der Eltern übereinstimmt.

Diese Frage stellt sich, wenn man davon ausgeht, daß die Sozialisation der Jugendlichen nicht nur durch die Eltern als primäre Sozialisationsmittler, sondern auch durch Schule und Beruf als sekundäre Sozialisationsagenten beeinflußt und gesteuert wird[156]. Tenbruck ist der Ansicht[157], „daß die Sozialisierung des Kindes in der Familie früh durch die Sozialisierung von außen überlagert wird“. Denkbar wäre deshalb, daß die Probanden ab einem gewissen Alter angeben, eher mit den Freunden als mit den Eltern übereinzustimmen. Hurlock führt aus[158], daß bei Konflikten zwischen den Verhaltensregeln der Eltern und denen der Alterskameraden die Möglichkeit besteht, „daß die Verhaltensregeln aus der Gruppe der Gleichaltrigen an die Stelle der im Elternhaus erlernten Maßstäbe treten“.

Allerdings ist in neueren Untersuchungen festgestellt worden, daß der Einfluß der Eltern durchaus nicht immer allmählich hinter den Einfluß der Gleichaltrigen zurücktritt. In ihrer Sekundäranalyse stellten Rosenmayr und Kreutz fest[159], daß 1. „die Bedeutung des äußeren sozialen Einflusses insgesamt äußerst unterschiedlich in den einzelnen Handlungsbereichen ist“ und 2. „die relative Größe des Einflusses der Eltern einerseits, der peers andererseits ebenfalls von Bereich zu Bereich schwankt“.

Untersuchungen, die nach der Schwereeinschätzung von Delikten durch Probanden, deren Freunde *und* Eltern fragten, sind — soweit bekannt — bisher nicht durchgeführt worden. In der Arbeit von Malewska und Muszynski[160] hatten Kinder mehrere Diebstahlsfälle nach der Schwere einzustufen und wurden dann gebeten, auch die Rangordnungen der Eltern darzustellen, die diese nach Ansicht der Kinder hätten. Die Auswertung der Ergebnisse bringt für die Frage nach der Übereinstimmung

156 Vgl. dazu *Rüegg* 1972, S. 95 ff., 143 ff.

157 *Tenbruck* 1965, S. 96, 99.

158 *Hurlock* 1972, S. 473 mit weiteren Nachweisen.

159 *Rosenmayr* und *Kreutz* 1968, S. 211.

160 *Malewska* und *Muszynski* 1970, S. 160.

nicht viel. Malewska und Muszynski prüften nur, ob in den beiden Rangordnungen zwei von den drei schwersten Delikten identisch waren. Danach würden nur 18,8 % der 2 222 befragten Kinder mit den Eltern übereinstimmen. Diese Auswertungsmethode ist aber zu eng, um abklären zu können, inwieweit nach Ansicht der Kinder dieselben Wertorientierungen vorlagen. Eine nachträgliche Berechnung ist nicht möglich, da detailliertere Daten nicht veröffentlicht wurden.

In einer neueren Untersuchung von Hindelang[161] gaben mehr als 2 000 befragte Jugendliche zunächst an, inwieweit sie Täter bestimmter Delikte waren. In einem zweiten Schritt sollten diese Verhaltensweisen nach der subjektiven Billigung oder Mißbilligung eingestuft werden, wobei 5 Kategorien vorgegeben waren. Außerdem wurden die Probanden gebeten, darzustellen, wie nach ihrer Ansicht ihr bester Freund über diese Handlungen urteilt. Mit dieser Versuchsanordnung sollten einige Bereiche der Neutralisationstheorie von Sykes und Matza überprüft werden.

Bei der Frage nach der perzipierten Übereinstimmung, die hier hauptsächlich interessiert, kommt Hindelang[162] zu dem Ergebnis, daß „most of the respondents perceive a congruence between their own evaluations of the acts and their best friends evaluations of the acts".

Wie schon oben ausgeführt, sollten in der eigenen Untersuchung die Versuchspersonen (Gymnasiasten und Strafgefangene) neben der eigenen Rangordnung der Delikte auch diejenige des besten Freundes *und* diejenige der Eltern aufzeigen. Aus der folgenden Übersicht (S. 150) ergibt sich, daß nach Ansicht der Probanden die Übereinstimmung mit den Freunden und Eltern sehr groß ist. Die jeweils berechneten Spearmanschen Rangkorrelationskoeffizienten haben Werte von 0.8465 bis 0.9929 und sind damit signifikant auf dem 0,1 %-Niveau. Bei 6 von 7 Untergruppen zeigt sich, daß die Befragten glauben, eher mit den Freunden noch etwas mehr übereinzustimmen als mit den Eltern. Allerdings darf dies nur als Tendenz gewertet werden, denn die Unterschiede sind teilweise sehr gering und das n der Gruppen auch nicht immer ausreichend groß.

Bei beiden Stichproben — Gymnasiasten und Strafgefangenen — fällt im übrigen auf, daß die Probanden insbesondere beim Rauschgiftdelikt meinen, daß dieser Tatbestand von den Eltern wesentlich schwerer beurteilt wird. Denkbar ist, daß gerade bei diesem Delikt die Befragten mit den Eltern schon Diskussionen geführt hatten und die Plazierung hier eher auf Äußerungen der Eltern beruht als bei den anderen Delikten.

---

[161] *Hindelang* 1974, S. 370 - 385.

[162] *Ders.* 1974, S. 374, 375.

Vergleich der Übereinstimmung bei den Rangordnungen von Proband, bestem Freund und Eltern

Gymnasiasten		Strafgefangene	
UMS 18 - 21 J. $n = 14$	„-Freund $r_s = 0.9500$	UUS + OUS 18 - 21 J. $n = 27$	„-Freund $r_s = 0.9143$
	„-Eltern $r_s = 0.8858$		„-Eltern $r_s = 0.8465$
UMS 14 - 17 J. $n = 17$	„-Freund $r_s = 0.9679$	UUS + OUS 14 - 17 J. $n = 28$	„-Freund $r_s = 0.9393$
	„-Eltern $r_s = 0.8929$		„-Eltern $r_s = 0.9000$
MMS + OMS + OS 18 - 21 J. $n = 14$	„-Freund $r_s = 0.9929$	UMS + MMS 18 - 21 J. $n = 18$	„-Freund $r_s = 0.9393$
	„-Eltern $r_s = 0.9036$		„-Eltern $r_s = 0.9572$
MMS + OMS + OS 14 - 17 J. $n = 51$	„-Freund $r_s = 0.9929$		
	„-Eltern $r_s = 0.9572$		

9. Vergleich der Rangordnung der Delikte im Strafgesetzbuch mit den Wertungen von Justiz und Bevölkerung

Die Frage, inwieweit die Wertungen des Strafgesetzgebers bezüglich einzelner Delikte und Rechtsgüter mit denen der Justiz und der Bevölkerung übereinstimmen, ist schon in den 30er Jahren untersucht worden. Heute spricht man in diesem Zusammenhang von der Überprüfung der Kovarianztheorie[163].

9.1. Die bisherigen Ergebnisse sind ziemlich widersprüchlich[164]. Simpson[165] fand 1934, daß die Rangordnung von Delikten, gemessen nach den Strafdrohungen des Gesetzes, nicht mit der Rangordnung der von ihm befragten Lehrer übereinstimmte. Ebenfalls keinen Zusammenhang stellten Rose und Prell[166] fest, als sie die Rangordnung ihrer Probanden mit derjenigen der Justiz verglichen, indem sie die Straftaten nach der Höhe der tatsächlich verhängten Strafen einstuften. Es ergab sich hier auch keine Übereinstimmung zwischen der Rangordnung des Gesetzes und derjenigen nach den tatsächlich verhängten Sanktionen.

Ganz anders sah das Bild bei einer Untersuchung von Mäkelä[167] aus. Er verglich für 11 Delikte die Strafmaßforderungen der Bevölkerung

[163] Vgl. dazu *Kutchinsky* 1972, S. 13 ff.

[164] A. A. *Heinz* 1972, S. 86.

[165] *Simpson* 1934, S. 76 - 83.

[166] *Rose* und *Prell* 1955, S. 252, 253.

[167] *Mäkelä* 1966, S. 42 - 67.

mit der herrschenden Praxis in der Justiz. Kutchinsky[168] errechnete dann aufgrund der Basisergebnisse von Mäkelä den Grad der Übereinstimmung[169] zwischen Gesetz[170], Justizpraxis[171], Einstellungen der Richter und Einstellungen der Bevölkerung. Er kam zu folgenden Resultaten:

Rangkorrelationskoeffizient zwischen den Rangordnungen von

Gesetz und Justizpraxis	$r_s = 0.97$
Gesetz und befragten Richtern	$r_s = 0.96$
Gesetz und befragter Bevölkerung	$r_s = 0.98$
Justizpraxis und befragten Richtern	$r_s = 0.96$
Justizpraxis und befragter Bevölkerung	$r_s = 0.92$
befragten Richtern und befragter Bevölkerung	$r_s = 0.96$.

Kutchinsky betont, daß nach diesen Ergebnissen von einer nahezu vollständigen Übereinstimmung im Hinblick auf die Schwere von Delikten gesprochen werden kann[172]. Die Erklärung für die gegensätzlichen Resultate der amerikanischen und finnischen Studien sieht Kutchinsky in den unterschiedlichen Gesellschaftsstrukturen. Während in Finnland eine ziemliche homogene Gesellschaft zu finden sei, gäbe es in Amerika „ein hohes Maß an Kulturkonflikten, starke Mobilität und schnelle Wechsel"[173].

In einer anderen Untersuchung, die 1969 in Stockholm durchgeführt wurde[174], zeigte sich eine ähnlich hohe Übereinstimmung zwischen der Rangordnung von befragten Studenten und der Rangordnung der Delikte nach dem Gesetz. Hier ergab sich ein Rangkorrelationskoeffizient von 0.82[175].

Studien aus der Bundesrepublik befaßten sich ebenfalls mit der Frage, „ob die Rangfolge, die der Gesetzgeber einzelnen Rechtsgütern zugewiesen hat, auch tatsächlich den Wertvorstellungen der Allgemeinheit entspricht"[176]. Sie[177] kommen zum Ergebnis, „daß die Rangfolge der Delikte, die sich aufgrund der Befragung ergeben hat, zum Teil erheb-

---

[168] *Kutchinsky* 1972, S. 27, 28.

[169] Berechnet wurde der Spearmansche Rang-Korrelationskoeffizient.

[170] Die Delikte wurden nach der maximalen Strafdrohung eingeordnet.

[171] Die Rangordnung der Justiz basiert auf den Mittelwerten der verhängten Strafen pro Delikt (in Tagen).

[172] *Kutchinsky* 1972, S. 28.

[173] *Ders.* 1972, S. 28; vgl. dazu aber die Ergebnisse der Untersuchung von *McConnel* und *Martin* 1969 (zitiert nach *Newman* und *Trilling* 1975, S. 219).

[174] *Linden* und *Similä* 1969 (zitiert nach *Kutchinsky* 1972, S. 28).

[175] Auch *Sellin* und *Wolfgang* 1964, S. 327 konnten bei zwei Subgruppen große Übereinstimmung mit dem Gesetz feststellen. Bei den Studenten ergab sich ein Rangkorrelationskoeffizient von 0.875, bei den Polizisten von 0.938.

[176] *v. Oppeln-Bronikowski* 1970, S. 22.

[177] *Ders.* 1970, S. 100; *Engler* 1973, S. 144.

lich von der Rangfolge im StGB in der zur Zeit der Umfrage geltenden Fassung abweicht". Diese Aussage muß jedoch revidiert werden. Berechnet man nämlich den Spearmanschen Rangkorrelationskoeffizienten wie bei den o. a. Untersuchungen, ergibt sich $r_s = 0.7718$, d. h. es besteht ein signifikanter Zusammenhang zwischen den beiden Rangordnungen auf dem 1 %-Niveau.

Schließlich sei noch auf die österreichische Arbeit von John[178] verwiesen, die die Deliktsrangordnung von 200 „Laien" und Juristen mit der Schwereeinschätzung der Juristen und mit derjenigen der Justizpraxis von 1967 verglich. Zur Rangordnung der Justiz kam John, indem sie die tatsächlich verhängten Strafen bei den Delikten mit Gewichtungen versah, einen Durchschnittswert pro Delikt errechnete und die Delikte nach der Höhe der Werte einordnete. Nach John zeigte sich[179], „daß die subjektiven Einstellungen der Juristen zu den einzelnen Strafdelikten keineswegs so konform mit der gehandhabten Praxis sind wie erwartet. Es wurden beachtliche Diskrepanzen sowohl in der Richtung Schwere der Urteile als auch in Richtung Milde der Urteile festgestellt, die darauf hinweisen, daß die subjektiven Vorstellungen der Juristen von der Realität der Strafpraxis abweichen".

Der hier dargestellte Vergleich befriedigt nicht sehr. So ist es unverständlich, warum die Einstellung der Gesamtstichprobe, in der Juristen und Laien zusammengefaßt sind, mit der Einstellung der Juristen allein verglichen wurde. Interessanter und methodisch haltbarer wäre die Frage gewesen, inwieweit Juristen mit Laien bzw. beide Gruppen getrennt mit der Justizpraxis übereinstimmen. Führt man dies aus und berechnet man zum besseren Vergleich mit den anderen beschriebenen Arbeiten wiederum den Spearmanschen Rangkorrelationskoeffizienten, ergibt sich folgendes Bild:

Vergleich Justizpraxis und Juristen	$r_s = 0.7273$
Vergleich Justizpraxis und Laien	$r_s = 0.7364$
Vergleich Juristen und Laien	$r_s = 0.8819$.

Diese Werte bedeuten, daß zwischen den Rangordnungen von Justizpraxis und Juristen bzw. Laien ein enger Zusammenhang besteht, der auf dem 1 %-Niveau signifikant ist. Noch größer ist die Übereinstimmung bei den Juristen und Laien. Der Rangkorrelationskoeffizient ist hier signifikant auf dem 0,1 %-Niveau.

9.2. Die Autoren der Mehrzahl der Studien übersehen nicht, daß solche Einstellungsvergleiche von z. B. Justizpraxis und Bevölkerung im Hinblick auf die Schwereeinschätzung von Delikten unter relativ großen

---

178 *John* 1973, S. 117 ff.

179 *Dies.* 1973, S. 129.

methodischen Mängeln leiden. Für die Feststellung der Rangordnung der Delikte bei der „Justiz" gibt es, wie oben schon dargestellt, zwei Möglichkeiten. Man kann die Richter direkt befragen, erhält aber dann unter Umständen Ergebnisse, die von der Justizpraxis abweichen, wenn man die tatsächlich verhängten Strafen für einzelne Straftaten analysiert. Geht man den zweiten Weg und berechnet z. B. den Mittelwert oder Median der ausgeworfenen Strafen pro Delikt, wird das Bild ebenfalls verzerrt. Es gehen dann nämlich Strafen in die Analyse ein, die z. B. untypisch hoch sein können, weil es sich um Rückfalltäter etc. handelt. Es werden auch der Art nach völlig verschiedene Handlungen und Täter einbezogen[180], weil die Tatbestände des StGB eine Vielzahl von Verhaltensweisen jeweils abzudecken haben. Man kann diese Fehlerquelle etwas reduzieren, indem man nur nach Fällen sucht, bei denen der Täter erwachsen, männlich und nicht vorbestraft war[181], so daß zumindest bei diesen groben Merkmalen Vergleichbarkeit vorliegt. Im übrigen hofft man, daß durch die Analyse möglichst vieler Taten einzelne Besonderheiten und damit einzelne extreme Strafen nivelliert werden[182]. Exner, der sich schon 1931 mit dieser Frage beschäftigt hat, meint dazu[183]: „In der Höhe der einzelnen Strafe kommt die Würdigung des Einzelfalls durch den Richter, in der durchschnittlichen Höhe einer großen Zahl von Einzelstrafen die durchschnittliche Würdigung des Deliktstypus durch die Gerichte zum Ausdruck."

9.3. In der eigenen Untersuchung konnte aus ökonomischen und zeitlichen Gründen weder eine Richterbefragung noch eine Aktenanalyse durchgeführt werden, bei der die o. a. kritischen Punkte hätten berücksichtigt werden können. Um jedoch überhaupt einen gewissen, wenn auch überaus groben Vergleich vornehmen zu können, wurde die Methode von John[184] übernommen und versucht, die Schwereeinschätzung der Delikte durch die Justiz mit Hilfe der Rechtspflegestatistik zu „berechnen". Dabei wurde folgendermaßen vorgegangen: Da die Versuchspersonen im Jahr 1972 befragt worden waren, wurde die Rechtspflegestatistik von 1972 herangezogen. Aus der dortigen Tabelle 5 („Nach allgemeinem Strafrecht Verurteilte nach Hauptstrafen") wurden pro Delikt die verhängten Strafen entnommen und mit einer bestimmten Gewichtung versehen[185]. Jedes Delikt erhielt somit aufgrund der gewich-

---

[180] *Mäkelä* 1966, S. 44.

[181] Vgl. dazu auch *Walker* 1971, S. 71.

[182] *Ders.* 1971, S. 71. Zum Ganzen auch *Rose* und *Prell* 1955, S. 252, Anmerkung 12.

[183] *Exner* 1931, S. 57.

[184] Vgl. *John* 1973, S. 117.

[185] In Anlehnung an die Methode von *Opp* und *Peukert* 1971, S. 125 gab es für eine Freiheitsstrafe von 4 Wochen ohne Bewährung 2 Punkte. Eine Geldstrafe wurde — ohne Rücksicht auf die Höhe der Summe — mit der

teten Strafen einen bestimmten Punktwert zugeteilt, der durch die Anzahl der bestraften Personen dividiert wurde. Es ergab sich schließlich ein Endwert pro Delikt, der über den Platz in der Rangordnung[186] entschied:

Delikt	Anzahl der bestraften Personen	in Punkte umgewandeltes Strafmaß	Endwert pro Delikt	Rang
Notzucht	764	84 589	110,72	1
Unzucht mit Kindern	2 023	108 688	53,73	2
Gewaltunzucht	270	13 664	50,61	3
schwerer Diebstahl	17 262	766 342	44,39	4
Rauschgiftdelikt	2 062	43 395	21,05	5
Freiheitsberaubung	257	3 394	13,21	6
Urkundenfälschung	7 243	80 483	11,11	7
Betrug	20 584	207 795	10,09	8
gefährl. Körperverl.	7 036	69 218	9,84	9
Unterschlagung	5 758	36 826	6,40	10
einfacher Diebstahl	72 430	433 032	5,98	11
leichte Körperverletzung	10 460	38 530	3,68	12
Bedrohung	704	2 199	3,12	13
Nötigung	2 565	7 961	3,10	14
Sachbeschädigung	4 357	10 341	2,37	15

Um nun einen Vergleich mit der Rangfolge der Delikte nach dem 1972 geltenden StGB durchführen zu können, werden die Tatbestände nach der jeweiligen maximalen Strafdrohung des StGB eingeordnet. Ist diese bei mehreren Delikten die gleiche, so entscheidet über den Vorrang das Vorhandensein von Strafschärfungsgründen im einzelnen Fall und das Maß der erhöhten Strafdrohung. Nennt das Gesetz keine Strafschärfungsgründe, entscheiden in gleicher Weise das Vorliegen von Milderungsgründen und der Umfang der Milderungsmöglichkeit[187]. Bei der Gegenüberstellung der Rangordnungen von StGB, Justiz und Bevölkerung[188] ergibt sich somit folgendes Bild (siehe auch Tabelle 11[189]):

Gewichtung 1 versehen. Vgl. zum Ergebnis dieser Gewichtungen die Übersicht hier auf der Seite 154 und die Basistabelle im Anhang, S. 218.

[186] Die ermittelte Rangordnung ist auf S. 155 mitabgebildet.

[187] Verfahren nach *v. Oppeln-Bronikowski* 1970, S. 98 f.

[188] Hier 14- bis 25jährige männliche Befragte aus X.

[189] Vgl. S. 155.

Vergleich StGB und Justizpraxis $r_s = 0.8750$
Vergleich StGB und Bevölkerung $r_s = 0.7108$
Vergleich Justizpraxis und Bevölkerung $r_s = 0.5643$.

Diese Werte bedeuten, daß zwischen den Rangordnungen von StGB und Justizpraxis ein enger Zusammenhang besteht (signifikant auf dem 0,1 ‰-Niveau). Auch zwischen der Bevölkerung und dem StGB ist relativ große Übereinstimmung festzustellen; der Rangkorrelationskoeffizient ist hier auf dem 0,5 ‰-Niveau signifikant. Bei Justizpraxis und Bevölkerung jedoch ist der Zusammenhang zwischen den Einstufungen der Delikte schwächer, aber immer noch signifikant auf dem 2,5 ‰-Niveau.

Tabelle 11

Vergleich der Deliktsrangordnungen von

StGB[190]	**Justizpraxis**[191]	**Bevölkerung**[192]
1. Notzucht	1. Notzucht	1. Unzucht mit Kindern
2. Unzucht mit Kindern	2. Unzucht mit Kindern	2. Notzucht
3. Gewaltunzucht	3. Gewaltunzucht	3. gefährliche Körperverletzung
4. schwerer Diebstahl	4. schwerer Diebstahl	4. Gewaltunzucht
5. gefährliche Körperverletzung	5. Rauschgiftdelikt	5. Freiheitsberaubung
6. Freiheitsberaubung	6. Freiheitsberaubung	6. Nötigung
7. Betrug	7. Urkundenfälschung	7. leichte Körperverletzung
8. Urkundenfälschung	8. Betrug	8. schwerer Diebstahl
9. einfacher Diebstahl	9. gefährliche Körperverletzung	9. Bedrohung
10. Rauschgiftdelikt	10. Unterschlagung	10. Betrug
11. Nötigung	11. einfacher Diebstahl	11. Rauschgiftdelikt
12. leichte Körperverletzung	12. leichte Körperverletzung	12. Urkundenfälschung
13. Unterschlagung	13. Bedrohung	13. Unterschlagung
14. Sachbeschädigung	14. Nötigung	14. einfacher Diebstahl
15. Bedrohung	15. Sachbeschädigung	15. Sachbeschädigung

190 In der Fassung von 1972.

191 Nach verhängten Strafen.

192 14- bis 25jährige männliche Befragte aus X.

9.4. Bevor man nun die Übersichten unter dem Aspekt der unterschiedlichen Bewertung von Rechtsgütern betrachtet[193], ist zunächst zu prüfen, ob eine solche Analyse mit den hier vorliegenden Daten erbracht werden kann, bzw. ob nicht schon ein (dogmatisch fundiertes) Modell vorliegt, das in die Untersuchung eingefügt werden könnte.

Häufig wird in der strafrechtlichen Literatur dargelegt, daß „in der Festlegung des Strafrahmens die Würdigung des Deliktstypus durch den Gesetzgeber zum Ausdruck kommt“[194]. Die unterschiedliche Strafdrohung drückt auch die verschiedene Bewertung der geschützten Rechtsgüter aus[195]. Allerdings meint Oehler[196], daß der Strafrahmen „nicht unbedingt einen Anhaltspunkt für eine Bewertungsreihe der Rechtsgüter bietet, da er nach der Intensität des Angriffs, dem besonderen Erfolg, der Täterpersönlichkeit und zahlreichen anderen Modalitäten abgestuft ist“. Oehler schlägt vor, zu dieser Frage die gesetzliche Reihenfolge der Tatbestände, die Legalordnung, heranzuziehen[197]. Danach schützt das geltende Recht zunächst den zwischenstaatlichen Frieden, den Staat, die gesetzgebende Gewalt, die vollziehende und die richterliche Gewalt. Es folgen die Delikte gegen die Religion, Familie und Sittlichkeit. Bei den Straftaten gegen den Einzelnen wird die Ehre, der persönliche Lebensbereich, das Leben, der Körper und die persönliche Freiheit geschützt. Es schließen sich die Delikte gegen das Eigentum und Vermögen an. Den Schluß bilden die gemeingefährlichen Straftaten und die Amtsdelikte.

Diese Legalordnung beruht auf derjenigen des preußischen StGB von 1851. Die Rangordnung der Rechtsgüter blieb allerdings nicht unverändert. Nach Maurach[198] erfolgte eine Verschiebung „unter der Hand durch Änderungen der Strafdrohungen, in denen der Schutz des Lebens in den Vordergrund gerückt, die Strafwürdigkeit der Verbrechen gegen den Bestand des Staates abgewertet wird.“ Aber nicht nur in diesen Bereichen ist eine andere Wertorientierung festzustellen. Auch bei den Taten auf dem Gebiet der Sexualsphäre, der persönlichen Freiheit und neuerdings bei der Wirtschaftskriminalität werden andere Einstellungen deutlich, die meist eine Änderung der Strafdrohungen nach sich ziehen. Somit

---

[193] *Arzt* 1976, S. 35 bemerkt hierzu kritisch: „Die Versuche, die Schwere der Delinquenz zu messen, erlauben jedoch allenfalls mittelbare Rückschlüsse auf die Einschätzung des Gewichts verschiedener Rechtsgüter in ihrer Relation zueinander!“

[194] *Exner* 1931, S. 57; vgl. dazu auch *Oehler* 1950, S. 2 ff.; *Maurach* 1969, S. 8; *Ders.* 1971, S. 328; *Jescheck* 1972, S. 34, 193 ff.; *Hassemer* 1973, S. 209.

[195] *Jescheck* 1972, S. 34; *Amelunxen* 1975, S. 90; vgl. dazu auch *Bruns* 1974, S. 70 ff.

[196] *Oehler* 1950, S. 2.

[197] *Ders.* 1950, S. 2; vgl. dazu auch *Maurach* 1969, S. 6 ff.

[198] *Maurach* 1969, S. 8; vgl. dazu auch *Amelunxen* 1975, S. 91.

bleibt also fraglich, ob die Legalordnung im Vergleich zu den Strafdrohungen eine präzisere Aussage über die gegenwärtige Rangordnung der Rechtsgüter im StGB zuläßt.

Neben den variierenden Strafdrohungen gibt es weitere Anhaltspunkte für die Rangordnung der Rechtsgüter z. B. im neuen § 34 StGB[199], der den sogenannten rechtfertigenden Notstand regelt. Dort findet sich folgende Reihenfolge der Werte: Leben, Leib, Freiheit, Ehre, Eigentum und andere Rechtsgüter. Die Rechtsprechung hat diese schon seit langem[200] bekannte Rechtsfigur leider nicht so präzisiert, daß ein Hierarchiemodell von Strafgesetzgeber und Rechtsprechung detailliert vorgestellt werden kann.

Hassemer ist der Ansicht[201], „daß die konkreten Ergebnisse der Notstandslehre für die Bewertung von Rechtsgütern äußerst dürftig sind". Punktuell seien Ordnungsverhältnisse von Rechtsgütern festgelegt. Jedoch bleibt auch dieser Sachverhalt fraglich, wenn man Maurach folgt, der darlegt[202], daß „der Vorgang der Güterabwägung, eine der schwersten richterlichen Aufgaben, zwar objektivierend, zugleich aber auch aufs äußerste individualisierend ist". Nach Maurach entscheidet der Einzelfall[203].

Somit sind die hier verwandten — groben — Meßinstrumente, Schwere der Sanktionen im StGB und Gewichtung verhängter Strafen, für die Bewertung der Rechtsgüter durch die Justiz und den Gesetzgeber zwar nicht befriedigend, aber auch nicht ersetzbar durch andere, ähnlich leicht anwendbare Methoden[204], die ein genaueres Bild geben könnten. Unter diesem Aspekt sollten die folgenden Ergebnisse betrachtet werden.

9.5. Die drei Rangordnungen von StGB, Justizpraxis und Bevölkerungseinstellung (vgl. Tabelle 11, S. 155) zeigen, daß — weil vorsätzliche Tötungsdelikte nicht erfragt wurden — die Sittlichkeitsdelikte übereinstimmend als schwerste Taten eingestuft werden. Differenzen liegen aber vor bei den Eigentums- sowie bei den Körperverletzungsdelikten. Hier kann gesagt werden, daß Gesetz und Justiz Eigentumsdelikte schwerer, Körperverletzungsdelikte jedoch leichter als die Befragten bewerten. An den vergleichsweise niedrigen Plazierungen der Dieb-

---

[199] Vgl. *Dreher* 1975, § 34, 3 B a, S. 197.

[200] Vgl. dazu *Maurach* 1971, S. 322 ff.; Urteil des RG v. 11. 3. 1927.

[201] *Hassemer* 1973, S, 209.

[202] *Maurach* 1971, S. 328.

[203] *Ders.* 1971, S. 328.

[204] Vgl. zu anderen Verfahren zur Begründung eines Hierarchiemodells von Rechtsgütern *Hassemer* 1973, S. 222 ff.; siehe im übrigen auch die Bewertung der im Verkehrszentralregister eingetragenen Verkehrsstraftaten und Verkehrsordnungswidrigkeiten je nach ihrer Schwere mit 1 - 7 Punkten (in der Allgemeinen Verwaltungsvorschrift zu § 15b StVZO).

stahlstatbestände durch die Bevölkerung läßt sich erkennen, daß Würtenberger[205] wohl zu Recht von einer „Relativierung des Eigentumsbegriffs" spricht, was „zu einer Umwertung des Unrechtsgehalts von Diebstahl und Unterschlagung sowie zu einer Abschwächung des dem Eigentum bisher gewährten Strafrechtsschutzes zu führen scheint". Die gegenwärtigen Tendenzen, bestimmte leichtere Formen des Diebstahls zu entkriminalisieren[206], dürften den Beurteilungen des Tatbestandes durch die Bevölkerung entgegenkommen.

Die körperliche Unversehrtheit dagegen scheint ein Rechtsgut zu sein, bei dem weder der Gesetzgeber, noch die Justiz die Erwartungen der Rechtsunterworfenen auch nur in Ansätzen befriedigen. Möglicherweise ist dies ein Bereich, bei dem sich die allgemeine Verletzbarkeit und Sensibilität sichtbar verstärkt hat[207], diese veränderte Zeitströmung aber von der Justiz nicht in dem Maße erkannt und somit nicht in die Rechtsprechung einbezogen wird.

Wiethölter beklagt deshalb auch vehement, daß dieses Strafrecht einer „Besitz- und Bildungsgesellschaft"[208] von 1871 Urteile zuläßt, die für Eigentumsdelikte wesentlich härter ausfallen können als bei Körperverletzung. Auch Würtenberger führt dazu in seinen Überlegungen zum notwendigen „Umbau der Rechtsgüterordnung" aus: „Keineswegs eindeutig zu beantworten ist die Frage, ob das im Grundgesetz proklamierte Recht auf körperliche Unversehrtheit innerhalb der Strafrechtsordnung jenen Schutz genießt, den dieses Rechtsgut nach dem Maßstabe der Achtung der Menschenwürde heute verdient[209]."

Bei der Einordnung der übrigen Tatbestände durch die Befragten fällt weiter insbesondere die hohe Plazierung von Nötigung und Bedrohung auf. Hier dürften die Diskrepanzen jedoch weniger groß sein, da die Bevölkerung, wie sich aus der Beispielsanalyse erkennen ließ[210], nicht nur Handlungen nach §§ 240, 241 StGB bewertete, sondern auch an Delikte wie Erpressung dachte. Trotzdem kann festgestellt werden, daß diese Straftaten gegen die persönliche Freiheit von den Befragten um einiges schwerer eingeschätzt werden als vom Gesetzgeber[211] oder der Justizpraxis.

---

[205] *Würtenberger* 1973, S. XVI; vgl. dazu auch *Friedmann* 1969, S. 75 - 98, 194 und *Kaiser* 1973, S. 100.

[206] Vgl. *Arzt* 1974, S. 693 - 703.

[207] *Kaiser* 1973, S. 104 weist auf die Möglichkeit hin, „daß das neuerdings modisch gewordene Gerede von der Aggressivität die Anzeigeschwelle gesenkt und die Definitionsbereitschaft verstärkt hat"; *Ders.* 1973, S. 139: „Zu erwägen ist eine höhere Empfindlichkeit und Verletzbarkeit der Gesellschaft sowie geringere Toleranz gegenüber Äußerungen und Ausbrüchen roher Gewalt, also eine andere gesellschaftliche Sensibilität." Vgl. dazu auch *Lenke* 1974, S. 83 mit weiteren Nachweisen.

[208] *Wiethölter* 1970, S. 78, 96, 97.

[209] *Würtenberger* 1959, S. 75.

[210] Vgl. S. 103 oben.

Beim Rauschgiftdelikt zeigt sich, daß die Gerichte im Jahre 1972 relativ hart urteilten und mit hohen Strafen anscheinend generalpräventive Wirkungen erzielen wollten. Die Ansichten der Betroffenen stehen dieser Einschätzung des Delikts ziemlich entgegen[212]. Die befragten 14- bis 25jährigen stuften diesen Tatbestand häufig als leichtesten ein. Allerdings ergab sich aus der Varianz ihrer Bewertung, daß die Übereinstimmung in der Stichprobe nicht allzu groß war. Insbesondere bei Rauschgifthändlern dürften durchaus auch von den Jüngeren Urteile bejaht werden, die durch Freiheitsstrafen die Gefährlichkeit solchen Handelns dokumentieren[213]. Beim bloßen Besitz und geringen Verbrauch scheint die befragte Bevölkerung jedoch eher keine Tatbestandsmäßigkeit sehen zu wollen. Hier klaffen die Bewertungen zwischen ihr und dem Gesetz sowie der Justiz auseinander[214].

Zu Recht führt zwar Kaiser aus[215], daß gerade bei jugendlichen und heranwachsenden Rauschgiftdelinquenten eine relativ milde strafrechtliche Sanktionierungspraxis festzustellen sei. Es werde differenziert vorgegangen, man erfasse jedoch offenbar noch immer vorwiegend minderschwere Fälle, versuche das Drogenproblem in den gesamten jugendkriminologischen Zusammenhang einzufügen[216]. Doch ändert diese vernünftige Reaktion nichts an der Tatsache, daß auch in der Jugendrechtspflege das Rauschgiftdelikt immerhin als mittelschweres Delikt angesehen wird. Gewichtet man nämlich die verhängten Strafen wie oben dargestellt[217] bei den nach Jugendstrafrecht Verurteilten von 1972 und vergleicht dann die Rangordnung der entsprechenden Tatbestände, so ist feststellbar, daß das Delikt zwar nicht mehr wie bei der Justizpraxis aufgrund allgemeinen Strafrechts im ersten Drittel rangiert[218]. Immerhin wird aber der 8. Platz noch vor Urkundenfälschung und Betrug erreicht. Dies bedeutet, daß die Bewertungsdiskrepanz zwischen Jugendjustiz

---

211 Betrachtet man die früheren Strafrahmen der Nötigung, ergibt sich, daß hier der Gesetzgeber schon häufig die Höchststrafe geändert hat. 1943 konnte bei besonders schweren Fällen sogar Zuchthaus bis zu 15 Jahren verhängt werden. Bis zum 1. Strafrechtsreformgesetz aus dem Jahre 1969 ging der Strafrahmen noch bis zu 10 Jahren.

212 Vgl. dazu auch *Kreuzer* 1975a, S. 149 ff. und 202 ff.

213 Vgl. dazu auch *Jugendbericht* 1973, S. 283, 289.

214 Vgl. dazu den Gesetzentwurf der *holländischen* Regierung, die Besitz und Gebrauch „weicher“ Drogen in Zukunft sehr milde bestrafen will (FAZ v. 27. 5. 1975). Kleine Mengen Rauschgift zum persönlichen Gebrauch bei sich zu führen oder zu konsumieren ist nach dem neuen *italienischen* Drogengesetz nicht mehr strafbar. Bisher konnte der Besitz schon winziger Mengen Haschischs mit einem oder zwei Jahren Gefängnis bestraft werden. Händler und Konsumenten wurden gleich behandelt (FAZ v. 3. 1. 1976).

215 *Kaiser* 1973a, S. 252 ff.

216 *Ders.* 1973a, S. 253.

217 Vgl. S. 153 oben.

218 Vgl. S. 155 oben.

und jugendlicher Einstellung zwar geringer ist als zwischen Justizpraxis nach Erwachsenenstrafrecht und jugendlicher Einschätzung[219]. Ein Unterschied bleibt aber bestehen, denn offensichtlich sehen die Befragten das Delikt in der Hauptsache als leicht an, während die Jugendjustiz nach der obigen „Berechnung" zu einer mittelschweren Bewertung gelangt[220].

Unterschiede gibt es schließlich auch bei Delikten wie Betrug und Urkundenfälschung. Die relativ leichte Einschätzung des Betrugs im Vergleich zu Gesetz und Justiz kann mit der oben skizzierten Veränderung des Eigentumsbegriffs zusammenhängen. Eine Umwertung des Unrechtsgehalts von Diebstahl und Unterschlagung hat auch eine veränderte Einstellung gegenüber Straftaten gegen das Vermögen zur Folge. Die Einstufung der Urkundenfälschung als eines der leichteren Delikte hat wohl weniger damit zu tun, daß die Befragten die Sicherheit des Rechtsverkehrs nicht zu würdigen wissen, sondern vielmehr mit den Beispielen, an die häufig gedacht wurde. Die jungen Befragten wußten, daß das Selbstunterschreiben von Klassenarbeiten, Entschuldigungen oder Zeugnissen auch den Tatbestand erfüllt, konnten solche Praktiken aber offensichtlich nicht als mittelschweres Delikt einstufen. Gesetz und Justiz haben sich mit ganz anderen Fällen zu befassen. Die hier aufgezeigte Diskrepanz zwischen den Einstellungen muß also eher als Auswirkung eines nicht adäquaten Meßverfahrens betrachtet werden.

9.6. Insgesamt zeigen die hier dargestellten drei Rangordnungen, daß die Rechtsgüterordnung von Gesetzgeber und Justiz durch die Einstellungen der 14- bis 25jährigen Befragten nicht uneingeschränkt bejaht und unterstützt wird. Diskrepanzen, wie z. B. bei den Eigentums- und Körperverletzungsdelikten deuten veränderte Wertorientierungen an. Dies bedeutet jedoch nicht unbedingt, daß hier der Gesetzgeber reagieren muß. Denn allein schon die relativ weiten Strafrahmen lassen erkennen, daß die Legislative mit solchen veränderten Zeitströmungen gerechnet hatte und der Justiz die Möglichkeit schuf, gewissen Umorientierungen Rechnung zu tragen und eine andere modernere Rangordnung der Rechtsgüter in der täglichen Gerichtspraxis zu entwickeln.

---

[219] Vgl. S. 155 oben.

[220] Denkbar ist immerhin, daß bei den Gerichten vor allem die (schweren) Fälle des „dealers" zur Anklage und Verurteilung kommen, viele Fälle des bloßen Besitzes „weicher" Drogen aber nach §§ 45 und 47 JGG erledigt werden.

10. Zusammenfassung

10.1. Die vorliegende Untersuchung hatte folgende Hauptziele: Überprüfung der unterschiedlichen Schwereeinschätzung von Delikten von Angehörigen verschiedener sozialer Schichten und Altersgruppen und von Opfern und Tätern.

Es wurde außerdem untersucht, ob die Schulbildung einen Einfluß auf die Einstellung zu den Delikten hat, sowie, ob die Probanden in ihren diesbezüglichen Ansichten eher mit den Freunden oder mit den Eltern übereinzustimmen glauben.

Ein weiterer Aspekt war der Vergleich der Rangordnung der Delikte im Strafgesetzbuch mit den Wertungen von Justiz und Bevölkerung. Im methodischen Bereich wurde überprüft, inwieweit die Befragten die Deliktsbeschreibungen kannten und verstanden. Es wurde untersucht, ob die Probanden in der Lage waren, konsistente Urteile über die Schwere von Delikten abzugeben. Schließlich wurde ein Vergleich zweier sozialwissenschaftlicher Skalierungsmethoden bezüglich ihrer Effizienz durchgeführt.

Die zahlreichen, zum großen Teil widersprüchlichen Ergebnisse früherer in- und ausländischer Untersuchungen, die sich mit ähnlichen Fragestellungen beschäftigten, machten es notwendig, den Problembereich erneut und in breiterem Rahmen zu analysieren. Es wurden Hypothesen erarbeitet und im Lichte der Sozialisationstheorie erörtert. Die am Max-Planck-Institut parallel durchgeführte Dunkelfeldstudie der Forschungsgruppe Kriminologie, betreut von Stephan, erlaubte es, die jeweiligen Resultate in Beziehung zu setzen, so daß auch die Einstellung von nichtregistrierten Tätern und Opfern untersucht werden konnten.

10.2. Zu diesem Zweck wurden im Herbst 1972 333 14- bis 25jährige männliche Einwohner der Stadt X befragt. 257 von ihnen wurden später in der Dunkelfeldstudie untersucht. Ergänzend dazu schätzten außerdem 104 Strafgefangene die Delikte nach der Schwere ein.

Zu Beginn der Einstellungsmessung wurden den Probanden (allerdings nur in X, nicht bei den Strafgefangenen) 15 Deliktsdefinitionen vorgelegt. Nach Durchsicht gaben die Versuchspersonen zu jedem einzelnen Delikt ein Beispiel oder erklärten, was sie persönlich darunter verstanden. Für die Schwereeinschätzung bekamen die Probanden die Deliktsdefinitionen in allen denkbaren Paarkombinationen (105) dargeboten. Sie entschieden pro Paar, welches von beiden das schwerere Delikt war (Paarvergleich).

Für die Überprüfung einer anderen, ökonomischeren Methode wurden Gymnasiasten und Strafgefangene gebeten, die 15 Delikte nach der von ihnen eingeschätzten Schwere in einer Rangreihe zu ordnen (Rangordnungsverfahren).

Die Attitüde der Opfer wurde festgestellt, indem die Probanden angaben, wie oft sie Opfer eines bestimmten Delikts geworden waren bzw. welcher Schaden dabei eingetreten war. Für die Tätereinstellung wurden die Versuchspersonen herangezogen, die in der Untersuchung von Stephan zugegeben hatten, Delikte begangen zu haben, sowie Strafgefangene aus den Anstalten von Freiburg und Schwäbisch Hall.

Ertrag der Arbeit

10.3. Darstellung der wesentlichen Ergebnisse im methodischen Bereich

10.3.1. Bei der Überprüfung des *Verständnisses* und der *Kenntnis* der verwandten Deliktsdefinitionen ergab sich, daß die Beschreibungen der Tatbestände insgesamt relativ gut verstanden wurden. Dies gilt insbesondere für die Eigentums- und Vermögensdelikte. Bei den Freiheitsdelikten Bedrohung, Nötigung und Freiheitsberaubung zeigte sich, daß die Tatbestände der §§ 240 und 241 StGB häufig untereinander und mit Erpressung verwechselt wurden. Die Definitionen der Körperverletzungsdelikte wurden meistens richtig verstanden. Schwierigkeiten gab es jedoch bei einzelnen Sittlichkeitsdelikten und beim Rauschgiftdelikt. Insbesondere bei der Gewaltunzucht scheint die Fehlerquote aber eher auf das „heikle" Thema und nicht so sehr auf Unverständnis zurückzuführen sein. Beim Rauschgiftdelikt wurde festgestellt, daß mehr als die Hälfte der Befragten der Ansicht war, daß nur die sogenannten „dealer" sich strafbar machen (vgl. oben S. 94 ff.).

10.3.2. Für die Schwereeinschätzung mit Hilfe des Paarvergleichs war es nicht nur wichtig zu wissen, ob die Probanden die Definition richtig verstanden hatten, sondern auch, ob sie überhaupt in der Lage waren, *konsistente Urteile* über die Schwere von Delikten abzugeben. Hier ergab sich, daß von 333 Befragten nur 3 nicht in der Lage waren, die Schwereeinschätzung konsistent durchzuführen. Gymnasiasten erzielten in diesem Bereich keine besseren Ergebnisse im Vergleich zu den Nichtgymnasiasten. Allerdings wurde insgesamt sichtbar, daß mit zunehmendem Alter konsistenter geurteilt wurde (vgl. oben S. 106 ff.).

10.3.3. Beim Vergleich der *Skalierungsmethoden* sollte geklärt werden, ob der zeitlich und technisch wesentlich aufwendigere Paarvergleich tatsächlich bei der Schwereeinschätzung von 15 Delikten zu präziseren Resultaten führt als das Rangordnungsverfahren. Die erhaltenen Werte zeigten, daß sich die Rangordnungen nach den einzelnen Methoden nur ganz unwesentlich unterschieden, so daß — zumindest bei einer Schwereeinschätzung von 15 Delikten durch Gymnasiasten und Probanden mit ähnlicher Bildung — das einfachere Rangordnungsverfahren vorzuziehen ist (vgl. oben S. 111 ff.).

10.4. Inhaltliche Ergebnisse der Schwereeinschätzung der Delikte

10.4.1. Die 333 Befragten stuften — da nach vorsätzlichen Tötungen nicht gefragt wurde — als schwerste Delikte die drei Sexualdelikte und die gefährliche Körperverletzung ein. Danach folgten Straftaten gegen die persönliche Freiheit, nämlich Freiheitsberaubung und Nötigung. Vor allen Eigentums- und Vermögensdelikten erreichte die leichte Körperverletzung den siebten Rang. Außerdem im Mittelbereich lagen schwerer Diebstahl, Bedrohung und Betrug. Nach dem Rauschgiftdelikt und der Urkundenfälschung wurden als leichteste Handlungen Unterschlagung, einfacher Diebstahl und Sachbeschädigung, also ausnahmslos Eigentumsdelikte, eingestuft (vgl. oben s. 113 ff.).

10.4.2. *Die Rangordnungen,* d. h. die Einstellungen der hier gebildeten drei *Altersgruppen* (14 - 17 Jahre, 18 - 21 Jahre, 21 - 25 Jahre) stimmten in hohem Maße überein. Bei *einzelnen* Delikten gab es allerdings altersspezifische Unterschiede in den Einstellungen. Hier übte auch die soziale Schicht einen Einfluß aus. Außer bei einzelnen Sittlichkeitsdelikten, die allgemein von den Jüngeren leichter eingeschätzt wurden, waren altersspezifische Einstufungen bei unterschiedlichen Delikten festzustellen, wenn die Zugehörigkeit zur sozialen Schicht kontrolliert wurde (vgl. oben S. 117 ff.).

10.4.3. Die *Rangordnungen* der drei *sozialen Schichten* (US = UUS + OUS; UMS; OS = MMS + OMS + OS) zeigten große Übereinstimmung.

Schichtspezifische Einstellungen ergaben sich bei *einzelnen* Delikten, wobei aber auch die Altersgruppe eine Rolle spielte. So wurden Körperverletzungsdelikte bei den 14- bis 17jährigen und den 22- bis 25jährigen mit steigender sozialer Schicht schwerer beurteilt. Bei den Probanden im Alter von 18 - 25 Jahren zeigte sich, daß die Angehörigen der unteren sozialen Schichten dem Rauschgiftdelikt weniger tolerant gegenüberstehen. Die Jugendlichen schätzten Notzucht und Gewaltunzucht mit höherer sozialer Schicht leichter ein, bei den Jungerwachsenen ergab sich dies Bild bei Unzucht mit Kindern. Schließlich erschienen schichtspezifische Unterschiede beim schweren Diebstahl. Bei den 18- bis 25jährigen stuften die Angehörigen der höheren sozialen Schichten diesen Tatbestand schwerer ein als die übrigen Probanden (vgl. oben S. 125 ff.).

10.4.4. *Opfer* wurden durch ihre Erfahrungen mit der Kriminalität nicht in dem Sinne beeinflußt, daß die Einstellungen zu einzelnen Delikten sich von denjenigen der Nichtopfer unterschieden. Es spielte auch keine Rolle, ob jemand schon sehr häufig Opfersituationen erlebt hatte, der Schaden relativ groß oder der Zeitpunkt der Tat kurz vor der Befragung oder lange vorher war (vgl. oben S. 133 ff.).

10.4.5. *Täter* unterschieden sich in der *Rangordnung* der Delikte nicht signifikant von Nichttätern.

Bei zwei Delikten ergaben sich signifikante, aber widersprüchliche Unterschiede in der Schwereeinschätzung. Täter stuften Sachbeschädigung schwerer ein als Nichttäter, beim Rauschgiftdelikt zeigte sich das umgekehrte Bild. Es ergab sich außerdem ein Zusammenhang zwischen Einstellung zum Delikt und statistischer Häufigkeit. Die subjektiv leichter bewerteten Delikte wurden eher begangen und in Dunkelfelduntersuchungen auch eher zugegeben (vgl. oben S. 137 ff.).

10.4.6. Beim Vergleich der Einstellungen von Probanden unterschiedlicher *Schulbildung* wurden Gymnasiasten und Nichtgymnasiasten untersucht. Es gab keine signifikanten Unterschiede hinsichtlich der Rangordnungen der Delikte.

Tatbestände wie Freiheitsberaubung, Nötigung, gefährliche Körperverletzung und Betrug stuften die Gymnasiasten jedoch als schwerer ein, während sie leichte Körperverletzung und das Rauschgiftdelikt leichter bewerteten als die Nichtgymnasiasten (vgl. oben S. 146 ff.).

10.4.7. Bei der Frage, wer nach Ansicht der Probanden eher mit ihnen übereinstimmt in der Schwereeinschätzung der Delikte, zeigte sich, daß die Probanden glauben, daß sie sowohl mit den Freunden als auch mit den Eltern im großen und ganzen der gleichen Meinung sind.

Bei 6 von 7 Untergruppen (nach Alter und Schicht) ergab sich die Tendenz, daß die Befragten annehmen, eher mit den Freunden noch etwas mehr übereinzustimmen als mit den Eltern. Beim Rauschgiftdelikt wurde allerdings deutlich, daß nach Ansicht der Probanden die Eltern diesen Tatbestand wesentlich schwerer einschätzen (vgl. oben S. 148 ff.).

10.4.8. Für den *Vergleich der Rangordnung der Delikte im Strafgesetzbuch mit den Wertungen von Justizpraxis und Bevölkerung* wurden die Tatbestände nach den jeweiligen maximalen Strafdrohungen des StGB geordnet und bezüglich der Justiz „berechnet", wie hoch die tatsächlich verhängten Strafen pro Delikt ausfielen. Es ergaben sich danach die Rangordnung der Delikte nach den Urteilen der Befragten, diejenige des Gesetzgebers und diejenige der Justizpraxis nach den einzelnen realen Strafzumessungen. Der Grad der Übereinstimmung wurde überprüft und es zeigte sich bezüglich der Rangordnungen kein signifikanter Unterschied.

Doch wurde deutlich, daß der Zusammenhang zwischen der Bewertung der Delikte durch das StGB und der Justizpraxis wie erwartet größer war als zwischen der Bevölkerung und dem StGB. Betrachtete man die Plazierung einzelner Delikte, zeigte sich u. a., daß Gesetz und Justizpraxis Eigentumsdelikte schwerer[221], Körperverletzungsdelikte jedoch leichter bewerten als die Befragten. Hier deuten sich möglicherweise veränderte Wertorientierungen an. Bezüglich des Rauschgiftdelikts wurden ebenfalls Unterschiede zwischen Justiz und Bevölkerung erkennbar. Hier kann aber aus der Analyse der Deliktsbeispiele angenommen werden, daß Bevölkerung und Justiz in der Bewertung der sog. „dealer" übereinstimmen, beim bloßen Besitz und geringen Verbrauch die Befragten jedoch eher keine Tatbestandsmäßigkeit und damit keine Strafbarkeit befürworten (vgl. oben S. 150 ff.).

10.5. Bisher wurden der Untersuchungsverlauf sowie die Resultate der Schwereeinschätzung dargestellt. Im weiteren sollen abschließend ein kurzer Rückbezug auf die in der Einleitung aufgeworfenen Fragen, die in der Untersuchung überprüften Hypothesen und Theorien sowie ein Versuch folgen, aus den Ergebnissen der Studie Schlüsse für die Rechts- und Jugendpolitik zu ziehen.

10.5.1. Wie zu Beginn ausgeführt wurde, ist die Schwereeinschätzung von Delikten im letzten Jahrzehnt am häufigsten im Zusammenhang mit Studien über einen Kriminalitätsindex erörtert worden. Insbesondere die Untersuchung von Sellin und Wolfgang (1964) hat ein großes Echo gefunden. In Deutschland hat Schindhelm (1972) diesen Bereich in einer eingehenden Studie untersucht. Die hier vorgelegte Arbeit befaßte sich mit diesem Fragenkomplex nur am Rande. Es wurde überprüft, inwieweit die Annahme von Sellin und Wolfgang zutrifft, in allen sozialen Schichten herrsche weitgehend Übereinstimmung über die Schwereeinschätzung von Delikten. Die Tatsache, daß bei den Gesamtrangordnungen der befragten drei sozialen Schichten keine signifikanten Unterschiede gefunden wurden, deutet daraufhin, daß in dem untersuchten Bereich (Einstellung zu Delikten) keine Subkultur z. B. im Sinne von Miller (1974) vorhanden ist, die einer völlig andersartigen Wertorientierung folgt.

Die unterschiedlichen Bewertungen von Körperverletzungs-, Rauschgift-, einzelnen Sittlichkeitsdelikten und beim schweren Diebstahl zeigen aber, daß schichtspezifische Einstellungen durchaus möglich sind, insbesondere wohl dann, wenn man auch die Extremgruppen, z. B. in einer Großstadt, erfassen kann. Berücksichtigt werden muß jedoch, daß die Wertorientierung nicht allein von der Schicht, sondern auch vom je-

[221] Dies gilt zunächst für das StGB. Relativiert wird diese Wertung jedoch durch das Inkrafttreten der geänderten §§ 153 ff. StPO seit 1. 1. 1975.

weiligen Alter und umgekehrt beeinflußt wird. Diese Tatsache ist in der vorgelegten Studie sehr deutlich geworden.

10.5.2. Daß die Angehörigen der drei Altersgruppen (14 - 17, 18 - 21, 21 - 25 Jahre) in den Gesamtrangordnungen in hohem Maße übereinstimmen, beweist, daß die Sozialisation in diesem Bereich schon im Jugendalter weit fortgeschritten, wenn man so will, erfolgreich verlaufen ist. Allerdings muß man differenzieren. Die Ergebnisse zeigen einmal, daß die jungen Probanden bei den meisten Delikten ziemlich gut wissen, welche Handlungen durch welchen Tatbestand erfaßt werden. Eine gewisse Rechtskenntnis ist also gegeben. Auf der anderen Seite jedoch findet sich aber, gerade auch bei den Jugendlichen, bei einigen Tatbeständen ziemliche Unsicherheit in der Schwereeinschätzung der Delikte und ganz deutlich wird bei den Heranwachsenden und Jungerwachsenen, daß „richtige" Kenntnisse und „richtige" Einstellungen nicht unbedingt rechtstreues Verhalten nach sich ziehen. Gerade bei diesen Gruppen ist die Diskrepanz zwischen Einstellung und Handeln sichtbar, wenn man die Daten der Kriminalstatistiken und Dunkelfelduntersuchungen hinzuzieht. Die Angehörigen dieser Altersgruppen stimmen zwar auch mit ihren Eltern in den Einstellungen weitgehend überein — sie glauben es zumindest. In ihrer sozialen Handlungsweise — sie sind die offiziell am höchsten Delinquenzbelasteten aller Altersgruppen — zeigt sich jedoch, daß die Verinnerlichung der Normen noch nicht in dem Maße gelungen ist, daß das Verhalten der Kenntnis angepaßt wird.

10.5.3. Auch die Täter zeigten eine „normale" Schwereeinschätzung von Delikten und es gibt kein Indiz in dem erfragten Bereich für eine subkulturelle Wertorientierung. Sie kennen durchaus die allgemeine Einstellung und stimmen — zumindest in dieser Untersuchung — auch verbal mit ihr überein. Wie schon erwähnt, wird aber deutlich, daß die Kenntnis der Normen allein offensichtlich nicht ausreicht, um rechtswidriges Verhalten zu verhindern. Hier war anscheinend der Sozialisationsprozeß nur teilweise erfolgreich abgelaufen. Zwar werden die Verhaltensregeln gelernt, ihre Bedeutung und ihr Rang weitgehend akzeptiert. Es fehlt aber offensichtlich an gewissen Techniken, sich den gelernten Normen entsprechend zu verhalten. In der Wissenschaft herrscht Streit darüber, ob der Begriff der Sozialisation dieses Sozialbleiben, die Normtreue mitumfaßt[222]. Dies sei mehr eine Frage der Erziehung, Lehre, sozialen Kontrolle, Beeinflussung, Interaktion und des Umgangs[223]. Doch kann dies dahingestellt bleiben, wenn man sich nur im klaren ist, daß die Jugendlichen mehr benötigen als schlichtes Vermitteln von Normkenntnissen

---

[222] *Kaiser* 1972, S. 8.

[223] *Ders.* 1972, S. 8 mit kritischer Analyse.

und späteren Rechtsunterricht an den Schulen[224] bzw. „Rechtspropaganda“[225]. Hier ist offensichtlich ein „soziales Training“ notwendig, das die Möglichkeit verschafft, bestimmte Techniken zu erlernen, um in gewissen Konfliktsituationen normtreu bleiben zu können. Training bedeutet aber nicht nur Spielraum und Gelegenheit zum Fehlermachen ohne negative Sanktion, sondern insbesondere auch Hilfestellung und Anleitung. Ob diesem Konzept das geltende Jugendrecht gerecht wird, bleibt fraglich. Nicht umsonst plädiert Kaiser in einer Analyse dieser Regelungen dafür, daß „die Sozialisationsangebote zu vergrößern . . ., durch Sozialarbeit und Sozialpädagogik zu verstärken sind“[226]. Hier hat die Rechts- und Jugendpolitik in der Reform des Jugendrechts noch einiges aufzuarbeiten. Die gegenwärtigen Entwürfe scheinen bisher über „systemimmanente Reformen“[227] noch nicht hinausgekommen zu sein.

10.5.4. Die tolerante Einstellung der Opfer überrascht zunächst, wenn man feststellt, daß sie in keinem Fall das erlittene Delikt schwerer einstufen als die übrigen Befragten. Dies deutet auf eine gewisse Distanz hin, die nur schwer zu erklären ist. Zwar kann man annehmen, daß die Opfer durchaus in der Lage waren, während der Untersuchung zu abstrahieren; denkbar ist aber auch, daß bei manchen Delikten einige Opfer auch schon Täter waren und dadurch die „Ausgewogenheit“ der Einstellung zustande kam[228].

10.5.5. Bei einer anderen Fragestellung, dem Vergleich der Rangordnung der Delikte im Strafgesetzbuch mit den Wertungen von Justizpraxis und Bevölkerung zeigen sich durchaus Unterschiede in der Wertorientierung. Die festgestellte Diskrepanz ist aber nicht so groß, daß von einer Kluft zwischen Justizpraxis und Bevölkerung gesprochen werden könnte, die zu schnellen Überlegungen und Maßnahmen führen müßte. Allerdings ist auch hier wieder einschränkend zu fragen, wie wohl die Ergebnisse bei einer Großstadtstichprobe aussähen. Hier, wie auch bei den anderen Problembereichen, wirkt sich aus, daß die Ergebnisse bei einem Kleinstadtsample gewonnen wurden, eine Verallgemeinerungsfähigkeit der Resultate deshalb beschränkt bleiben muß.

10.5.6. Trotzdem dürfte wohl generell gelten, daß die gefundene allgemeine Rangordnung der Delikte Hinweise für die Anzeigebereitschaft

---

[224] Siehe dazu *Offenloch* 1972, S. 17 ff.; *Kaiser* 1973, S. 32; *Buschmann* 1975, S. 315; *Keimer-Engell* 1975.

[225] *Reuter* 1971, S. 1746 - 1760.

[226] *Kaiser* 1975a, S. 214.

[227] *Ders.* 1975a, S. 216.

[228] Nicht auszuschließen ist aber auch, daß das Untersuchungsinstrument diesen Bereich nicht adäquat erfaßte und eine andere Fragenformulierung zu in diesem Fall präziseren Ergebnissen geführt hätte.

der Bevölkerung liefert, daß sie auch zeigt, bei welchen (als schwer eingestuften) Tatbeständen Dunkelfelduntersuchungen mit verzerrten Ergebnissen durch unwahre Aussagen rechnen müssen.

Man wird davon ausgehen können, daß z. B. Sittlichkeits-, Körperverletzungs- wie auch Freiheitsdelikte, die als relativ schwer gelten, häufiger angezeigt werden als andere und in diesem Bereich das Dunkelfeld kleiner bleibt als bei leichten Delikten[229]. Die Folge dieser Tatsache ist aber auch, daß die Dunkelfeldstudien insbesondere bei diesen als schwer bewerteten Tatbeständen ungenaue Daten erhalten, bei leichteren Delikten die Angabebereitschaft aber größer ist und deswegen auch ein realistischeres Bild geliefert wird, wenn hier nicht wiederum andere Fehlerquellen wie Vergeßlichkeit oder Übertreibung die Ergebnisse beeinflussen.

10.5.7. Schwereeinschätzung von Delikten und entsprechende Rangordnungen geben auch Aufschluß darüber, wie die Bevölkerung gegenwärtige gesetzgeberische Maßnahmen und Überlegungen zur Entkriminalisierung von bestimmten Handlungsweisen wie z. B. Ladendiebstahl beurteilt. Die Bewertung des (einfachen) Diebstahls als besonders leichtes Delikt zeigt, daß leichteren und anderen (z. B. zivilrechtlichen) Formen der Sanktionierung von seiten der Bevölkerung wohl kaum Widerstand entgegengebracht wird. Andere Schlüsse hätte man ziehen müssen, wenn dieser Tatbestand bei den mittelschweren oder schweren Delikten eingestuft worden wäre.

Rangordnungen können Hinweise geben, in welche Richtung allgemeine rechtliche Überzeugungen bzw. Veränderungen der Einstellungen gehen und sie können dadurch auch zeigen, in welchen Bereichen Informationen und Aufklärung für ein besseres Verständnis mancher rechtspolitischer Entscheidungen notwendig sind.

Die Schwereeinschätzung ist außerdem ein Indiz für die generalpräventive Wirkung bestimmter Strafgesetze. Wenn, wie Cramer ausführt[230], die Generalprävention u. a. das Bewußtsein voraussetzt, „daß das geplante Vorhaben strafwürdig ist", lassen sich die jeweiligen Einstellungen zu dieser Frage mit Untersuchungen zur Schwereeinschätzung feststellen. Verminderte generalpräventive Wirkungen müssen bei den am leichtesten eingestuften Delikten — hier bei einfachem Diebstahl und Sachbeschädigung — angenommen werden. Sicher gilt das auch für diejenigen Tatbestände, die zu einem bestimmten Zeitpunkt als sehr schwer,

---

[229] Vgl. dazu *Kaiser* 1973, S. 164, der darauf hinweist, daß z. B. bei Sittlichkeitsdelikten auf eine „spezifische Empfindlichkeit, Verletzbarkeit und Verfolgungspraxis der deutschen Kultur" geschlossen werden könne; vgl. außerdem *Schneider, Burcart* und *Wilson* 1976, S. 97 ff.

[230] *Cramer* 1974, S. 14.

danach aber als immer leichter beurteilt werden. Dies konnte in der vorliegenden Arbeit jedoch nicht überprüft werden.

10.5.8. Abschließend sei noch auf den Einfluß der Schwereeinschätzung von Delikten auf die Möglichkeiten der Resozialisierung von Straftätern hingewiesen. Es ist anzunehmen, daß die Wiedereingliederung von Tätern, die eine als schwer empfundene Tat begangen haben, weit mehr Aufwand und Mühe kostet als z. B. bei Personen, die nur eine Sachbeschädigung oder einen Ladendiebstahl verübt haben. Sittlichkeitsdelikte z. B. können durchaus leichten Charakter haben. Stuft jedoch die Öffentlichkeit solche Taten generell als sehr schwer ein, sind Ergebnisse von Untersuchungen verständlich, die zeigen, daß 87 % der Befragten nichts mehr mit einem solchen Bekannten zu tun haben wollen[231]. Hier muß man erkennen, daß die Rangordnungen auch Hinweise für Stigmatisierungstendenzen geben können, die bei der Resozialisierungsarbeit berücksichtigt werden sollten[232].

10.5.9. Insgesamt kann also gesagt werden, daß die Schwereeinschätzung von Delikten für zahlreiche kriminologische und rechtspolitische Problembereiche[233] wichtige Hinweise und Antworten liefert. Zwar sind durch die vorgelegten Daten eine Reihe wesentlicher Fragestellungen geklärt worden. Dennoch ist nicht zu verkennen, daß unser Wissen über diesen Bereich noch weiterer ergänzender Studien[234] und Ergebnisse bedarf.

(10) Summary

10.1 The main aim of the investigation described here was as follows: to examine the different estimates of the seriousness of offences among members of different social classes and age-groups, and among victims and offenders.

We also investigated whether education had an effect on attitudes to offences and whether our respondents thought that their views on this subject agreed more with those of their friends or those of their parents.

A further aspect of the study was a comparison of the rank-order of seriousness of offences according to the legal code with their evaluation by judicial authorities and by the general population. At the methodological level we examined to what extent the respondents knew and understood the offence-descriptions. We tried to find how far the respondents were in a position to give consistent judgements of the seriousness of offences. Finally, we compared the efficiency of two social-scientific scaling methods.

---

[231] *v. Oppeln-Bronikowski* 1970, S. 129 ff.; *Engler* 1973, S. 160 f.; vgl. dazu auch *Schwind, Jany* und *Wohlgemuth* 1976, S. 106.

[232] Vgl. in diesem Zusammenhang *Friday* und *Kirchhoff* 1975, S. 223: „Aufschluß über stereotype Fehlvorstellungen geben auch die Untersuchungen im unbestraften Teil der Bevölkerung über das Bewußtsein von Häufigkeit und Schwere der Straftaten."

[233] Vgl. dazu auch den Überblick bei *Schindhelm* 1972, S. 103 ff., 124 ff.

[234] Vgl. dazu neuerdings *Baratta* 1975, S. 132 - 139.

The many, to some extent contradictory results of earlier German and other studies of similar questions make it necessary to analyse the whole problem-area again on a wider basis. Hypotheses were worked out and discussed in the light of socialization theory. We were able to relate our findings to those of the parallel study of the "dark figure" carried out by a team of the Criminological Research Unit of the Max Planck Institute under Stephan, so that the attitudes of unrecorded offenders and victims could be studied.

10.2 To this end, in autumn 1972 we questioned 333 male inhabitants of town X aged from 14 to 25. 257 of them were later studied in the "dark figure" project. In addition, 104 prisoners estimated the seriousness of certain offences.

At the beginning of this "attitude-measurement" 15 offence-definitions were presented to the respondents. (The prisoners were not included here.). After reading these, each respondent gave an example of such an offence or explained what he personally understood by it. For the estimation of seriousness the respondents received the offence-definitions paired in all possible ways (105 pairs). For each pair they decided which offence was the more serious (paired comparisons).

To examine another, more economical method, grammar school (high school) students and prisoners were asked to list all 15 offences in order of their own personal estimate of their seriousness (rank ordering method).

The attitudes of victims were ascertained since the respondents stated how often they had been victims of each type of offence and the extent of the loss or damage they had suffered. To examine the attitudes of offenders, we drew out the replies from those of our respondents who in the course of Stephan's study had admitted committing offences.

10.3 Methodological results of the present study:

10.3.1 From our examination of the *understanding* and *knowledge* of the offence-definitions it appeared that these descriptions of the offences were relatively well understood. This was especially so for property and money offences. For offences against the freedom of the person, threatening behaviour, coercion and kidnapping it appeared that the acts described in §§ 240 and 241 of the criminal code were often confused with each other and with extortion. The definitions of offences involving bodily injury were mostly understood correctly. There were difficulties with particular offences against morals and drug-offences. However, in the case of forcible sexual activity the high rate of error seemed to derive from the "delicate" topic rather than from misunderstanding. In the case of drug offences it was found that more than half the respondents believed that only the dealer made himself liable to a penalty *(see pp 94 ff. above)*.

10.3.2 For the estimation of seriousness by paired comparisons it was important to know not only whether the respondent understood the definitions correctly, but whether he was able in general to make *consistent judgements* on the seriousness of offences. Here it appeared that only 3 of the 333 respondents were not able to do this. Grammar school students achieved no better results here than the others. On the other hand it was generrally clear that judgements become more consistent with increasing age *(see pp. 106 ff. above)*.

10.3.3 By comparing the two scaling methods we hoped to establish whether the more time-consuming and technically more complicated method of paired comparisons led to more precise results in the estimation of seriousness of our 15 offences than did the method of rank ordering. The values obtained showed that the rank ordering method's results differed very slightly from those of the more detailed method, so that the simpler method is to be preferred, at least in the case where grammar school students or other similarly educated respondents are carrying out this task *(see pp. 111 ff. above)*.

10.4. Results of the estimation of offence-seriousness:

10.4.1 The respondents placed on the highest levels of seriousness the three sexual offences and causing grievous bodily harm. (Intentional homicide was not included in the study). Then followed crimes against personal freedom, i. e. kidnapping and coercion. The seventh rank was reached by minor bodily harm, ranking higher than any property offences. At the middle level lay serious theft, threatening behaviour and fraud. After drug offences and forgery the least serious offences were embezzlement, simple theft and damage to property (all of them property offences) *(see pp. 113 ff. above)*.

10.4.2 The *rank-orderings*, that is to say the attitudes, of the three *age-groups* 14 - 17, 18 - 21, 22 - 25 years, were in agreement to a great extent. Nevertheless a few offences produced age-specific differences in estimated seriousness. Social class also exerted an influence. Apart from particular offences against morality, which in general were seen as less serious by the younger groups, age-specific differences for different offences could be established when we controlled for class membership *(see pp. 117 ff. above)*.

10.4.3 The rank orderings of the three *social classes*, lower class (upper lower and lower lower), lower middle class and upper class (middle middle, upper middle and upper) showed a large level of agreement.

Class-specific differences were found for specific offences where age-group also played its part. Among the 14 - 17 and 22 - 25 year olds causing bodily harm was judged more serious as social class rose. Among the 18 - 25 year old respondents the members of the lower classes showed themselves less tolerant of drug offences. Youths (14 - 17) rated rape and forcible sexual activity lower among the higher social classes; among the young adults (22 - 25) this result appeared for sexual offences with children. Finally, there were class-specific differences in the case of serious theft. Among the 18 - 25 year olds the members of the higher classes judged this to be more serious than did the remaining respondents *(see pp. 125 ff. above)*.

10.4.4 *Victims* were not influenced by their experience of crime to adopt a different estimate of the seriousness of particular offences from that of non-victims. Nor did it play any part whether the respondent had often been victimized, nor whether the damage had been relatively high, nor whether the date of the crime was recent or a long time before the interview *(see pp. 133 ff. above)*.

10.4.5 *Offenders* did not make significantly different rank-orderings of offences from non-offenders.

Two offences yielded significant but contrary differences in estimated seriousness. Offenders rated property damage as more serious than non-offenders, while the picture was reversed for drug offences. But furthermore, there was a relationship between estimated seriousness and statistical frequency of an offence. The subjectively estimated less serious offences were more often committed, and more often admitted in the "dark figure" study *(see pp. 137 ff. above)*.

10.4.6 *Grammar-school pupils'* offence-seriousness estimates were compared with those of other respondents. No significant differences were found.

Offences such as kidnapping, coercion, causing grievous bodily harm and fraud were estimated as more serious by the grammar-school pupils, while they rated minor bodily harm and drug offences more lightly *(see pp. 146 ff. above)*.

10.4.7 To the question whether in their opinion their parents or their friends agreed more closely with their ratings of offence-seriousness, the respondents' answers showed that in general they thought that both groups shared their opinions.

6 out of the 7 age and class groups showed a tendency to suppose that their friends agreed rather more closely than their parents. It was particularly clear that the respondents felt that their parents regarded drug offences markedly more seriously *(see pp. 148 ff. above)*.

10.4.8 In order to compare the rank-ordering of offences in the criminal code with the evaluations found in judicial practice and among the population, the offences were ranked in order of the maximum penalty then imposable, and also according to the penalties reckonned actually to have been imposed for each offence. We had thus rank-orderings of the offences from the public, the criminal code (maximum penalty) and judicial authorities (actual penalty). The level of agreement between the three was examined and no significant differences were found.

As expected, there was a noticeably stronger agreement between the evaluations of judicial authorities and those based on the criminal code than between the public and the criminal code. If we examine individual offences, we see, among other things, that the criminal code and judicial authorities both regard property offences relatively more seriously, and bodily harm relatively more lightly, than did our respondents. Possibly we see different value-orientations here. In the case of drug offences differences were found between the judicial authorities and the public. Here however it can be accepted, on the basis of analysis of the offence-examples, that the public and the judicial authorities agree in their evaluation of the so-called "dealer" while simple possession and moderate use did not seem to the public to constitute a punishable offence *(see pp. 150 ff. above)*.

10.5 So far we have described the course of the research and the results obtained. Now, in conclusion, we shall consider briefly the questions raised in the introduction, and the hypotheses and theories tested in the research, and attempt to draw conclusions for criminal and youth policy from our results.

10.5.1 As we set out at the beginning of this report, the estimation of offence-seriousness has in the last ten years mainly been discussed in connection with studies of a crime index. In particular the study by Sellin and Wolfgang (1964) has produced a large echo. In Germany Schindhelm (1972) has carried out a very detailed study in this area. Our work described here is only marginally concerned with this question-area. We examined to what extent the assumption of Sellin and Wolfgang applied, that in all social classes a far-reaching agreement reigned in the estimation of offence-seriousness. The fact that in the overall rank-ordering no significant differences between the results from three social classes were found indicates that in the area examined (attitudes to offences) there is no subculture, e. g. in Miller's (1974) sense, with a totally different type of value-orientation.

However, the different values attached to bodily harm, drug offences, individual offences against morality and serious theft show that class-specific attitudes are possible, especially if one can get hold of extreme groups, e. g. in a large city. One must bear in mind that value-orientation ist not only influenced by class but also by age. This fact is very clearly brought out in the present study.

10.5.2 The fact that members of the three age-groups (14 - 17, 18 - 21, 22 - 25) largely agreed in the overall rank-orderings shows that this aspect of socialization is already, so to say, successfully achieved during youth. Nevertheless, one must differentiate. On the one hand the results show that the young respondents knew pretty well what behaviour was covered by most offence-categories; so a certain knowledge of the law was present. On the other hand, however, we also find among the youths an uncertainty in estimating the seriousness of certain offences, and it became very clear that among the youths and young adults "correct" knowledge and "correct" attitudes did not unconditionally draw law-conforming behaviour in their wake. It is precisely with these groups that the discrepancy between attitude and action becomes visible when one looks into the data provided by criminal statistics and "dark figure" studies. The members of these age-groups also agree substantially with the attitudes to offences of their parents, or at least they think they do. Yet in their style of social behaviour it appears that the internalization of norms has not yet gone so far that behaviour matches knowledge, for they are, officially, the age-group with the highest level of delinquency.

10.5.3 Offenders also showed "normal" estimates of offence-seriousness and in the area studied there is no sign of a different subcultural value-orientation. They know the general attitudes thoroughly, and, at least in the present study, they agree with them. As already stated, however, it is clear that knowing the norms is apparently not enough by itself to prevent illegal behaviour. Here apparently the socialization-process has only run a partially successful course. The rules of behaviour have been learned, their meaning and relative importance largely accepted. Apparently, however, the technique of acting according to these learned norms is missing. Scientists dispute whether the term socialization covers this conforming behaviour and compliance with norms. This is said to be more a matter of upbringing, teaching, social control, interactions, influences and associates. This point can be allowed if it is clear that young people need more than simple communication of knowledge of the norms plus later instruction in the law either at school or through "legal propaganda". Apparently "social training" is needed here to create the possibility of learning certain techniques which enable one to remain faithful to the norms in a conflict-situation. Training does not only imply scope and opportunity to make mistakes without incurring a negative sanction, but also especially help and leadership. It is open to question whether this concept is compatible with the laws presently applicable to young people. It is not without purpose that Kaiser, in an analysis of these laws, pleads for "an increase in socialization actually offered ... a reinforcement through social work and social education". Here legal policy and youth-policy still have something to achieve in the area of reform of the law relating to young people. Present suggestions do not seem to go further than "reforms immanent in the system".

10.5.4 The tolerant attitude of the victims is surprising, above all when we see that they in no way judge the offence from which they have suffered more severely than do the ordinary respondents. This indicates a certain "distancing" which is hard to explain. One can assume that during the questioning the victim was able to take an abstract view; it is also imaginable that for many types of offences a few victims have also been offenders and this brought about their "balanced" attitude.

10.5.5 With regard to the other question, that of the comparison of the rank-ordering of offences in the criminal code with their evaluation by judicial authorities and among the population, differences were found in the respective value-orientations. However, the discrepancies that we found are not large enough to justify talking of a breach between the judicial authorities and the people needing rapid consideration and remedy. But here again we are made aware of our limitations when we ask what results might have been obtained from a sample in a large city. Here, as in the other problem-areas studied, the results were obtained from a small-town sample, and only a limited generalization of these results is possible.

10.5.6 Nevertheless it may well be that the generally-agreed rank-ordering of offences that we found may provide information on the readiness of the public to lay charges, and also in which categories of offences "dark-figure" research must expect distorted results caused by false statements about offences felt to be serious.

One can go further; for example, that charges are laid in cases of causing bodily harm, or offences against morals or against freedom (which are seen as relatively serious) more often than for other offences, so that the "dark figure" is lower in these areas than for minor offences. It follows from this, however, that "dark figure" studies obtain less exact data for these seriously regarded offences; for lighter offences people are readier to speak out, so that a more realistic picture is given, unless other sources of error such as forgetfulness or exaggeration influence the results.

10.5.7 Estimates of seriousness and corresponding rank-orderings also disclose information about the public's judgement of present ideas and actions on the part of legislators towards decriminalizing certain forms of behaviour such as shop-lifting. The evaluation of simple theft as an especially slight offence shows that other, lighter sanctions (such as use of the civil law) would hardly cause any resistance from the public. One would have had to conclude otherwise if this offence had been listed as moderate or very serious.

Rank-orderings bring information as to the areas in which general viewpoints and changes of attitude are made convincing to the public, and in what areas more information and explanation are needed to achieve a better understanding of decisions on legal policy.

Estimates of seriousness are also an index of the general preventive effects of certain laws. If, as Cramer points out, general prevention presupposes, among other things, knowledge "that the proposed plan merits punishment", the attitude to this question at a given time can be established by research into the estimation of offence-seriousness. We must assume here a reduced preventive effect for the most lightly regarded offences, i. e. simple theft and damage to property. Certainly this is also true for those offences which are seen as very serious at a given time but which later come to be judged less so. In the present study this could not be investigated.

10.5.8 Finally something should be said about the influence of judgements of offence-seriousness on the possibility of re-socializing offenders. It is to be supposed that the reintegration into society of offenders whose offences are seen as serious costs far more effort than, for example, that of people who have only committed damage to property or shoplifting. Offences against morality, for example, may really be of a light character. Nevertheless, if the public judges such offences to be very serious, one can understand the results of researches which show that 87 % of respondents would want to have nothing more to do with such an acquaintance. Here we must recognize that the rank-orderings also give us information on stigmatization-tendencies, which should be considered in work towards resocialization.

10.5.9 To sum up, we may say that estimates of offence-seriousness give information about problems, and answers to questions, in numerous areas of criminology and legal policy. Certainly the data presented here clarify a whole series of present-day problems. Nevertheless we must not fail to recognize that our knowledge in this area needs to be filled out by further studies and results.

Literaturverzeichnis

Abele, A., *Mitzlaff*, S., *Nowack*, W.: Abweichendes Verhalten. Erklärungen, Scheinerklärungen und praktische Probleme. Stuttgart 1975

Abele, A., *Nowack*, W.: Einstellung und Stigmatisierung. In: *Brusten*, M., *Hohmeier*, J. (Hrsg.): Stigmatisierung 1. Neuwied, Darmstadt 1975, S. 145 - 168

Adelson, J., *Beall*, L.: Adolescent Perspectives on Law and Government. Law and Society Review 1970, S. 495 - 505

Akman, D., *Normandeau*, A.: Concerning the Measurement of Delinquency — A Rejoinder and Beyond. British Journal of Criminology 1967, S. 442 ff.

— Towards the Measurement of Criminality in Canada: A Replication Study. Acta Criminologica 1968, S. 135 - 260

Amelunxen, C.: Kind und Kriminalität. Hamburg 1963

— Der Mensch in der modernen Strafjustiz. Essen 1975

Angenent, H. L. W.: Moral Judgment. Abstracts on Criminology and Penology 1972, S. 529 - 537

Arzt, G.: Forum: Zur Bekämpfung der Vermögensdelikte mit zivilrechtlichen Mitteln. Der Ladendiebstahl als Beispiel. Juristische Schulung 1974, S. 693 bis 702

— Der Ruf nach Recht und Ordnung. Ursachen und Folgen der Kriminalitätsfurcht in den USA und in Deutschland. Tübingen 1976

Ausubel, D. P.: Das Jugendalter. München 1968

Bachmeyer, B.: Soziale Schichtung und Jugendkriminalität. Jur. Diss. Freiburg 1969

Ball-Rokeach, S. J.: Values and Violence: A Test of the Subculture of Violence Thesis. American Sociological Review 1973, S. 736 - 749

Baratta, A.: Soziale Reaktion auf abweichendes Verhalten mit besonderer Berücksichtigung des nichtinstitutionellen Bereichs. Kriminologisches Journal 1975, S. 132 - 139

Bayrisches Staatsministerium des Innern: Drogen, Alkohol, Nikotin. Dokumentation über eine Repräsentativbefragung bei Jugendlichen in Bayern. München 1974

Bell, R. R.: Die Teilkultur der Jugendlichen. In: *v. Friedeburg*, L. (Hrsg.): Jugend in der modernen Gesellschaft. 5. Auflage. Köln u. a. 1968, S. 83 - 86

Berckhauer, F. H.: Sexualdelikte. In: *Kaiser*, G., *Sack*, F., *Schellhoss*. H. (Hrsg.): Kleines Kriminologisches Wörterbuch. Freiburg 1974, S. 304 - 308

Bergius, R.: In Richtung auf eine psychologische Theorie des Jugendalters. In: *Neidhardt*, F. u. a.: Jugend im Spektrum der Wissenschaften. München 1970, S. 49 - 116

Biderman, A., *Johnson*, L., *McIntyre*, J., *Weir*, A.: Report on a Pilot Study in the District of Columbia on Victimization and Attitudes Toward Law Enforcement. Washington 1967

Blankenburg, E.: Die Selektivität rechtlicher Sanktionen. Eine empirische Untersuchung von Ladendiebstählen. In: *Friedrichs*, J. (Hrsg.): Teilnehmende Beobachtung abweichenden Verhaltens. Stuttgart 1973, S. 120 - 150

Blumstein, A.: Serious Weights in an Index of Crime. American Sociological Review 1974, S. 854 - 864

Bolte, K. M., *Kappe*, D., *Neidhardt*, F.: Soziale Ungleichheit. 3. Aufl. Opladen 1974

Bouhdiba, A.: Public et Justice. Une étude—pilote en Tunisie. UNSDRI, Publication No. 4. Rome 1971

Boydell, C. L., *Grindstaff*, C. F.: Public Attitudes Toward Legal Sanctions for Drug and Abortion Offences. Canadian Journal of Criminology and Corrections 1971, S. 209 - 232

— Public Opinion and the Criminal Law: An Empirical Test of Public Attitudes Toward Legal Sanctions. In: *Boydell*, C. L., *Grindstaff*, C. F., *Whitehead*, P. C. (Hrsg.): Deviant Behaviour and Societal Reaction. Toronto 1972, S. 165 - 180

— Public Opinion Toward Legal Sanctions for Crimes of Violence. Journal of Criminal Law and Criminology 1974, S. 113 ff.

Brunner, R.: Jugendgerichtsgesetz. Kommentar. 4. Aufl. Berlin 1975

Bruns, H.-J.: Strafzumessungsrecht. 2. Aufl. Köln u. a. 1974

Brusten, M.: Soziale Schichtung, selbstberichtete Delinquenz und Prozesse der Stigmatisierung in der Schule. Kriminologisches Journal 1974, S. 29 - 46

— *Hurrelmann*, K.: Abweichendes Verhalten in der Schule. Eine Untersuchung zu Prozessen der Stigmatisierung. München 1973

Buffalo, M. D., *Rodgers*, J. W.: Behavioral Norms, Moral Norms and Attachment: Problems of Deviance and Conformity. Social Problems 1971, S. 101 - 114

Buschmann, W.: Der Rechtsunterricht an Schulen. Recht der Jugend und des Bildungswesens 1975, S. 315 ff.

Busemann, A.: Krisenjahre im Ablauf der menschlichen Jugend. 3. Aufl. Ratingen 1965

Caesar, B.: Autorität in der Familie. Ein Beitrag zum Problem schichtenspezifischer Sozialisation. Reinbek bei Hamburg 1972

Claessens, D.: Familie und Wertsystem. 3. Aufl. Berlin 1972

Clausen, J. A. (Hrsg.): Socialization and Society. 4. Aufl. Boston 1973

Cloward, R. A., *Ohlin*, L. E.: Delinquency and Opportunity. A Theory of Delinquent Gangs. 2. Aufl. Toronto 1966

Cohen, A. K.: Kriminelle Jugend. Reinbek bei Hamburg 1961

Collmann, H.-J.: Internationale Kriminalstatistik. Stuttgart 1973

Conklin, J. E.: Criminal Environment and Support for the Law. Law and Society Review 1971, S. 247 ff.

Coombs, C. H.: Thurstone's Measurement of Social Values Revisited Forty Years Later. Journal of Personality and Social Psychology 1967, S. 85 - 91

Corey, S. U.: Development Tasks of Youth. In: John Dewey Society Year Book. New York 1946

Cramer, P.: Unfallprophylaxe durch Strafen und Geldbußen? Vorschläge zu einer Neugestaltung des Sanktionensystems im Bereich des Verkehrsrechts. Hamburg 1974

Davies, J.: Differential Perceptions of Delinquent Behavior. Phil. Diss. Ohio 1969

Dettenborn, H., *Fröhlich*, H.-H.: Psychologische Probleme der Täterpersönlichkeit. 2. Aufl. Berlin 1974

Deutscher, J.: Words and Deeds. Social Science and Social Policy. Social Problems 1966, S. 235 - 254

Dörmann, U.: Polizeiliche Kriminalstatistik. Kriminalistik 1974, S. 433 ff.

— Zur Kriminalitätsentwicklung. Kriminalistik 1975, S. 353 - 357

Dreher, E.: Strafgesetzbuch. Kommentar. 35. Aufl. München 1975

Eidt, H.-H.: System und Organisation des Strafvollzugs. In: *Kaiser*, G., *Schöch*, H., *Eidt*, H.-H., *Kerner*, H.-J.: Strafvollzug. Eine Einführung in die Grundlagen. Karlsruhe 1974, S. 105 - 154

Eisenberg, U.: Einführung in die Probleme der Kriminologie. München 1972

Ellis, D., *Grasmick*, H. G., *Gilman*, B.: Violence in Prisons: A Sociological Analysis. American Journal of Sociology 1973, S. 16 - 43

Elkin, F., *Westley*, W. A.: Der Mythos von der Teilkultur der Jugendlichen. In: *v. Friedeburg*, L. (Hrsg.): Jugend in der modernen Gesellschaft. 5. Aufl. Köln u. a. 1968, S. 99 - 106

Elmhorn, K.: Study in Self-Reported Delinquency Among Schoolchildren in Stockholm. In: *Christiansen*, K. (Hrsg.): Scandinavian Studies in Criminology. Vol. I. Oslo 1965, S. 117 - 146

Engler, G.: Zum Bild des Strafrechts in der öffentlichen Meinung. Göttingen 1973

Ennis, P. H.: Criminal Victimization in the United States. Field Surveys II. The President's Commission on Law Enforcement and Administration of Justice. Washington 1967

Exner, F.: Studien über die Strafzumessungspraxis der deutschen Gerichte. Leipzig 1931

Feest, C., *Feest*, J.: Kinderkriminalität. In: *Kaiser*, G., *Sack*, F., *Schellhoss*, H. (Hrsg.): Kleines Kriminologisches Wörterbuch. Freiburg 1974, S. 152 - 156

Feldmann-Summers, S., *Lindner*, K.: Perceptions of Victims and Defendants in Criminal Assault Cases. Criminal Justice and Behavior 1976, S. 135 - 150

Fend, H.: Sozialisierung und Erziehung. 5. Aufl. Weinheim 1972

Figlio, R.: The Seriousness of Offenses: An Evaluation by Offenders and Nonoffenders. Diss. University of Pennsylvania 1971 (Zusammenfassung unter gleichem Titel im Journal of Criminal Law and Criminology 1975, S. 189 - 200)

Foster, A. M.: Utilizing the Sellin-Wolfgang-Index of Delinquency to Determine the Efficacy of a Treatment Program for Delinquent and Predelinquent Boys. Diss. University of Pennsylvania 1972

Friday, P. C., *Kirchhoff*, G. F.: Probleme und Perspektiven der Politisierung in der zeitgenössischen Kriminologie. Monatsschrift für Kriminologie und Strafrechtsreform 1975, S. 216 - 223

Friedmann, W.: Recht und sozialer Wandel. Frankfurt 1969

Friedrichs, J.: Methoden empirischer Sozialforschung. Reinbek bei Hamburg 1973

— *Pongratz*, L.: Soziale Erwartungen. Kriminologisches Journal 1970, S. 233 - 258

Fröhlich, H. H.: Rechtskenntnisse von Oberschülern und Straftätern. In: Beiträge der DDR-Delegation auf dem III. Internationalen Symposium der sozialistischen Länder über die Jugendkriminalität in Prag vom 14. - 17. 12. 1971. Potsdam-Babelsberg 1972, S. 126 - 129

— Intelligenzdiagnose und Diagnostik rechtlich relevanter Normkenntnisse bei jugendlichen Straftätern. Psychiatrie, Neurologie und medizinische Psychologie 1972a, S. 337 - 343.

Geerds, F.: Die Kriminalität als soziale und wissenschaftliche Problematik. Tübingen 1965

Geiger, T.: Vorstudien zu einer Soziologie des Rechts (1947). 2. Aufl. des Neudrucks. Neuwied, Berlin 1970

Gibbons, D. C.: Society, Crime and Criminal Careers. 2. Aufl. Englewood Cliffs 1973

Gipser, D.: Mädchenkriminalität. München 1975

Giudicelli - Delage, G.: L'image de la délinquance. Poitiers 1974

Göppinger, H.: Kriminologie. Eine Einführung. 2. Aufl. München 1973

Gold, M.: Undetected Delinquent Behavior. Journal of Research in Crime and Delinquency 1966, S. 27 - 46.

— Delinquent Behavior in an American City. Belmont 1970

Goslin, A. (Hrsg.): Handbook of Socialization Theory and Research. 2. Aufl. Chicago 1971

Gottschalch, W., *Neumann-Schönwetter*, M., *Soukup*, G.: Sozialisationsforschung. Materialien, Probleme und Kritik. Frankfurt 1971

Graff, H.: Die deutsche Kriminalstatistik. Geschichte und Gegenwart. Stuttgart 1975

Graham, D.: Moral Learning and Development. London 1972

Grauer, G.: Leitbilder und Erziehungspraktiken. In: *b:e Redaktion* (Hrsg.): Familienerziehung, Sozialschicht und Schulerfolg. Weinheim u. a. 1971, S. 37 - 58

Haag, K.: Messung wertrationaler Komponenten der strafrichterlichen Entscheidung mittels sozialwissenschaftlicher Skalierungsverfahren. In: *Lautmann*, R., *Maihofer*, W., *Schelsky*, H. (Hrsg.): Jahrbuch für Rechtssoziologie und Rechtstheorie. Bd. I. Die Funktion des Rechts in der modernen Gesellschaft. Bielefeld 1970, S. 417 ff.

Haferkamp, H.: Kriminalität ist normal. Stuttgart 1972

Harbordt, S.: Die Subkultur des Gefängnisses. Eine soziologische Studie zur Resozialisierung. 2. Aufl. Stuttgart 1972

Hartwig, O.: Rechtstatsachenforschung im Übergang. Hannover 1975

Heinz, W.: Bestimmungsgründe der Anzeigebereitschaft des Opfers. Jur. Diss. Freiburg 1972

Heise, D. R.: Norms and Individual Patterns in Student Deviancy. Social Problems 1968, S. 78 - 91

Hellmer, J.: Jugendkriminalität. 3. Aufl. Neuwied, Berlin 1975

Henshel, R. L., *Silverman*, R. A. (Hrsg.): Perception in Criminology. New York, London 1975

Herren, R.: Freud und die Kriminologie. Stuttgart 1973

Hindelang, M. J.: The Commitment of Delinquents to their Misdeeds: Do Delinquents Drift? Social Problems 1970, S. 503 - 509

— Moral Evaluations of Illegal Behaviors. Social Problems 1974, S. 370 - 384

Hirsch, E.: Rechtssoziologie. In: *Eisermann*, G. (Hrsg.): Die Lehre von der Gesellschaft. 2. Aufl. Stuttgart 1973, S. 147 ff.

Hirschi, T.: Causes of Delinquency. Boston 1969

Hohmeier, J.: Die soziale Situation ehemaliger Strafgefangener: Erscheinungsformen und Folgen von Stigmatisierung — Entwurf eines Forschungsprojekts. Kriminologisches Journal 1971, S. 98 - 106

Hofstätter, P. R.: Psychologie (Fischer-Lexikon). Frankfurt 1969

Hood, R.: Sentencing the Motoring Offender. London 1972

— *Sparks*, R.: Kriminalität. München 1970

Hsu, M.: Cultural and Sexual Differences on the Judgment of Criminal Offences: A Replication Study of the Measurement of Delinquency. Journal of Criminal Law and Criminology 1973, S. 348 - 353

Hudgins, W., *Prentice*, N. M.: Moral Judgment in Delinquent and Nondelinquent Adolescents and their Mothers. Journal of Abnormal Psychology 1973, S. 145 - 152

Hupperschwiller, L.: Gewissen und Gewissensbildung in jugendkriminologischer Sicht. Stuttgart 1970

Hurlock, E. B.: Die Entwicklung des Kindes. In: *Bellebaum*, A. (Hrsg.): Die moderne Gesellschaft. Freiburg, Basel, Wien 1972, S. 460 ff.

INFAS Report vom 5. 10. 1970. Nr. 203/3289. „Tiere quälen frevelhafter als Kinder verprügeln." Bad Godesberg 1970.

Jescheck, H.-H.: Die Bedeutung der Öffentlichkeit für die moderne Kriminalpolitik. Zeitschrift für die gesamte Strafrechtswissenschaft 1959, S. 1 - 14

— Lehrbuch des Strafrechts. Allgemeiner Teil. 2. Aufl. Berlin 1972

John, L.: Skalierung von Einstellungen zu Strafdelikten. Phil. Diss. Wien 1973

Jongman, R. W., *Oving*, W.: Effect van leeftijd, godsdienst en soziale klasse op het ordeel over de ernst van misdrijven. Delikt en Delinkwent 1971, S. 296 ff.

Jugendbericht des Senats der Freien Hansestadt Hamburg. Hamburg 1973

Kaiser, G.: Verkehrsdelinquenz und Generalprävention. Tübingen 1970

— Kriminologie. Karlsruhe 1971 (2. Aufl. 1973)

— Strategien und Prozesse strafrechtlicher Sozialkontrolle. Frankfurt 1972

— Jugendrecht und Jugendkriminalität. Weinheim, Basel 1973

— Stand und Entwicklung der kriminologischen Forschung in Deutschland. Berlin, New York 1975

— Jugendstrafrecht oder Jugendhilferecht? Zeitschrift für Rechtspolitik 1975 a, S. 212 - 217

Kamstra, O. W. M., *van Weringh*, J.: Het oordeel over de ernst van misdrijven bij burgers en politie-funktionarissen. Nederlands tijdschrift voor criminologie 1973, S. 83 - 90

— Het oordeel over de ernst van misdrijven — een nadere analyse. Nederlands tijdschrift voor criminologie 1974, S. 23 - 31

— Het oordeel over de ernst van misdrijven: een nieuwe poging. Nederlands tijdschrift voor criminologie 1974 a, S. 234 - 244

Kaupen, W.: Das Verhältnis der Bevölkerung zur Rechtspflege. In: *Rehbinder*, M., *Schelsky*, H. (Hrsg.): Jahrbuch für Rechtssoziologie und Rechtstheorie. Bd. III. Zur Effektivität des Rechts. Düsseldorf 1972, S. 555 - 564

— Das Verhältnis der Bevölkerung zum Recht in einer demokratischen Gesellschaft. In: *Steinert*, H. (Hrsg.): Der Prozeß der Kriminalisierung. Untersuchungen zur Kriminalsoziologie. München 1973, S. 27 - 50

— *Rasehorn*, T.: Das Verhältnis der Bevölkerung der Bundesrepublik zur Rechtspflege — Ergebnisse einer Repräsentativumfrage. Neue Juristische Wochenschrift 1971, S. 497 - 499

— Bevölkerung und Recht. Eine Entgegnung. Neue Juristische Wochenschrift 1971 a, S. 1550

Kaupen, W., *Volks*, H., *Werle*, R.: Knowledge and Opinion of Law and Legal Institutions. Köln 1970

Kay, W.: Moral Development. 2. Aufl. London 1970

Keimer-Engell, A.: Rechtskunde an Schulen. Karlsruhe 1975

Kelly, D. H., *Winslow*, R. W.: Seriousness of Delinquent Behavior: an Alternative Perspective. British Journal of Criminology 1970, S. 124 - 135

Kendall, M. G.: Rank Correlation Methods. London 1948

— Further Contributions to the Theory of Paired Comparisons. Biometrics 1955, S. 43 - 62

Kerner, H.-J.: Verbrechenswirklichkeit und Strafverfolgung. München 1973

— Kriminalstatistik. In: *Kaiser*, G., *Sack*, F., *Schellhoss*, H., (Hrsg.): Kleines Kriminologisches Wörterbuch. Freiburg 1974, S. 189 - 196

Kirchhoff, G. F.: Selbstberichtete Delinquenz. Göttingen 1975

Kleining, G., *Moore*, H.: Soziale Selbsteinstufung (SSE). Ein Instrument zur Messung sozialer Schichten. Kölner Zeitschrift für Soziologie und Sozialpsychologie 1968, S. 502 - 552

König, R. (Hrsg.): Das Interview. 7. Aufl. Köln, Berlin 1969

Koeppen, S.: Children and Compliance. Law and Society Review 1970, S. 545 ff.

Kohlberg, L.: Stage and Sequence: The Cognitive-Developmental Approach to Socialization. In: *Goslin*, D. A. (Hrsg.): Handbook of Socialization. Theory and Research. Chicago 1969, S. 347 - 480

van Koolwijk, J.: Unangenehme Fragen. Paradigma für die Reaktionen der Befragten im Interview. Kölner Zeitschrift für Soziologie und Sozialpsychologie 1969, 864 - 875

Krautkrämer, U.: Einstellungen der Arbeitnehmer. In: *Kaiser*, G., *Metzger-Pregizer*, G. (Hrsg.): Betriebsjustiz. Berlin 1976, S. 308 ff.

Kreuzer, A.: Drogen und Delinquenz. Wiesbaden 1975

— Schülerbefragungen zur Delinquenz. Recht der Jugend und des Bildungswesens 1975 a, S. 229 - 244

Kürzinger, J.: Deliktfragebogen und schichtenspezifisches Kriminalitätsvorverständnis Jugendlicher und Jungerwachsener. Recht der Jugend und des Bildungswesens 1973, S. 147 - 152

— Forschungsbericht zur offiziellen Kriminalitätsbelastung bei Teilnehmern und Nichtteilnehmern an der Dunkelfelduntersuchung: Umfang und Struktur der registrierten Kriminalität aller 14- bis 25jährigen männlichen Einwohner der untersuchten Gemeinde. Freiburg 1975 (unveröffentlichtes Manuskript)

Kutchinsky, B.: Knowledge and Attitudes Regarding Legal Phenomena. Scandinavian Studies in Criminology. Vol. 2. Oslo 1968, S. 125 - 160

— Advances in Scandinavian Studies on Knowledge and Opinion About Law. In: Rechtssociologie en jurimetrie. Deventer 1970, S. 71 - 82

— Sociological Aspects of Deviance and Criminality. In: Perception of Deviance and Criminality. Council of Europe. Strasbourg 1972, S. 9 - 99

La Piere, R. T.: Attitudes Versus Actions. Social Forces 1934, S. 230 - 237

Lautmann, R., *Maihofer*, W., *Schelsky*, H.: Jahrbuch für Rechtssoziologie und Rechtstheorie. Bd. I. Die Funktion des Rechts in der modernen Gesellschaft. Bielefeld 1970

Léauté, J., *Tubach*, G., *Bassompière*, G.: Sondage sur l'estimation de la gravité comparée des principales infractions. L'Année sociologique 1971, S. 111 f.

Leferenz, H.: Die Kriminalität der Kinder. Tübingen 1957

Lehner, H. J.: Prestige und Solidarität in der Haft. In: *Steinert*, H. (Hrsg.): Der Prozeß der Kriminalisierung. München 1973, S. 144 - 156

Lekschas, J., *Fröhlich*, H.-H.: Methoden und Erfahrungen bei der Analyse von Rechtskenntnissen. In: Beiträge der DDR-Delegation auf dem III. Internationalen Symposium der sozialistischen Länder über die Jugendkriminalität in Prag vom 14. - 17. 12. 1971. Potsdam-Babelsberg 1972, S. 121 - 125

Lenke, L.: Criminal Policy and Public Opinion Towards Crimes of Violence. In: Violence in Society. Council of Europe. Strasbourg 1974, S. 61 - 124

Limbach, J.: Theorie und Wirklichkeit der GmbH. Berlin 1966

Liska, A. E.: Emergent Issues in the Attitude—Behavior Consistency Controversy. American Sociological Review 1974, S. 261 - 272

Lüdtke, H.: Soziale Schichtung, Familienstruktur und Sozialisation. In: *b:e Redaktion* (Hrsg.): Familienerziehung, Sozialschicht und Schulerfolg. Weinheim 1971, S. 132 - 160

Maccoby, E.: The Development of Moral Values and Behavior in Childhood. In: *Clausen*, J. A. (Hrsg.): Socialization and Society. 4. Aufl. Boston 1973, S. 227 - 269

Mäkelä, K.: Public Sense of Justice and Judicial Practice. Acta Sociologica 1967, S. 42 ff.

Maihofer, W.: Die gesellschaftliche Funktion des Rechts. In: *Lautmann*, R., *Maihofer*, W., *Schelsky*, H. (Hrsg.): Die Funktion des Rechts in der modernen Gesellschaft. Jahrbuch für Rechtssoziologie und Rechtstheorie. Bd. I. Bielefeld 1970, S. 11 - 36

Malewska, H. E., *Muszynski*, H.: Children's Attitudes to Theft. In: *Danziger*, K. (Hrsg.): Readings in Child Socialization. Oxford 1970, S. 147 - 164

Mannheim, H.: Vergleichende Kriminologie. 2 Bde. Stuttgart 1974

Martin, R. J., *Klein*, M. W. A.: A Comparative Analysis of Four Measures of Delinquency Seriousness. Los Angeles. University of Southern California. Youth Studies Center 1965

Maurach, R.: Deutsches Strafrecht. Besonderer Teil. 5. Aufl. Karlsruhe 1969

— Deutsches Strafrecht. Allgemeiner Teil. 4. Auflage. Karlsruhe 1971

Mayntz, R., *Holm*, K., *Hübner*, P.: Einführung in die Methoden der empirischen Soziologie. 2. Aufl. Opladen 1971

Mays, J. B.: Crime and its Treatment. London 1970.

McIntyre, J.: Public Attitudes Toward Crime and Law Enforcement. The Annals 1967, S. 34 - 46. (Außerdem veröffentlicht in: *Guenther*, A. L. (Hrsg.): Criminal Behavior and Social Systems. Chicago 1970, S. 381 - 396)

Mergen, A.: Die Wissenschaft vom Verbrechen. Hamburg 1961

Merton, R. K.: Sozialstruktur und Anomie. In: *Sack*, F., *König*, R. (Hrsg.): Kriminalsoziologie. 2. Aufl. Frankfurt 1974, S. 283 - 313

Middendorff, W.: Soziologie des Verbrechens. Düsseldorf, Köln 1959

Miller, W. B.: Die Kultur der Unterschicht als ein Entstehungsmilieu für Bandendelinquenz. In: *Sack*, F., *König*, R. (Hrsg.): Kriminalsoziologie. 2. Aufl. Frankfurt 1974, S. 339 - 359

Minkowski, G. M.: Maßnahmen zur Vorbeugung der Jugendkriminalität. In: Beiträge der DDR-Delegation auf dem III. Internationalen Symposium der sozialistischen Länder über die Jugendkriminalität in Prag vom 14. - 17. 12. 1971. Potsdam-Babelsberg 1972, S. 176 - 194

Morris, T.: The Social Toleration of Crime. In: *Klare*, H. J. (Hrsg.): Changing Concepts of Crime and its Treatment. Oxford 1966, S. 13 - 35

Müller-Meiningen, E.: Todesstrafe und öffentliche Meinung. In: *Maurach*, R. u. a.: Die Frage der Todesstrafe. München 1962, S. 103 - 120

Nass, G.: Die Kriminellen. München 1966

— Kinderkriminalität. Wiesbaden 1969

Naucke, W., *Trappe*, P. (Hrsg.): Rechtssoziologie und Rechtspraxis. Neuwied, Berlin 1970

Neidhardt, F.: Die junge Generation. 3. Aufl. Opladen 1970

— Bezugspunkte einer soziologischen Theorie der Jugend. In: *Neidhardt*, F. u. a.: Jugend im Spektrum der Wissenschaften. München 1970, S. 11 - 48

Newman, G.: Perceptions of Deviance. Suggestions for Cross-Cultural Research. UNSDRI. Rom 1972

— *Trilling*, C.: Public Perceptions of Criminal Behavior. A Review of the Literature. Criminal Justice and Behavior 1975, S. 217 - 236

— *Articolo*, D. J., *Trilling*, C.: Authoritarianism, Religiosity and Reactions to Deviance. Journal of Criminal Justice 1974, S. 249 - 259

Nickel, H.: Entwicklungspsychologie des Kindes- und Jugendalters. Hamburg 1968

Noelle, E.: Umfragen in der Massengesellschaft. Reinbek bei Hamburg (1963) 1971

Normandeau, A.: Etude comparative d'un indice pondéré de la criminalité dans huit pays. Revue Internationale de Police Criminelle 1970, S. 15 - 18

Oehler, D.: Wurzel, Wandel und Wert der strafrechtlichen Legalordnung. Berlin 1950

Oerter, E.: Die Entwicklung von Werthaltungen während der Reifezeit. München, Basel 1966

— Struktur und Wandlungen von Werthaltungen. München 1970

— Moderne Entwicklungspsychologie. 12. Aufl. Donauwörth 1973

Offenloch, W.: Zur Behandlung des Rechts in der Schule. Recht der Jugend und des Bildungswesens 1972, S. 17 ff.

Opp, K. D.: Zur Erklärung delinquenten Verhaltens von Kindern und Jugendlichen. München 1968

Opp, K. D.: Das Problem der Dunkelziffer bei der Prüfung von Theorien abweichenden Verhaltens und eine Methode zu ihrer Eliminierung bei ökologischen Untersuchungen. Kölner Zeitschrift für Soziologie und Sozialpsychologie 1969, S. 847 - 863

— Abweichendes Verhalten und Gesellschaftsstruktur. Darmstadt, Neuwied 1974

— *Peuckert*, R.: Ideologie und Fakten in der Rechtsprechung. München 1971

v. Oppeln-Bronikowski, H.-Chr.: Zum Bild des Strafrechts in der öffentlichen Meinung. Göttingen 1970

Pawlik, K.: Memorandum on the Methodology of the Coordinated Crime Index Project. Presented to European Committee on Crime Problems. Council of Europe. Strasbourg 1970. (Zitiert nach *Schindhelm* 1972, S. 124, Fußnote 5)

Pease, K., *Ireson*, J., *Thorpe*, J.: Modified Crime Indices for Eight Countries. Journal of Criminal Law and Criminology 1975, S. 209 - 214

Peters, D.: Die soziale Herkunft der von der Polizei aufgegriffenen Täter. In: *Feest*, J., *Lautmann*, R. (Hrsg.): Die Polizei. Opladen 1971, S. 93 - 106

— Richter im Dienst der Macht. Stuttgart 1973

Phillipson, M.: Sociological Aspects of Crime and Delinquency. London 1971

Piaget, J.: Das moralische Urteil beim Kinde. Frankfurt 1973

Podgórecki, A.: The Prestige of the Law, Acta Sociologica 1967, S. 81 ff.

Pongratz, L.: Zusammenhänge zwischen Kinderdelinquenz und Jugendkriminalität. Kriminologisches Journal 1974, S. 7 - 22

— *Hübner*, H. O.: Lebensbewährung nach öffentlicher Erziehung. Darmstadt u. a. 1959

Quensel, S.: Delinquenzbelastung und soziale Schicht bei nichtbestraften männlichen Jugendlichen. Monatsschrift für Kriminologie und Strafrechtsreform 1971, S. 236 - 262

— Soziale Fehlanpassung und Stigmatisierung. Ein Test zum Messen der delinquenten Entwicklung. In: *Rehbinder*, M., *Schelsky*, H. (Hrsg.): Jahrbuch für Rechtssoziologie und Rechtstheorie. Bd. III. Düsseldorf 1972, S. 447 - 490

— *Quensel*, E.: Delinquenzbelastungsskalen für männliche Jugendliche. Kölner Zeitschrift für Soziologie und Sozialpsychologie 1970, S. 75 - 97

Quinney, R.: The Problem of Crime. New York 1971

Raab, E.: Die Vorhersage des Verhaltens aus Einstellungen und Meinungen. Angewandte Sozialforschung 1973, S. 369 - 386

Raiser, T.: Einführung in die Rechtssoziologie. 2. Aufl. Berlin 1973

Rasehorn, T.: Justizforschung abseits der Justiz? Zeitschrift für Rechtspolitik 1974, S. 90 - 96

— Recht und Klassen. Zur Klassenjustiz in der Bundesrepublik. Darmstadt, Neuwied 1974

Rehbinder, M.: Rechtskenntnis, Rechtsbewußtsein und Rechtsethos als Probleme der Rechtspolitik. In: *Rehbinder*, M., *Schelsky*, H. (Hrsg.): Zur Effektivität des Rechts. Jahrbuch für Rechtssoziologie und Rechtstheorie. Bd. III. Düsseldorf 1972, S. 25 - 46

— Zur Einführung: Rechtssoziologie. Juristische Schulung 1973, S. 273 ff.

Remschmidt, H., *Merschmann*, W., *Walter*, R.: Zum Dunkelfeld kindlicher Delinquenz. Eine Erhebung an 483 Probanden. Monatsschrift für Kriminologie und Strafrechtsreform 1975, S. 133 - 153

Reuter, L.: Erfahrungen und Probleme der Rechtspropaganda in der UdSSR. Staat und Recht 1971, S. 1746 - 1760

Richter, H. J.: Die Strategie schriftlicher Massenbefragungen. Bad Harzburg 1970

Riedel, M.: The Perception of Crime: A Study of the Sellin-Wolfgang Seriousness Index. Diss. Pennsylvania 1972 (Faksimile 1975)

— Perceived Circumstances, Inferences of Intent and Judgments of Offense Seriousness. Journal of Criminal Law and Criminology 1975, S. 201 - 208

Rose, A. M., *Prell*, A. E.: Does the Punishment Fit the Crime? A Study in Social Valuation. American Journal of Sociology 1955, S. 247 - 259

Rose, G. N. G.: Concerning the Measurement of Delinquency. British Journal of Criminology 1966, S. 414 ff.

— The Merits of an Index of Crime of the Kind Devised by Sellin and Wolfgang. In: The Index of Crime. Council of Europe. Strasbourg 1970, S. 31 - 52

Rosenmayr, I., *Kreutz*, H.: Eltern und Gleichaltrige als Faktoren sozialen Einflusses. In: *Wurzbacher*, H. (Hrsg.): Die Familie als Sozialisationsfaktor. Stuttgart 1968, S. 201 - 247

Rossi, P. H., *Waite*, E., *Bose*, C. E., *Berk*, R. E.: The Seriousness of Crimes: Normative Structure and Individual Differences. American Sociological Review 1974, S. 224 - 237

Rüegg, W.: Soziologie. Frankfurt 1971

Ryffel, H.: Rechtssoziologie. Eine systematische Orientierung. Neuwied, Berlin 1974

Sachs, L.: Statistische Auswertungsmethoden. 3. Aufl. Berlin u. a. 1972

Sack, F., *König*, R. (Hrsg.): Kriminalsoziologie. 2. Aufl. Frankfurt 1974

Scott, J. F.: Internalization of Norms. Englewood Cliffs 1971

Sechrest, D.: Comparisons of Inmates' and Staffs' Judgments of the Severity of Offenses. Journal of Research in Crime and Delinquency 1969, S. 41 - 55

Segerstedt, T.: A Research into the General Sense of Justice. Theoria 1949, S. 323 - 338

Sellin, T., *Wolfgang*, M. E.: Constructing an Index of Delinquency. A Manual. Philadelphia 1963

— The Measurement of Delinquency. New York 1964

Shaw, M. E., *Wright*, J. M.: Scales for the Measurement of Attitudes. New York 1967

Silbermann, M.: Toward a Theory of Criminal Deterrence. American Sociological Review 1976, S. 442 - 461

Simpson, R. M.: Attitudes of Teachers and Prisoners Toward Seriousness of Criminal Acts. Journal of Criminal Law and Criminology 1934, S. 76 - 83

Sixtl, F.: Meßmethoden der Psychologie. Weinheim 1967

Smith, A. E.: Social Status and Attitudes Toward Deviant Behavior. Phil. Diss. Emory University 1971

Spiller, B.: Delinquency and Middle Class Goals. Journal of Criminal Law, Criminology and Police Science 1965, S. 463 - 478

Spittler, E.: Die Kriminalität Strafunmündiger. Jur. Diss. Gießen 1968

Springer, W.: Kriminalitätstheorien und ihr Realitätsgehalt. Stuttgart 1973

Süllwold, F.: Theorie und Methodik der Einstellungsmessung. In: *Graumann*, C. F. (Hrsg.): Handbuch der Psychologie. Bd. 7: Sozialpsychologie. 1. Halbband: Theorien und Methoden. Göttingen 1969, S. 475 - 514

Summers, G. F.: Attitude Measurement. 2. Aufl. Chicago 1971

Sutherland, E. H.: Die Theorie der differentiellen Kontakte. In: *Sack*, F., *König*, R. (Hrsg.): Kriminalsoziologie. 2. Aufl. Frankfurt 1974, S. 395 - 399

Sykes, G. M., *Matza*, D.: Techniken der Neutralisierung: Eine Theorie der Delinquenz. In: *Sack*, F., *König*, R. (Hrsg.): Kriminalsoziologie. 2. Aufl. Frankfurt 1974, S. 360 - 371

Scharmann, T. (Hrsg.): Schule und Beruf als Sozialisationsfaktoren. 2. Aufl. Stuttgart 1974

Schelsky, H.: Die skeptische Generation. Düsseldorf 1957

Schenk-Danzinger, L.: Entwicklungspsychologie. 5. Aufl. Wien 1971.

Scheuch, E. K.: Sozialprestige und soziale Schichtung. In: Kölner Zeitschrift für Soziologie und Sozialpsychologie. Sonderheft 5: Soziale Schichtung und soziale Mobilität. Köln, Opladen 1961, S. 102 ff.

— Das Interview in der Sozialforschung. In: *König*, R. (Hrsg.): Handbuch der empirischen Sozialforschung. Bd. 2. 3. Aufl. Stuttgart 1973, S. 66 - 190

— Auswahlverfahren in der Sozialforschung. In: *König*, R. (Hrsg.): Handbuch der empirischen Sozialforschung. Bd. 3a. 3. Aufl. Stuttgart 1974, S. 1 - 96

— *Zehnpfennig*, H.: Skalierungsverfahren in der Sozialforschung. In: *König*, R. (Hrsg.): Handbuch der empirischen Sozialforschung. Bd. 3a. 3. Aufl. Stuttgart 1974, S. 97 - 203

Schindhelm, M.: Der Sellin-Wolfgang-Index. Ein ergänzendes Maß der Strafrechtspflegestatistik. Stuttgart 1972

Schöch, H.: Methoden, Dunkelfeld. In: *Jung*, H. (Hrsg.): Fälle zum Wahlfach Kriminologie, Jugendstrafrecht, Strafvollzug. München 1975, S. 104 - 120

— Ist Kriminalität normal? Probleme und Ergebnisse der Dunkelfeldforschung. In: *Göppinger*, H., *Kaiser*, G. (Hrsg.): Kriminologische Gegenwartsfragen. Heft 12. Stuttgart 1976, S. 211 - 228

Schneider, A. L., *Burcart*, J. M., *Wilson*, L. A.: The Role of Attitudes in the Decision to Report Crimes to the Police. In: *McDonald*, W. F.: Criminal Justice and the Victim. Beverly Hills, London 1976, S. 89 - 114

Schneider, H. J.: Viktimologie. In: *Sieverts*, R., *Schneider*, H. J. (Hrsg.): Handwörterbuch der Kriminologie. 2. Aufl. Berlin 1975, S. 532 - 607

— Viktimologie. Tübingen 1975 a

Schulz, P.: Drogenszene. Ursachen und Folgen. Frankfurt 1974

Schur, E. M.: Law and Society. New York 1968

— Our Criminal Society. Englewood Cliffs. N. J. 1969.

Schwind, H.-D.: Dunkelfeldforschung in Göttingen 1973/74. Wiesbaden 1975

— *Eger*, H.-J.: Untersuchungen zur Dunkelziffer. Nichtentdeckte Straftaten von Göttinger Jurastudenten. Monatsschrift für Kriminologie und Strafrechtsreform 1973, S. 151 ff.

— *Jany*, U., *Wohlgemuth*, R.: Der Resozialisierungsgedanke gewinnt an Boden. Zeitschrift für Strafvollzug und Straffälligenhilfe 1976, S. 103 - 109

Steffen, W.: Analyse polizeilicher Ermittlungstätigkeit aus der Sicht des späteren Strafverfahrens. Wiesbaden 1976

Steffensmeier, D.: Respectability and Deviance: An Observational Study of Reactions to Shoplifting. Phil. Diss. Iowa 1972

Stein-Hilbers, M.: Statistik und Kriminalität. In: *Sieverts*, R., *Schneider*, H. J. (Hrsg.): Handwörterbuch der Kriminologie („R - Z"). 2. Aufl. Berlin, New York 1975, S. 199 - 224

Steinert, H. (Hrsg.): Der Prozeß der Kriminalisierung. Untersuchungen zur Kriminalsoziologie. München 1973

Stephan, E.: Dunkelfeld und registrierte Kriminalität. Kriminologisches Journal 1972, S. 115 - 120

— Schulbildung, Lebensalter und das Verständnis von Deliktsdefinitionen. Kriminologisches Journal 1972 a, S. 272 - 283

— Zum Freiburger Dunkelfeldprojekt. Erwiderung auf die Anmerkung von Jörg Wolff. Kriminologisches Journal 1972 b, S. 304 - 308

— Zwischenbericht zum Forschungsprojekt „Dunkelfeld und Kriminalstatistik". Unveröffentlichtes Manuskript. Freiburg 1973

— Die Stuttgarter Opferbefragung. Eine kriminologisch-viktimologische Analyse zur Erforschung des Dunkelfeldes unter besonderer Berücksichtigung der Einstellung der Bevölkerung zur Kriminalität. Wiesbaden 1976

Strümpel, B.: Steuermoral und Steuerwiderstand der deutschen Selbständigen. Köln, Opladen 1966

Tenbruck, F. H.: Jugend und Gesellschaft. 2. Aufl. Freiburg 1965

Thomas, D. L., *Weigert*, A. J.: Socialization and Adolescent Conformity to Significant Others: A Cross-National-Analysis. American Sociological Review 1971, S. 835 - 847

Thurstone, L. L.: A Law of Comparative Judgement. Psychological Review 1927, S. 273 - 286

— The Measurement of Values. Chicago 1959

Traulsen, M.: Die Bedeutung der Kinderdelinquenz für die Kriminalität der Strafmündigen. Neue Juristische Wochenschrift 1974, S. 597 ff.

Triandis, H. C.: Einstellungen und Einstellungsänderungen. Weinheim, Basel 1975

v. Trotha, T.: Jugendliche Bandendelinquenz. Über Vergesellschaftungsbedingungen von Jugendlichen in den Elendsvierteln der Großstädte. Stuttgart 1974

Velez-Diaz, A., *Megargee*, E.: An Investigation of Differences in Value Judgments Between Youthful Offenders and Non-Offenders in Puerto-Rico. Journal of Criminal Law, Criminology and Police Science 1971, S. 549 - 553

Villmow, B., *Kaiser*, G.: Empirisch gesicherte Erkenntnisse über Ursachen der Kriminalität. Eine problemorientierte Sekundäranalyse. In: *Der Regierende Bürgermeister von Berlin* (Hrsg.): Verhütung und Bekämpfung der Kriminalität. Berlin 1974, Anhang 1

Villmow-Feldkamp, H., *Stephan*, E.: Fehlereinflüsse bei einer Dunkelfelduntersuchung. Unveröffentlichtes Manuskript. Freiburg 1973

Walker, N.: Crimes, Courts and Figures. An Introduction to Criminal Statistics. Harmondsworth 1971

Warren, N., *Jahoda*, M. (Hrsg.): Attitudes. 2. Aufl. Harmondsworth 1973

Wellford, C. F., *Wiatrowski*, M.: On the Measurement of Delinquency. Journal of Criminal Law and Criminology 1975. S. 175 - 188

Wheeler, S.: Socialization in Correctional Communities. American Sociological Review 1961, S. 697 ff.

Wilkins, L. T.: New Thinking in Criminal Statistics. Journal of Criminal Law, Criminology and Police Science 1965, S. 227 - 284

Wilson, P. R., *Brown*, J. W.: Crime and the Community. St. Lucia 1973

Winslow, R. W.: Society in Transition. A Social Approach to Deviancy. New York 1970

Wolfgang, M. E.: On Devising a Crime Index. In: The Index of Crime. Council of Europe. Strasbourg 1970, S. 55 ff

Wolff, J.: Bemerkungen zum Freiburger Dunkelfeldprojekt. Kriminologisches Journal 1972, S. 301 - 303

Würtenberger, T.: Die geistige Situation der deutschen Strafrechtswissenschaft. 2. Aufl. Karlsruhe 1959

— Das System der Rechtsgüterordnung in der deutschen Strafgesetzgebung seit 1532. Breslau 1933. Neudruck Aalen 1973

Wurzbacher, G.: Sozialisation — Enkulturation — Personalisation. In: *Wurzbacher*, G. (Hrsg.): Sozialisation und Personalisation. 3. Aufl. Stuttgart 1974, S. 1 - 36

Yinon, Y., *Tennenbaum*, J.: Employers' Attitudes Towards the Employment of Ex Convicts in Israel. In: *Drapkin*, J., *Viano*, E. (Hrsg.): Victimology. A New Focus. Vol. II. Society's Reaction to Victimization. Lexington 1974, S. 41 - 54

Ziegert, K. A.: Zur Effektivität der Rechtssoziologie: die Rekonstruktion der Gesellschaft durch Recht. Stuttgart 1975

Zipf, H.: Kriminalpolitik. Karlsruhe 1973

Anhang

MAX-PLANCK-INSTITUT
Günterstalstraße 72
7800 Freiburg i.Br.

25.9.1972

Sehr geehrter Herr

Für viele wissenschaftlichen Untersuchungen ist es notwendig, die soziale Zusammensetzung von Gemeinden genauer zu kennen. Besonders wichtig sind hierbei die Bereiche Beruf und Ausbildung.
Das Max-Planck-Institut führt zur Zeit eine solche Untersuchung durch.
Dafür wurden nach Zufall aus den Einwohnerregistern verschiedener Gemeinden eine Stichprobe erstellt, bei der auch Ihr Name war.
Wir möchten Sie daher bitten, den beiliegenden Fragebogen auszufüllen (die Bearbeitung dauert etwa eine viertel Stunde) und in dem an uns adressierten Briefumschlag zurückzuschicken.
Ihre Antworten werden nicht mit Ihrem Namen versehen, so daß niemand feststellen kann, was Sie persönlich geantwortet haben.

Wir bitten Sie sehr herzlich, uns durch Ihre Mitarbeit zu unterstützen, da es auf jeden Einzelnen ankommt.
Wir danken Ihnen im voraus für Ihre Mühe.

Mit freundlichen Grüßen:

Professor Dr. H.-H. Jescheck   Professor Dr. G. Kaiser

PS.: Es wäre sehr nett, wenn Sie den Fragebogen so bald wie möglich ausfüllen würden.

Schichtfragebogen

Die Ergebnisse dieses Fragebogens dienen ausschließlich wissenschaftlichen Zwecken. Ihre Antworten werden selbstverständlich völlig vertraulich behandelt.

Bitte lesen Sie die folgenden Fragen sorgfältig durch. Bei den einzelnen Fragen wird jeweils erklärt, wie sie beantwortet werden sollen.

Frage I: Wann sind Sie geboren ? ....

Frage II: Bitte kreuzen Sie an, was für Sie zutrifft

a) Ich bin ledig ☐
b) Ich bin verheiratet ☐
c) Ich bin geschieden ☐

Frage III: Bitte kreuzen Sie das an, was für Sie zutrifft

a) Ich bin Schüler ☐
b) Ich bin Student ☐
c) Ich bin Lehrling ☐
d) Ich bin berufstätig ☐
e) Ich bin arbeitslos ☐

Frage IV: Bitte geben Sie bei den folgenden Fragen eine möglichst genaue Berufsbezeichnung an.

Wenn Sie Schüler, Lehrling oder Student sind, brauchen Sie die Fragen a) und b) nicht zu beantworten.

a) Welchen Beruf üben Sie aus?

....

b) Welchen Beruf haben Sie erlernt?

....

c) Welchen Beruf übt Ihr Vater aus (bzw. wenn er pensioniert, arbeitslos oder verstorben ist), welchen Beruf hat er ausgeübt?

....

- 2 -

Frage V: Die folgende Frage soll von Ihnen nur beantwortet werden, wenn Sie zur Zeit Schüler, Lehrling oder Student sind.
Bitte kreuzen Sie auch hier das für Sie Zutreffende an.

a) Ich besuche zur Zeit die Sonderschule ☐
b) Ich besuche zur Zeit die Volksschule ☐
c) Ich besuche zur Zeit die Handelsschule ☐
d) Ich besuche zur Zeit die Realschule ☐
e) Ich besuche zur Zeit das Gymnasium ☐
f) Ich besuche zur Zeit die Berufsfachschule ☐
g) Ich besuche zur Zeit eine Fachhochschule ☐
h) Ich besuche zur Zeit die Universität ☐

Frage VI: Diese Frage sollen Sie nur beantworten, wenn Sie zur Zeit nicht mehr Schüler sind.
Kreuzen Sie auch hier bitte wieder das an, was für Sie zutrifft.

A) Schulbildung
   a) Ich habe Sonderschulabschluß ☐
   b) Ich habe Volksschulabschluß ☐
   c) Ich habe mittlere Reife ☐
   d) Ich habe Abitur ☐

B) Berufsausbildung
   a) Ich habe keine Berufsausbildung ☐
   b) Ich bin für meine Berufstätigkeit nicht angelernt worden ☐
   c) Ich bin für meine Berufstätigkeit angelernt worden ☐
   d) Ich habe eine abgeschlossene handwerkliche Lehre (bzw.Facharbeiterausbildung) ☐
   e) Ich habe eine abgeschlossene kaufmännische Lehre ☐
   f) Ich habe eine Fachschule besucht, ohne ein Examen abgelegt zu haben ☐
   g) Ich habe eine abgeschlossene Fachschulausbildung ☐
   h) Ich habe die Hochschule besucht, ohne ein Examen abzulegen ☐
   i) Ich habe ein Universitäts- bzw. anderes Hochschulexamen ☐

Frage VII: Bitte lesen Sie die folgende Liste von Berufen sorgfältig durch.

a) Kreuzen Sie bitte zunächst die Gruppe von Berufen an, die dem Beruf Ihres Vaters am ehesten entspricht (am ehesten entspricht im Hinblick auf Ansehen, Bezahlung und Verantwortung).

b) Wenn Sie selbst berufstätig sind, kreuzen Sie auch bitte noch mit zwei Kreuzen (also XX) die Berufsgruppe an, die Ihrem eigenen Beruf am ehesten entspricht.

Berufsgruppe 1
Sparkassenangestellter
Malermeister
Buchhalter
Postsekretär

Berufsgruppe 2
Zeitungsausträger
Müllabfuhrarbeiter
Parkwächter
Steinbruch-Hilfsarbeiter

Berufsgruppe 3
Elektroschweißer
Eißengießer
Stanzer
Industrieschlosser

Berufsgruppe 4
Werkstattleiter(Industrie)
Maschinenmeister
Werkstückprüfer
Montageführer

Berufsgruppe 5
Technischer Direktor
Rechtsanwalt
Personalchef
Oberschuldirektor

Berufsgruppe 6
Generalkonsul
Oberlandesgerichtspräsident
Generaldirektor
Ministerialdirigent

Berufsgruppe 7
Straßenbauarbeiter
Lagerarbeiter
Bauarbeiter
Gärtnergehilfe

Berufsgruppe 8
Bürovorsteher
Großhändler
Polizei-Inspektor
Elektro-Ingenieur

Berufsgruppe 9
Elektrikergeselle
Kellner
Schneidergeselle
Polsterer

MAX-PLANCK-INSTITUT
78 Freiburg
Günterstalstr. 72

Freiburg, den 28.10.1972

Sehr geehrter Herr

Wie Sie sicher wissen, gibt es in der Öffentlichkeit häufig Diskussionen über die Richtigkeit vieler Urteile.
Nicht immer scheint die Entscheidung der Gerichte gerecht zu sein. Um einmal festzustellen, wie die Bevölkerung über die Schwere von Straftaten denkt, möchten wir Sie bitten, uns einige Fragen dazu zu beantworten. Es kommt uns dabei nur auf Ihre persönliche Meinung an.

Zu diesem Zweck wird in den nächsten Tagen einer unserer Mitarbeiter, Herr
zu Ihnen kommen, um Sie über Ihre Ansicht zu bestimmten Delikten zu befragen. Ihre Angaben werden selbstverständlich vertraulich behandelt.

Bitte, seien Sie so freundlich und helfen Sie uns bei unserer Untersuchung, da es auf jeden Einzelnen ankommt.

Mit freundlichen Grüßen

Professor Dr. Günther Kaiser

MAX-PLANCK-INSTITUT

78 Freiburg

Günterstalstraße 72

FRAGEBOGEN

Name des Interviewten:
Interview Nr.:
Interviewer:

Die Ergebnisse dieser Befragung dienen ausschließlich wissenschaftlichen Zwecken.

Das MAX - PLANCK - INSTITUT führt zur Zeit eine Untersuchung durch, in der die Bevölkerung befragt wird, für wie schwer sie bestimmte Straftaten hält.

1. Wir bitten Sie nun, zunächst einmal diese 15 Karten zu betrachten und die einzelnen Beschreibungen von Straftaten genau durchzulesen. Können Sie uns nun bitte zu jedem einzelnen Delikt ein Beispiel sagen oder erklären, was Sie persönlich darunter verstehen. Sie haben soviel Zeit, wie Sie wollen.

2. Als nächstes möchten wir nun Ihre persönliche Meinung (nicht das, was im Gesetz steht) zur Schwere von bestimmten Delikten kennenlernen:
Vor sich haben Sie ein Heft liegen. Sie sehen auf jeder Seite die Beschreibung von zwei Delikten und sollen nun entscheiden, welches von beiden schwerer ("schlimmer") ist. Lesen Sie die Beschreibungen also durch und nennen Sie dasjenige Delikt, das Ihrer Meinung nach das Schwerere ist. (Nicht erlaubt ist die Antwort: "Beide sind gleich schwer").
Bitte bedenken Sie:
Es geht uns um Ihre Meinung, was im Gesetz steht, ist hier nicht wichtig für uns.
Sie haben auch hier soviel Zeit, wie Sie wollen.

3 a. Ich habe mir beim Vergleich der Delikte immer einen bestimmten Fall oder ein Beispiel vorgestellt. ☐
b. Ich habe die Straftaten ganz allgemein bewertet, ohne an einen bestimmten Fall zu denken. ☐
c. Bei manchen Delikten habe ich an einen bestimmten Fall gedacht, manche habe ich allgemein bewertet. ☐

(Zutreffendes bitte ankreuzen!)

Nur für Gymnasiasten:

4. Wie Sie jetzt wissen, kommt es uns auf eine Rangordnung der Delikte an. Uns interessiert es, welches Delikt Ihrer Ansicht nach am schwersten, welches weniger schwer, leichter oder sehr leicht ist.
   Bitte nehmen Sie nun nochmals die 15 Karten in die Hand und legen Sie sie in einer Reihenfolge so hin, daß links das schwerste ("schlimmste") und rechts das Ihrer Meinung nach leichteste Delikt liegt.

Nur für Gymnasiasten:

4 b. Außerdem möchten wir noch wissen, wie sich hier wohl Ihr bester Freund entscheiden würde.
Bitte ordnen Sie die Delikte jetzt so, wie es <u>nach Ihrer Meinung Ihr bester Freund</u> machen würde.

<u>Nur für Gymnasiasten:</u>

4 c. Es interessiert uns auch noch, wie wohl Ihre Eltern (Vater/Mutter) über die Schwere dieser Delikte urteilen. Was meinen Sie, welche Rangordnung würden Ihre Eltern hier bilden?

5. Die Delikte, mit denen wir uns hier beschäftigen, kommen ja im allgemeinen recht häufig vor.

Wurden Sie schon einmal das Opfer

a) eines <u>Diebstahls</u>? ja ☐ nein ☐

1. Wenn "ja", wie oft? .....
2. Wie hoch war der Schaden etwa? .....
3. Wann geschah dies zum letztenmal? .....

b) einer <u>Freiheitsberaubung?</u> ja ☐ nein ☐

1. Wenn "ja", wie oft? .....
2. Wenn "ja", wann zum letztenmal? .....

c) einer <u>einfachen vorsätzlichen Körperverletzung?</u> ja ☐ nein ☐

1. Wenn "ja", wie oft .....
2. Wann zum letztenmal? .....

d) einer <u>gefährlichen Körperverletzung?</u> ja ☐ nein ☐

1. Wenn "ja", wie oft? .....
2. Wann zum letztenmal? .....

e) einer <u>Gewaltunzucht?</u> ja ☐ nein ☐

1. Wenn "ja", wann? .....

f) einer <u>Sachbeschädigung?</u> ja ☐ nein ☐

1. Wenn "ja", wie oft? .....
2. Wie hoch war der Schaden? .....
3. Wann zum letztenmal? .....

g) einer <u>Urkundenfälschung?</u> ja ☐ nein ☐

1. Wenn "ja", wie oft? .....
2. Wann zum letztenmal? .....

h) einer Unterschlagung?

ja ☐
nein ☐

1. Wenn "ja", wie oft? ......
2. Wie hoch war der Schaden? ......
3. Wann zum letztenmal? ......

i) einer Bedrohung?

ja ☐
nein ☐

1. Wenn "ja", wie oft? ......
2. Wann zum letztenmal? ......

k) einer Nötigung?

ja ☐
nein ☐

1. Wenn "ja", wie oft? ......
2. Wann zum letztenmal? ......

l) eines schweren Diebstahls?

ja ☐
nein ☐

1. Wenn "ja", wie oft? ......
2. Wie hoch war der Schaden? ......
3. Wann zum letztenmal? ......

m) eines Betrugs?

ja ☐
nein ☐

1. Wenn "ja", wie oft? ......
2. Wie hoch war der Schaden? ......
3. Wann zum letztenmal? ......

6. <u>Fragen zur Person</u>

a.) Ich bin geboren am ....

b.) Ich bin ledig ☐
verheiratet ☐
geschieden ☐

c.) Ich bin evangelisch ☐
katholisch ☐
konfessionslos ☐

d.) Welchen Beruf üben Sie aus?
(Bitte <u>genaue</u> Berufsbezeichnung)

....

....

e.) Welchen Beruf haben Sie erlernt?

....

f.) Welchen Beruf übt(e) Ihr Vater aus?

Übersicht 1: Rangordnung der Delikte (Paarvergleich)

Schicht: UUS + OUS; Alter: 22-25 Jahre; n = 28

Delikt	Häufigkeitsverteilung über die Rangplätze																
	1.	2.	3.	4.	5.	6.	7.	8.	9.	10.	11.	12.	13.	14.	15.	Gewichtete Summe	Mittlerer Rangwert
1. Unzucht mit Kindern	20	4	2		1					1						49	1,75
2. Notzucht	1	14	6	3	1	1	1				1					88	3,14
3. gefährliche Körperverl.	5	1	7	3	9	2	1									104	3,71
4. Gewaltunzucht	1	2	5	9	5	2			2			1	1			136	4,86
5. Freiheitsberaubung	1	1	5	1	5	8	2	3		1	1					154	5,50
6. Nötigung		1	1	2	3	2	3	6	3		5		1	1		218	7,79
7. Rauschgiftdelikt		2	2	7		3			1	1	3	3	1	1	4	231	8,25
8. schwerer Diebstahl		1			1	2	2	5	3	5	6	2		1		254	9,07
9. Urkundenfälschung		1		2		2	5	1	4	1	4	3	2	1	2	261	9,32
10. Betrug					1	2	2	7	5	4		3		3	1	265	9,46
11. leichte Körperverl.					1	2	5	2	2	6	3	1	2	3	1	274	9,79
12. Bedrohung		1		1	1		5	2	2	2	2	4		1	7	289	10,32
13. Unterschlagung						1	2	1	3	2	1	4	5	9		325	11,61
14. Sachbeschädigung						1			1	3	1	4	7	5	6	355	12,68
15. einfacher Diebstahl								1	2	2	1	3	9	3	7	357	12,75

<u>Übersicht 2:</u> <u>Rangordnung der Delikte (Paarvergleich)</u>

Schicht UUS + OUS; Alter 18-21 Jahre; n = 31

	Häufigkeitsverteilung über die Rangplätze																
Delikt	1.	2.	3.	4.	5.	6.	7.	8.	9.	10.	11.	12.	13.	14.	15.	Gewichtete Summe	Mittlerer Rangwert
1. Unzucht mit Kindern	14	9	2	2		1	1							2		87	2,81
2. Notzucht	3	10	8	6	2	1	1									94	3,03
3. Gefährliche Körperverl.	6	3	8	6	4	2	2									106	3,42
4. Gewaltunzucht	2	3	9	6	4			2	1	1	2	1				148	4,77
5. Freiheitsberaubung		4	1	2	6	5	7	3	1	1				1		185	5,97
6. Nötigung	1			2	6	3	3	5	1	1	2	2	3	1	1	251	8,10
7. leichte Körperverletzung			1	3	3	7	1	6	2	4	6			1		253	8,16
8. Rauschgiftdelikt	5	1	1	4	2	2	1	1		1	2	1		1	9	256	8,26
9. Urkundenfälschung		1				4	5	1	7	5	4	1	1	1	1	280	9,03
10. Betrug				1	2	2		6	4	3	3	9		1		295	9,52
11. schwerer Diebstahl				1	1		3	4	6	1	6	6		2	1	307	9,90
12. Bedrohung			1	1	1	2	6	1	1	3	3		2	7	3	315	10,16
13. Unterschlagung						1	1	2	6	6	1	2	5	5	2	343	11,06
14. Sachbeschädigung						1			1	2		5	11	4	7	399	12,87
15. Einfacher Diebstahl									1	3	2	4	9	5	7	401	12,94

Übersicht 3: Rangordnung der Delikte (Paarvergleich)

Schicht UUS + OUS; Alter 14-17 Jahre; n = 29

Delikt	Häufigkeitsverteilung über die Rangplätze 1.	2.	3.	4.	5.	6.	7.	8.	9.	10.	11.	12.	13.	14.	15.	Gewichtete Summe	Mittlerer Rangwert
1. Unzucht mit Kindern	13	9	2	2	2		1									62	2,14
2. Notzucht	8	10	4	4			1	1			1					82	2,83
3. gefährliche Körperverl.	4	4	4	10	4	1	1		1							106	3,66
4. Gewaltunzucht	1	3	10	5	2	1	3	1	1		1			1		136	4,69
5. Freiheitsberaubung	1		2	3	5	6	2	6		2	1				1	188	6,48
6. Nötigung		1	4	1	5	3	3	2	1	2	3	4				208	7,17
7. Bedrohung		2	2	1	1	7	3	2	1	1	3		5		1	230	7,93
8. schwerer Diebstahl			1		3	1	3	3	9	3	2	3		1		252	8,69
9. leichte Körperverl.					2	3	4	3	6	4			2	3	2	272	9,38
10. Betrug					1	4	1	5	3	5	4	4	1		1	273	9,41
11. Rauschgiftdelikt	2			3	2	1	2	3	1			2	1	3	9	291	10,03
12. Urkundenfälschung					2	1	3	2	2	5	5	2	3	3	1	296	10,21
13. Unterschlagung						1	2	1	1	2	3	6	6	7		338	11,66
14. Sachbeschädigung									2	3	1	5	7	4	7	371	12,79
15. einfacher Diebstahl									1	2	5	3	4	7	7	375	12,93

Übersicht 4: Rangordnung der Delikte (Paarvergleich)

Schicht UMS; Alter 22-25 Jahre; n = 32

Delikt	Häufigkeitsverteilung über die Rangplätze																
	1.	2.	3.	4.	5.	6.	7.	8.	9.	10.	11.	12.	13.	14.	15.	Gewichtete Summe	Mittlerer Rangwert
1. Unzucht mit Kindern	17	8	4	1	2											59	1,84
2. Notzucht	5	14	7	3	1	2										83	2,59
3. gefährliche Körperverl.	7	3	9	8	4	1										98	3,06
4. Gewaltunzucht		4	9	10	3	2		1	2				1			141	4,41
5. Freiheitsberaubung	2	3		7	10	4			3		1	1	1			173	5,41
6. leichte Körperverl.					3	9	7	3	1	3	1	1	3		1	258	8,06
7. Nötigung			1		4	7	4	4	3	3	1	1	1	1	2	262	8,19
8. schwerer Diebstahl			1		2	2	8	3	4	5	2	3		1	1	278	8,69
9. Bedrohung	1		1		1	2	6	1	7	4	1	2	2	2	2	293	9,16
10. Rauschgiftdelikt				3	2	2	1	5	2		4	2	1	5	5	325	10,16
11. Betrug							4	5	3	5	3	9	2	1		326	10,19
12. Urkundenfälschung							2	4	3	9	6	1	1	2	4	342	10,69
13. Unterschlagung						1		2	1	1	7	5	5	6	4	387	12,09
14. einfacher Diebstahl								3	2	1	2	3	10	7	4	398	12,44
15. Sachbeschädigung								1	1	1	4	4	5	7	9	417	13,03

Übersicht 5: Rangordnung der Delikte (Paarvergleich)

Schicht UMS; Alter 18-21Jahre; n = 36

Delikt	Häufigkeitsverteilung über die Rangplätze																
	1.	2.	3.	4.	5.	6.	7.	8.	9.	10.	11.	12.	13.	14.	15.	Gewichtete Summe	Mittlerer Rangwert
1. Notzucht	5	17	6	3	3	1	1									97	2,69
2. Unzucht mit Kindern	18	5	2	2	2	3	2			1	1					105	2,92
3. gefährliche Körperverl.	7	7	5	8	6		2				1					123	3,42
4. Gewaltunzucht	3	3	12	8	5	2		2			1					141	3,92
5. Freiheitsberaubung	2	1	3	2	8	3	7	6	2	1				1		218	6,06
6. Nötigung			3	3	3	5	6	6	5	1	2	1	1			258	7,17
7. leichte Körperverl.			2	2	3	5	4	6	2	2	3	3	2	1	1	297	8,25
8. Bedrohung		1	1	1	3	8	3	4	1	4		6			4	306	8,50
9. Betrug				2	1	3	1	1	6	10	4	8				340	9,44
10. schwerer Diebstahl				1	2		3	3	11	6	3	2	2	3		343	9,53
11. Rauschgiftdelikt	1	2	2	4		4	1	3			1	1	1	4	12	354	9,83
12. Urkundenfälschung						1	3	3	3	2	9	4	6	5		393	10,92
13. Unterschlagung						1	1	2	3	5	5	2	7	9	1	417	11,58
14. einfacher Diebstahl							1		3	2	3	5	11	4	7	451	12,53
15. Sachbeschädigung							1			2	3	4	6	9	11	477	13,25

Übersicht 6: Rangordnung der Delikte (Paarvergleich)

Schicht UMS; Alter 14-17 Jahre; n = 49

Delikt	Häufigkeitsverteilung über die Rangplätze 1.	2.	3.	4.	5.	6.	7.	8.	9.	10.	11.	12.	13.	14.	15.	Gewichtete Summe	Mittlerer Rangwert
1. Unzucht mit Kindern	21	14	7	3		1			1		1		1			121	2,47
2. Notzucht	9	16	5	9	4	3			2					1		162	3,31
3. gefährliche Körperverl.	9	10	9	7	9	3	1		1							163	3,33
4. Gewaltunzucht	3	1	11	12	5	5	4	3	2	1		1			1	248	5,06
5. Freiheitsberaubung	4	2	5	5	2	9	9	2	2	4	2	1			2	308	6,29
6. Nötigung	1		2	3	11	7	9	5	4	1	3	2			1	337	6,88
7. Rauschgiftdelikt	1	5	2	2	6	2	4	4	2	4	1	4	6	6	6	418	8,53
8. Bedrohung	1		3	3	4	3	5	1	6	8	4	2	2	5	2	431	8,80
9. Betrug			1	2		6	3	12	7	3	5	7	1	1	1	438	8,94
10. schwerer Diebstahl			2	2	1	1	5	13	6	4	1	10	1	1	2	446	9,10
11. leichte Körperverl.			1	1	5	4	7	2	3	6	4	4	6	2	4	466	9,51
12. Urkundenfälschung		1	1		1	3		5	5	11	8	5	7	1	1	491	10,02
13. Unterschlagung					1		2	1	4	5	7	3	9	12	5	586	11,96
14. einfacher Diebstahl								1	1	2	8	4	12	12	9	632	12,90
15. Sachbeschädigung						2			3		5	6	10	8	15	633	12,92

Übersicht 7: Rangordnung der Delikte (Paarvergleich)

Schicht MMS + OMS + OS; Alter 22-25 Jahre; n = 29

Delikt	Häufigkeitsverteilung über die Rangplätze																
	1.	2.	3.	4.	5.	6.	7.	8.	9.	10.	11.	12.	13.	14.	15.	Gewichte-Summe	Mittlerer Rangwert
1. Notzucht	5	13	7	2	2											70	2,41
2. Unzucht mit Kindern	14	4	3	2		1	1		1	1				2		99	3,41
3. gefährliche Körperverl.	5	4	5	5	6	3			1							105	3,62
4. Gewaltunzucht	2	2	7	7	5	2	3	1								121	4,17
5. Freiheitsberaubung	1	3	4	4	6	3	6		2							143	4,93
6. Nötigung		1	1	1	2	6	3	7	1	2	4			1		219	7,55
7. leichte Körperverl.		1	1	1	1	4	5	4	4	4	1	1	2			230	7,93
8. schwerer Diebstahl					4	2	3	7	8		1	4				240	8,28
9. Betrug						3	1	6	5	5	1	7		1		277	9,55
10. Bedrohung			1	2	2	3	2	1	1	3	3	1		5	5	290	10,00
11. Rauschgiftdelikt	1	1		4	1	1	2		2	1	1	3		1	11	298	10,28
12. Urkundenfälschung						1	3	2	1	6	6	1	4	1	4	316	10,90
13. Unterschlagung				1				1		5	5	4	2	8	3	348	12,00
14. einfacher Diebstahl	1								1	1	3	7	5	7	4	360	12,41
15. Sachbeschädigung									2	1	4	1	16	3	2	364	12,55

Übersicht 8: Rangordnung der Delikte (Paarvergleich)

Schicht MMS + OMS + OS; Alter 18-21 Jahre; n = 34

Delikt	Häufigkeitsverteilung über die Rangplätze 1.	2.	3.	4.	5.	6.	7.	8.	9.	10.	11.	12.	13.	14.	15.	Gewichtete Summe	Mittlerer Rangwert
1. Notzucht	8	15	5	3			2	1								87	2,56
2. gefährliche Körperverl.	9	4	10	8	1	2										96	2,82
3. Unzucht mit Kindern	15	6	2	6		1	2	1						1		99	2,91
4. Gewaltunzucht		4	11	6	6	2	2	2			1					148	4,35
5. Freiheitsberaubung				7	9	6	5	4	1	1	1					206	6,06
6. Nötigung	1		2	2	7	4	5	2	2	2	2	3	1		1	249	7,32
7. leichte Körperverl.		1		1	2	8	5	2	4	3	4	2	1	1		276	8,12
8. schwerer Diebstahl			1		4	1	4	4	5	7	3	3	1	1		300	8,82
9. Betrug						4	2	8	7	6	1	4	2			310	9,12
10. Bedrohung		3			2	2	1	6	1	1	4	1	6	4	3	337	9,91
11. Urkundenfälschung			1	1	1	2	2	1	2	6	5	3	5	3	2	352	10,35
12. Rauschgiftdelikt	1	1	1		1	2	3	2		3	1			3	16	383	11,26
13. Unterschlagung					1		1	1	7	3	1	4	9	5	2	389	11,44
14. einfacher Diebstahl									2	2	7	8	4	5	6	423	12,44
15. Sachbeschädigung			1						3		4	6	5	11	4	425	12,50

Übersicht 9: Rangordnung der Delikte (Paarvergleich)

Schicht MMS + OMS + OS; Alter 14-17 Jahre; n = 58

Delikt	Häufigkeitsverteilung über die Rangplätze																
	1.	2.	3.	4.	5.	6.	7.	8.	9.	10.	11.	12.	13.	14.	15.	Gewichtete Summe	Mittlerer Rangwert
1. gefährliche Körperverl.	17	14	10	8	5	4										156	2,69
2. Unzucht mit Kindern	17	14	11	6	4	2	2			1					1	173	2,98
3. Notzucht	7	16	15	9	4	2		3					2			202	3,48
4. Freiheitsberaubung	8	2	5	11	7	12	3	2	2	2	1	1		1	1	305	5,26
5. Gewaltunzucht	2	6	8	9	9	6	7	4	2	1	1		2		1	316	5,45
6. Nötigung	3	1	3	2	9	7	10	8	6	2	6		1			396	6,83
7. schwerer Diebstahl	1		2		4	2	8	7	7	6	7	10	2	2		525	9,05
8. leichte Körperverl.				1	6	7	11	5	5	2	6	3	6	1	5	527	9,09
9. Betrug		1		3		3	4	12	8	16	1	6		3	1	528	9,10
10. Bedrohung		1	1	5	3	7	4	4	5	6	4	3	4	8	3	536	9,24
11. Urkundenfälschung		2	2		3	1	3	3	6	8	10	8	4	5	3	583	10,05
12. Rauschgiftdelikt	3	1	1	3	2	3	4	4	4	3	3	5	3	5	14	586	10,10
13. Unterschlagung				1	1	2		3	3	7	7	11	9	12	2	666	11,48
14. Sachbeschädigung							1	2	6		6	7	15	11	10	726	12,52
15. einfacher Diebstahl					1		1	1	4	4	6	4	10	10	17	735	12,67

<u>Übersicht 10:</u> <u>Rangordnung der Delikte (Paarvergleich)</u>

Nichttäter aus X; n = 81 (durch Zufall ausgewählt)

Delikt	Häufigkeitsverteilung über die Rangplätze																
	1.	2.	3.	4.	5.	6.	7.	8.	9.	10.	11.	12.	13.	14.	15.	Gewichtete Summe	Mittlerer Rangwert
1. Notzucht	14	28	21	6	5	3	1	1	1				1			237	2,93
2. Unzucht mit Kindern	35	22	6	7		2	1		1	2	1			4		240	2,96
3. gefährliche Körperverl.	19	13	17	9	14	5	2		2							264	3,26
4. Gewaltunzucht	3	8	16	25	11	3	6	3	3	1	1		1			367	4,53
5. Freiheitsberaubung	1	2	8	13	15	14	7	4	4	3	4	2	1	3		510	6,30
6. Nötigung	2	1	6	2	14	13	10	7	7	3	11		2	2	1	587	7,25
7. leichte Körperverl.		2		1	4	13	14	12	4	9	6	2	5	3	6	713	8,80
8. schwerer Diebstahl	1	1	2	1	7	3	13	9	12	8	7	11		3	3	713	8,80
9. Betrug		1		7		4	5	15	8	13	5	19	2	1	1	749	9,25
10. Bedrohung			2	4	5	8	9	7	4	11	6	5	5	10	5	766	9,46
11. Urkundenfälschung		2	1	1	2	4	6	9	11	13	11	6	4	6	5	792	9,78
12. Rauschgiftdelikt	5	1	1	4	2	6	4	7	5	2	7	6	1	7	23	826	10,20
13. Unterschlagung				1	1	3	1	4	8	9	9	11	15	13	6	926	11,43
14. Sachbeschädigung			1				1	1	6	4	8	9	23	14	14	1013	12,51
15. einfacher Diebstahl	1				1		1	2	5	3	5	10	21	15	17	1017	12,56

Übersicht 11: Rangordnung der Delikte (Paarvergleich)

Täter aus X; n = 84

	Häufigkeitsverteilung über die Rangplätze																
Delikt	1.	2.	3.	4.	5.	6.	7.	8.	9.	10.	11.	12.	13.	14.	15.	Gewichtete Summe	Mittlerer Rangwert
1. Notzucht	16	29	19	13	4		1	1						1		232	2,76
2. gefährliche Körperverl.	24	9	14	20	11	5					1					260	3,10
3. Unzucht mit Kindern	31	20	9	4	6	3	5	1	1	1			1	1	1	266	3,17
4. Gewaltunzucht	3	9	23	14	13	5	4	4	3	1	2	1	1		1	400	4,76
5. Freiheitsberaubung	5	6	4	13	11	14	11	11	2	1	3				3	491	5,85
6. Nötigung	1	1	4	3	12	12	17	12	7	3	4	4	2	1	1	614	7,31
7. leichte Körperverl.		1	4	1	6	13	11	9	6	11	6	4	6	5	1	716	8,52
8. schwerer Diebstahl			2	2	7	2	10	11	20	10	7	8	2	3		740	8,81
9. Betrug			1	1	3	10	6	14	13	15	9	8		4		754	8,98
10. Bedrohung	1	3		5	5	10	9	6	3	7	7	4	9	4	11	783	9,32
11. Rauschgiftdelikt	3	6	2	5	5	4	2	2	2	3	2	6	1	8	33	882	10,50
12. Urkundenfälschung			2	2		2	6	4	11	11	14	10	12	6	4	883	10,51
13. Unterschlagung					1	1	2	5	4	12	8	13	15	16	7	989	11,77
14. einfacher Diebstahl				1				2	5	6	17	9	14	18	12	1034	12,31
15. Sachbeschädigung						3		2	7	3	4	17	21	17	10	1036	12,33

Übersicht 12: Rangordnung der Delikte (Rangordnungsverfahren)

Strafgefangene; n = 104

Delikt	Häufigkeitsverteilung über die Rangplätze																
	1.	2.	3.	4.	5.	6.	7.	8.	9.	10.	11.	12.	13.	14.	15.	Gewichte-te Summe	Mittlerer Rangwert
1. Unzucht mit Kindern	54	17	18	5	5		1	1					2		1	243	2,34
2. Notzucht	11	45	29	14			3		2							283	2,72
3. Gewaltunzucht	23	25	40	7	1	2	1	2		1	1		1			295	2,84
4. gefährliche Körperverl.	4	3	6	26	24	14	12	1	4	3	2	2	2	1		580	5,58
5. Freiheitsberaubung	6	8	1	19	16	12	17	9	4	2	5		3	1	1	623	5,99
6. Nötigung		1	2	14	16	21	11	10	2	5	3	2	7	5	5	788	7,58
7. leichte Körperverl.		1	1	1	16	17	11	10	8	5	6	9	9	7	3	904	8,69
8. schwerer Diebstahl	1	1	1	2	9	8	7	13	15	15	11	7	7	7		939	9,03
9. Rauschgiftdelikt	3	2	4	9	3	9	4	12	6	7	3	4	6	11	21	1000	9,62
10. Betrug	1		1	1	3	4	13	9	21	10	13	12	5	7	4	1009	9,70
11. Bedrohung			1	3	5	6	10	17	11	8	4	13	10	10	6	1021	9,82
12. Urkundenfälschung	1			2	2	3	8	6	12	13	15	19	11	8	4	1087	10,45
13. Unterschlagung		1		1	1	2	4	11	12	17	18	9	12	8	8	1111	10,68
14. einfacher Diebstahl					1	5	2	1	6	10	16	12	14	16	21	1252	12,04
15. Sachbeschädigung					2	1		2	1	8	7	15	15	23	30	1345	12,93

Übersicht 13: Rangordnung der Delikte (Paarvergleich)

Gymnasiasten; Schicht UMS + MMS + OMS + OS; Alter 14-21 Jahre; n = 96

Delikt	Häufigkeitsverteilung über die Rangplätze																
	1.	2.	3.	4.	5.	6.	7.	8.	9.	10.	11.	12.	13.	14.	15.	Gewichtete Summe	Mittlerer Rangwert
1. gefährliche Körperverl.	26	24	21	12	7	4			1		1					264	2,75
2. Unzucht mit Kindern	32	20	15	11	5	4	4	1		1	1			1	1	296	3,08
3. Notzucht	13	35	14	18	6	4	2	2					2			307	3,20
4. Gewaltunzucht	3	6	21	21	16	8	9	4	3	1	2		2			470	4,90
5. Freiheitsberaubung	12	2	6	12	19	15	14	3	4	4	2			2	1	530	5,52
6. Nötigung	4	1	7	5	20	15	14	8	12	1	6	1	1		1	623	6,49
7. Betrug				5	1	8	7	26	13	20	3	9	1	3		843	8,78
8. schwerer Diebstahl	1		3	2	6	3	10	15	16	11	9	14	3	2	1	859	8,95
9. Bedrohung		3	2	5	4	15	6	8	6	11	8	4	9	11	4	879	9,16
10. leichte Körperverl.		1	2		5	10	17	8	7	6	12	8	11	3	6	902	9,40
11. Urkundenfälschung		2	3	1	1	3	2	4	10	18	17	15	8	7	5	1000	10,42
12. Rauschgiftdelikt	5	2	1	3	3	5	7	8	5	5	3	5	4	9	31	1013	10,55
13. Unterschlagung				1	2	1	1	5	8	12	11	14	16	21	4	1110	11,56
14. einfacher Diebstahl					1		1	2	6	6	12	11	18	16	23	1209	12,59
15. Sachbeschädigung			1			1	2	2	5		9	15	21	21	19	1215	12,66

Übersicht 14: Rangordnung der Delikte (Paarvergleich)

Nichtgymnasiasten; Schicht UMS + MMS + OMS + OS; Alter 14-21 Jahre; n = 81

Delikt	Häufigkeitsverteilung über die Rangplätze																
	1.	2.	3.	4.	5.	6.	7.	8.	9.	10.	11.	12.	13.	14.	15.	Gewichtete Summe	Mittlerer Rangwert
1. Unzucht mit Kindern	39	19	7	6	1	3	2		1	1	1		1			202	2,49
2. Notzucht	16	29	17	6	5	2	1	2	2					1		241	2,98
3. gefährliche Körperverl.	16	11	13	19	14	5	3									274	3,38
4. Gewaltunzucht	5	8	21	14	9	7	4	7	1	1	1	1			2	383	4,73
5. Freiheitsberaubung	2	3	7	13	7	15	10	11	3	4	2	2			2	507	6,26
6. Nötigung	1		3	5	10	8	16	13	5	5	7	5	2		1	617	7,62
7. leichte Körperverl.			1	5	11	14	10	7	7	7	5	4	4	2	4	664	8,20
8. Rauschgiftdelikt	1	7	5	6	6	6	5	5	1	5	3	5		9	17	728	8,99
9. Bedrohung	1	2	3	4	8	5	7	7	7	8	4	8	3	6	8	731	9,02
10. schwerer Diebstahl			2	1	5	1	10	12	13	12	5	11	3	5	1	755	9,32
11. Betrug		1	1	2		8	3	7	15	15	8	16	2	1	2	773	9,54
12. Urkundenfälschung		1	1		4	4	6	8	6	9	15	5	14	7	1	819	10,11
13. Unterschlagung					1	2	3	2	9	8	9	6	18	17	6	948	11,70
14. einfacher Diebstahl							1		4	4	12	10	19	15	16	1032	12,74
15. Sachbeschädigung						1			7	2	9	8	15	18	21	1046	12,91

Übersicht über die nach allgemeinem Strafrecht Verurteilten nach Hauptstrafen [1)]

Delikt	Verurteilte insges.	Freiheitsstrafen: bis 1 Monat o.B.	bis 1 Monat m.B.	1-6 Monate o.B.	1-6 Monate m.B.	6-9 Monate o.B.	6-9 Monate m.B.	9-12 Monate o.B.	9-12 Monate m.B.	12-24 Monate o.B.	12-24 Monate m.B.	2-5 Jahre	5-15 Jahre	Geldstrafe
einfacher Diebstahl	72430	280	230	2147	2475	1665	1373	798	581	785	57	228	13	61786
Freiheitsberaubung	257			5	16	9	16	1	7	6	1	6		190
leichte Körperverletzung	10460	24	16	344	443	122	154	44	46	39	1	6		9218
gefährliche Körperverletzung	7036	7	7	310	578	213	336	96	152	138	16	48	3	5132
Gewaltunzucht	270			2	20	11	90	11	61	44	2	21		8
Notzucht	764			3	15	13	104	30	170	205	23	166	22	13
Sachbeschädigung	4357	75	5	144	55	21	9	2	2	6		1		4037
Urkundenfälschung	7243	23	16	361	559	194	358	118	195	153	25	69	5	5167
Unzucht mit Kindern	2023			20	74	53	565	86	569	340	72	157	5	82
Unterschlagung	5758	32	20	255	401	173	267	59	72	42	10	5		4420
Bedrohung	704	4	3	32	27	2	7	2	3	1				623
Nötigung	2565	6	4	64	72	19	30	14	8	9		1		2337
Rauschgiftdelikt	2062	5	3	107	149	35	110	52	90	180	22	45	1	1261
schwerer Diebstahl	17262	8	3	1113	1680	1820	2151	1490	1389	2229	183	1007	58	4130
Betrug	20584	154	108	1053	1543	653	881	313	395	357	58	169	10	14889
Gewichtung der Strafen mit Punkten		4	2	24	12	36	18	48	24	96	48	240	720	1

1) Zusammengestellt nach der Tabelle 5 der Rechtspflegestatistik (Bevölkerung und Kultur, Reihe 9) 1972, S. 96-117. Die Kategorien "lebenslange Freiheitsstrafe, Strafarrest, Geldstrafe neben oder i.V.m. Freiheitsstrafe" werden in diesem Zusammenhang als nicht relevant angesehen und deshalb nicht einbezogen.

Sachregister

Kolibri 360 GmbH
Ferdinand-Jühlke-Straße 7
99095 Erfurt, Deutschland
produktsicherheit@kolibri360.de

Druck:
CPI Druckdienstleistungen GmbH
im Auftrag der
Kolibri 360 GmbH
Ferdinand-Jühlke-Str. 7
99095 Erfurt